CHASSEUR DE RÊVES

Captez et interprétez les messages de vos rêves

Données de catalogage avant publication (Canada)

Blais, Ginette, 1955-

Chasseur de rêves : captez et interprétez les messages de vos rêves

ISBN 2-89074-665-8

1. Rêves - Interprétation. I. Titre.

BF1092.B52 2003 135'.3 C2003-940661-X

Édition

Les Éditions de Mortagne
Case postale 116
Boucherville (Québec)
J4B 5E6

Distribution

Tél. : (450) 641-2387
Téléc. : (450) 655-6092
Courriel : edm@editionsdemortagne.qc.ca

Dépôt légal

Bibliothèque nationale du Canada
Bibliothèque nationale du Québec
Bibliothèque Nationale de France
2e trimestre 2003

ISBN : 2-89074-665-8

2 3 4 5 – 03 – 07 06 05 04 03

Imprimé au Canada

Nous reconnaissons l'aide financière du gouvernement du Canada par l'entremise du Programme d'aide au développement de l'industrie de l'édition (PADIÉ) et celle du gouvernement du Québec par l'entremise de la Société de développement des entreprises culturelles (SODEC) pour nos activités d'édition. Gouvernement du Québec – Programme de crédit d'impôt pour l'édition de livres – Gestion SODEC.

Ginette Blais

CHASSEUR DE RÊVES

Captez et interprétez les messages de vos rêves

À Yvan Lafleur

Il m'a permis de traverser les étapes cruciales de ce livre. Que de fois j'ai voulu rebrousser chemin. Mais voilà, il n'a jamais cessé d'y croire.

Souvent, je me suis demandée si tout cela en valait la peine. Debout, bien droit, il me lançait alors ce regard intense, dramatique et sans compromis possible, et ces mots tombaient de sa bouche comme autant d'écus d'or :

> *« Tu n'as pas le droit d'abandonner, c'est trop beau. »*

Merci Yvan, de tout mon cœur, pour ta générosité.

Ne raconte ton rêve
qu'à qui te donnera la force de rêver,
embellira ta vie, ta propre représentation de toi.

Raphaël Cohen,
philosophe américain décédé en 1947

REMERCIEMENTS

Les livres ont leur destinée.

Terentianus Maurus,
De Syllabis
Grammairien latin
et écrivain de prose
Fin du 2e centenaire.

Les livres ont vraiment leur propre destinée puisque le mien aura trouvé la sienne en la personne de Lyne Dunberry. Cette femme exceptionnelle m'aura permis d'exécuter un saut de l'ange inespéré. Je tiens à souligner ses merveilleux talents de correctrice et de conceptrice.

Salutations à Chantal Major pour cet arbre de vie qui transforma mon univers intérieur.

Ma plus profonde reconnaissance va à tous ces gens qui ont partagé leurs rêves avec moi. Vous avez contribué à enrichir ce livre d'un contenu psychique très inspirant.

Je salue l'amitié de : Jean Chartrand, Diane Lambin, Hélène Bélanger, Pierre Godon et d'Estelle Miousse.

Toute ma tendresse à ma mère, à mon père, malheureusement décédé en 1992, et à Reine, Micheline, Michel et Louise Blais.

Je suis profondément reconnaissante au grand rabbin Sitruk de France qui m'a enseigné les subtilités psychiques et spirituelles de la Thora *via* la télévision communautaire.

Et pour terminer, je remercie les Éditions de Mortagne, en la personne de Caroline Pellerin, pour avoir fait confiance au contenu de ce livre. Merci aussi à Carolyn Bergeron pour son grand talent de réviseure et de correctrice. Coup de chapeau à votre esprit novateur !

TABLE DES MATIÈRES

Avant-propos

Tout est langage. Les rêves nous parlent, les coïncidences nous parlent, les événements de la vie, heureux ou malheureux, nous parlent.

J'avais à peine quatre ans et, déjà, je pouvais pressentir certains événements ; je parvenais même à décoder, sans trop savoir comment, ce qui clochait dans l'esprit et le cœur des gens. Ce qui semblait étrange et mystérieux aux yeux des autres m'était aussi normal que familier. Dotée d'un imaginaire débridé, je jouais régulièrement avec des personnages sortis tout droit de mon imagination. J'étais habitée par un univers d'images continuellement en mouvement et par des histoires mirobolantes qui se superposaient à la réalité, tiraillant mon jeune esprit dans tous les sens. J'ai dû apprendre à faire la part des choses et à reconnaître le vrai du faux afin de pénétrer la réalité dans son essence, processus long et extrêmement pénible. Jeune, mes antennes psychiques captaient les émotions même les plus subtiles. C'est encore ainsi. Beaucoup de gens ont cette inexplicable impression que je les connais depuis toujours. Je représente cette grande sœur, cette amie, ce visage, cette expression familière qu'ils aiment retrouver l'espace d'un court instant.

Certains de mes comportements jugés étranges m'ont valu bien des sarcasmes et des réprimandes, voire même l'exclusion. L'époque, autant que ma condition sociale et ma situation familiale, n'encourageait pas l'émancipation d'une enfant ayant reçu à la naissance des dons particuliers. J'étais différente des autres, et ça crevait les yeux. Encore plus déconcertant pour le commun des mortels, je vivais dans le monde des rêves avec le plus grand naturel.

Ainsi, avant même de fréquenter la maternelle, j'avais l'habitude, moi, la fillette silencieuse et bizarre qui revendiquait peu de place, de grimper chaque matin sur une chaise de la cuisine et de décrire mes rêves avec moult détails. Je revois encore ma mère, absorbée par ses tâches ménagères, prêter gentiment l'oreille à mes histoires abracadabrantes. Elle me surveillait du coin de l'œil, prête à réagir et à me rattraper si je menaçais de tomber. Une entente tacite nous liait et me donnait droit à ce feu de la rampe matinal. De toute façon, cette impulsion était plus forte que moi, je n'aurais pas pu y résister. Il fallait que je raconte, que je dise. Il me semblait qu'aucune autre aventure n'était plus fabuleuse que ces rêves qui se disputaient mon inconscient. J'imitais les personnages de mes rêves, j'empruntais leur timbre de voix, je commentais mon univers onirique comme d'autres se lancent dans des échanges enflammés à la sortie d'un cinéma ou d'un théâtre.

Récemment, j'ai appris que certaines tribus amérindiennes pratiquent des thérapies de groupe en animant un théâtre du rêve improvisé. Des rêves y sont mis en scène et joués. Si j'avais appartenu, par exemple, à la tribu des Hurons, on m'aurait probablement mieux admise et comprise. Qui sait ce qu'aurait alors été ma vie ?

Je n'ai jamais pu expliquer de façon rationnelle d'où me vient cette faculté naturelle – et extravagante, diront certains – à être connectée aux rêves. Ce que je sais avec certitude, par contre, c'est que les rêves sont à l'image des poupées russes : ils s'imbriquent toujours dans quelque chose de plus grand. Durant toute mon enfance, les rêves m'ont accompagnée comme si cela allait de soi ; ils collaient à moi comme une seconde peau. Puis, vers l'âge de vingt ans, ils sont devenus un véritable objet de fascination. C'est à cette époque que j'ai commencé à vouloir en décoder les symboles et images. Les rêves revêtent-ils plusieurs sens ? Varient-ils selon les ères et civilisations ? Pourquoi boudent-ils la mémoire des uns et s'imposent-ils à l'esprit des autres ? Sont-ils prémonition ou tout simplement fiction et invention ? J'ai laissé le temps répondre à ces questions. C'est peut-être à partir de cet instant que, à mon insu, j'ai entrepris la rédaction de ce livre.

Que de fois j'ai saisi le sens de ce qui se produisait dans la vie d'une personne en me reliant à ses rêves ! Je ne prétends pas pouvoir tout comprendre grâce aux rêves, parce qu'ils recèlent une multitude de portes dérobées. Mais, en analysant leur sens général, je suis toujours en mesure de suggérer des lectures éclairantes.

Lorsque je regarde ma vie à rebours, je constate que de nombreux événements décisifs et synchroniques ont concouru à la rédaction de cet ouvrage. J'ai vécu des coïncidences troublantes, fait des rencontres inexplicables, lu des ouvrages qui sont venus vers moi d'eux-mêmes et entendu les récits de centaines de rêves qui ont orienté les miens. À plusieurs reprises, j'ai voulu interrompre mon travail. Mais, mue par des forces que j'ignorais posséder, j'ai poursuivi. Ce livre, dont l'élaboration s'est échelonnée sur plusieurs années, n'a jamais cessé de se transformer, comme moi d'ailleurs. Il s'est imposé à moi comme une quête nécessaire. Plus j'écoutais les gens me raconter leurs rêves, plus je sentais qu'il me fallait proposer des méthodes d'interprétation d'une mouture nouvelle. C'est donc avec joie que j'offre *Chasseur de rêves* à tous ceux qui cherchent et qui souhaitent que leurs nuits soient aussi belles et deviennent aussi signifiantes que leurs jours.

Les rêves contiennent des clés

Dans le grand livre de la Kabbale, il est écrit que seule une infime partie d'un rêve est retenue par la mémoire. Ainsi, il faudrait de vingt-deux à trente-deux ans pour qu'un rêve soit complété... Ce que j'essaie d'expliquer ici, c'est que les rêves représentent un long voyage vers la compréhension de nous-mêmes. Ils traduisent le non-verbal de la vie qui nous échappe et qui donne du sens aux événements qui nous arrivent. Ce que l'on reçoit en rêve continue d'agir sur nous pendant des années et nous transforme peu à peu. Quand je pense aux rêves, je ne peux m'empêcher de les comparer à des chamans, ces prêtres-sorciers qui sont à la fois devins et thérapeutes. Rien ne remplit, ne guérit et ne compense davantage que les rêves.

Les rêves possèdent de nombreuses clés qui ouvrent les portes du passé, du présent et du futur. Ils sont une parfaite machine à voyager dans le temps. Je suis convaincue que H.G. Wells, célèbre auteur britannique de récits d'anticipation, s'en est inspiré pour sa fameuse œuvre *La Machine à explorer le temps* (1895) – même si je ne dispose d'aucune preuve pour en attester.

Ce n'est plus un secret pour personne qu'Albert Einstein, Victor Hugo, Michel-Ange, Galilée, Beethoven, Mozart, Wagner et Léonard de Vinci, pour ne nommer qu'eux, ont tous été des penseurs et des créateurs de génie inspirés par certains de leurs rêves. Beethoven, par exemple, en dépit de sa surdité, entendait la musique jaillir en lui grâce à son génie psychique, le même qu'utilise le rêve. Et si Elias Howe a inventé le tout premier prototype de la machine à coudre, c'est qu'il en comprit le mécanisme et le fonctionnement à partir d'une inspiration onirique. De tels exemples sont légion. Les rêves portent l'intuition de l'avenir. Comme le suggère l'étymologie latine du mot « intuition », ils permettent de regarder, de prévoir et de deviner. Grâce à eux, il nous est possible d'avoir une compréhension immédiate de la vérité sans l'aide du raisonnement. À la lumière de tout cela, je ne pouvais résister à la tentation de créer des méthodes uniques d'interprétation des rêves, où la prémonition tiendrait le premier rôle.

Le titre du présent ouvrage n'a rien de fortuit. Il m'a été suggéré par le rêve, ce qui me le rend encore plus précieux. Les Indiens d'Amérique du Nord prétendent que de suivre la piste d'un animal sur le territoire onirique conduit au Grand Esprit. De façon plus symbolique encore, cela signifie que l'action de la chasse nous incite à garder l'œil ouvert, à être de plus en plus présents face à ce qui nous arrive. Rien n'échappe au chasseur de rêves. Toujours à l'affût du plus subtil changement de comportement et de la moindre pensée négative qui l'habite, il décortique tout ce qui se passe dans son cœur.

Si les rêves renferment leur part d'inconnu et parfois de mystère, ils puisent tout de même leur inspiration dans des parcelles d'histoires qui nourrissent la grande histoire de notre vie. J'espère que les rêves traceront dorénavant leur chemin en vous. En chacun de nous existe un rêve conducteur.

Ginette Blais

9 août 2002

Introduction

J'aime la nuit avec passion. Je l'aime comme on aime son pays ou sa maîtresse, d'un amour instinctif, profond, invincible.

Maupassant

Dans l'ancienne tradition juive, l'action de dormir représente la première des soixante parties de la mort. Dormir consisterait donc à mourir un peu... Il faut s'en réjouir, puisque cela tend à démontrer qu'il y a une vie après la mort tout comme il y a une vie après l'endormissement. Et cette vie psychique qui s'installe au cœur de nos nuits s'anime par l'entremise du rêve, certainement l'acte créatif le plus puissant du monde.

Les rêves s'apparentent à un vaste conte et contiennent toute une panoplie de personnages, de messages, de symboles, d'images fortes, de vérités révélées et d'étrangetés qui nous ravissent. Ils renferment également une charge d'émotivité importante. Après tout, les rêves ne mettent-ils pas en scène nos perceptions, nos préoccupations, nos peurs et nos désirs ? Sous l'influence de l'émotivité, nos rêves acquièrent une dimension de réalité absolument surprenante.

Une amie qui, malheureusement, a perdu la vue durant son enfance me raconta un jour le rêve suivant. Elle s'était soudainement retrouvée au volant d'une voiture qui filait à vive allure. « Je criais, m'affolais, me confia-t-elle, parce que je n'y voyais absolument rien ! Pourtant, l'impression de n'avoir jamais vécu une expérience aussi palpitante est gravée dans tout mon corps. »

C'est le cortex cérébral qui génère les émotions vécues dans un rêve ; il active les fonctions mentales supérieures. Lors de la période d'endormissement, juste avant de franchir la porte menant aux profondeurs du sommeil, notre attention se relâche et on s'abandonne. Le fait de dormir nous entraîne alors dans un autre contexte où les expériences se vivent à un niveau plus subtil, mais non moins physique et mental. En fait, c'est cette jonction entre le rêve, l'émotion et la réalité qui fait en sorte que les événements vécus durant le sommeil marquent notre conscience comme une encre quasi indélébile. Certains rêves sont parfois si troublants et semblent tellement réels qu'ils permettent une souvenance durable. Pourquoi ? Parce que le corps ne se borne pas au simple rôle de récepteur de messages, il se veut aussi un contenant parfait. Il supporte chaque émotion suscitée par le rêve.

Chaque fois qu'un rêveur ressent de nouvelles émotions pendant son sommeil, il n'est plus exactement le même à son réveil. Ses rêves l'ont fait voyager au plus profond de lui-même. Ils l'ont guidé dans la compréhension d'une matière sensible neuve et l'ont fait progresser dans son processus de transformation et de compréhension. En ce sens, les rêves renferment un large spectre de positivité. Combien de fois n'avons-nous pas trouvé la solution à un problème délicat en rêvant ? Combien de fois un rêve n'a-t-il pas rendu une situation plus claire, plus légère et plus saisissable, simplement en dispersant la brume épaisse qui brouillait la vision ?

Lors de chaque rêve, il se produit un déclic en nous, dans notre esprit, et tout conspire alors à mieux nous éclairer. Les rêves sont souvent des enseignants naturels, des messagers précieux qui nous amènent à comprendre que les événements que l'on traverse, les musiques que l'on écoute et les individus que l'on rencontre trouvent une infinité de résonances dans notre sommeil. À l'instar des hologrammes, les rêves restituent les images, les situations et les personnages comme ils apparaissent dans la réalité. En fait, ils reproduisent le monde réel tel que nous le percevons et tel que nous le ressentons tout en respectant ses reliefs.

Que l'on se souvienne ou non de ses rêves ne revêt pas vraiment d'importance. Ce qu'il faut savoir, c'est que chacun d'entre nous rêve et que, de ce fait, des intuitions de l'avenir peuvent nous être transmises. Dans les temps anciens, les gens se rendaient dans des temples voués à certaines déesses pour recevoir l'oracle ou, si vous préférez, pour entendre les prédictions et révélations contenues dans leurs rêves. Aujourd'hui, l'oracle peut être reçu de façon beaucoup plus simple. En fait, nul n'est besoin d'être un expert certifié pour savoir décoder les messages oniriques et répondre aux questions posées. Il suffit de se tourner vers l'art divinatoire du rêve et certains outils d'interprétation faciles à utiliser pour parvenir à des analyses de très grande précision.

Avec *Chasseur de rêves*, je vais indéniablement vous aider à comprendre vos rêves. Et pour y parvenir, je n'emprunterai pas le chemin conventionnel des dictionnaires d'interprétation des rêves. J'explorerai plutôt avec vous les possibilités de l'alphabet sacré, de l'horloge intérieure et de l'intelligence des nombres, des outils fascinants – vieux comme le monde – que j'ai adaptés. Il m'a fallu dix ans de recherche pour vous les présenter sous une forme actualisée.

Qui ne s'est pas déjà réveillé, plusieurs nuits d'affilée, exactement à la même heure, au moment où les deux aiguilles d'une montre étaient parfaitement superposées ? Qui n'a pas déjà remarqué une concordance entre des événements marquants de sa vie et certaines dates bien particulières ? Je me souviens, pour ma part, avoir souvent aperçu des noms de rues dans mes rêves, entendu des prénoms ou vu des couleurs. On retrouve bien là le mystère des rêves, dont les messages majeurs prennent la forme, la plupart du temps, de nombres, de dates, de mots donnés, d'objets ou d'animaux.

L'auteur Milan Kundera soutient que nous cherchons continuellement des signes pour mieux comprendre et déchiffrer notre vie. Il est convaincu que tout événement qui survient « comporte en plus un sens, qu'il *signifie* quelque chose ; que par sa propre aventure la vie nous parle, nous révèle graduellement un secret, qu'elle s'offre comme un rébus à déchiffrer[1]. » Inspirée par cette approche, je vais ici m'employer à faire parler vos rêves et à faire ressortir les messages que les oracles de la nuit vous envoient comme autant de signes à décoder.

Puisque l'alphabet sacré et l'horloge intérieure réfèrent à des valeurs numérales, je crois nécessaire de préciser que ce livre trouve sa source dans l'astrologie hébraïque et les 22 chemins de l'arbre de vie appartenant à l'ancienne tradition de la Kabbale, de la numérique et de la langue sacrée. Quant aux cinq éléments dont je traiterai plus loin, je les ai empruntés à la vieille tradition du Yi King et de l'astrologie chinoise. L'horloge intérieure, pour sa part, m'a été inspirée par la lecture de vieux traités d'acupuncture. J'ai en effet constaté qu'il n'existe pas de connaissances plus pures ni plus fortes permettant des analyses de rêves efficaces.

1. Milan Kundera, *La Plaisanterie*, Gallimard, Paris, 1985.

Chapitre 1

LE DÉSIR DE RÊVER

Hâtons-nous de jouir de la vie.
Qui sait si nous serons demain !

Racine

Il est doux de se souvenir.

Anatole France

Le hasard des événements
viendra troubler sans cesse la marche lente,
mais régulière, de la nature,
la retarder souvent, l'accélérer quelquefois.

Condorcet

Il est des pensées comme des blessures
dont on ne revient pas.

Balzac

Je suis toujours étonnée lorsque certaines personnes m'abordent en me posant cette question : « Que dois-je faire pour me souvenir de mes rêves ? » Je leur réponds invariablement que, même si le cerveau est une machine extrêmement sophistiquée, la souvenance des rêves ne se programme pas. Aucun moyen artificiel ne peut contribuer à capturer les rêves. C'est la volonté que l'on met à vouloir se souvenir de ses rêves qui induit, consciemment puis inconsciemment, ce pouvoir en nous.

Pour réveiller ou améliorer notre capacité de souvenance, il faut faire travailler notre esprit de la même manière qu'un athlète soumet son corps à un entraînement régulier. Il importe de ne pas s'impatienter devant la lente progression des résultats. Prenez le temps de réfléchir à ceci : Combien de mois d'exercices sont nécessaires à une personne pour développer ses triceps ? Heureusement pour nous, la pensée n'est pas un muscle ! Il faut toutefois envisager un délai de quelques semaines avant de parvenir à apprivoiser les rêves. Plus vous pratiquerez votre faculté de souvenance, plus la clarté de vos rêves s'affinera.

La plupart des gens qui évoluent dans le domaine du paracognitif reconnaissent que la pensée est longue à s'organiser. Les phrases du genre « Tu peux tout si tu le désires vraiment » ne deviennent pas réalité simplement parce qu'on s'évertue à les répéter de façon mécanique cent fois par jour. La pensée magique n'existe pas. Pour qu'un souhait se réalise, il doit pénétrer les coulisses de notre esprit. De quelle manière ? Certaines techniques de respiration prédisposent l'esprit à se souvenir d'un rêve. Dans tous les cas, l'ennemi numéro un de la programmation mentale est l'impatience.

Si vous souhaitez réellement garder la trace de vos rêves, ne partez surtout pas du principe défaitiste selon lequel vous n'y parviendrez jamais. Éprouvez plutôt un sentiment de plaisir devant le chemin à parcourir, sans chercher à courir jusqu'à l'arrivée.

Le rêve prémonitoire d'Iska

Iska, qui avait connu la douleur de perdre son beau-père, André, qu'elle considérait comme un deuxième père, me raconta un jour ce rêve marqué d'un fort caractère symbolique. Trois mois après la mort d'André, par le biais d'un rêve, elle s'est retrouvée avec lui sur un terrain de golf, endroit où le défunt avait été terrassé par un infarctus.

> *Il se tenait à mes côtés et on frappait des balles sur le vert. J'étais tellement heureuse de le savoir là, mais j'étais aussi extrêmement étonnée. Je n'arrêtais pas de lui poser des questions : « Mais qu'est-ce que tu fais là ? Est-ce que tu vas bien, au moins ? As-tu eu mal en mourant ? » Il me répondait toujours en murmurant : « Chut, ce n'est pas important, joue. » À un certain moment, j'ai aperçu une passerelle suspendue derrière lui ; un oiseau blanc y était perché. Quand j'ai pris l'oiseau, j'ai remarqué que ses pattes saignaient, et il a laissé deux empreintes rouges sur mon chandail blanc. La suite du rêve renferme beaucoup d'autres détails. Mais ce que j'en retiens, c'est sa finale, troublante, bouleversante. Je suis de retour dans mon appartement*

et André, qui souhaite que je me repose, ouvre un grand sofa ressemblant à un futon pour le convertir en lit. Je vois son visage se crisper en raison de l'effort fourni et je comprends qu'il fait un autre infarctus. J'ai peur qu'il meure à nouveau, comme il est mort dans la réalité. Je cours appeler une ambulance en composant le 9-1-1. Mais il est déjà trop tard. En revenant vers lui, je le sens qui repart vers la mort. Il tient ma main très fort dans la sienne, la sensation est puissante, très réelle ; sa tête est posée sur mes genoux. Puis il laisse aller son dernier souffle. Je me suis réveillée sur cette image, le visage baigné de larmes et tellement chagrinée de l'avoir perdu une deuxième fois.

Spontanément, Iska me demanda si son rêve était prémonitoire. En me basant sur les définitions contenues dans la vieille tradition de la Kabbale, tradition mystique juive tirée des enseignements du Zohar et du Talmud, je lui répondis qu'il l'était certainement. Iska avait rêvé à une personne décédée et au nombre 911, ce qui, en soi, contenait les empreintes d'une prémonition. « Mais mon rêve ne m'a rien annoncé », argua la jeune femme, perplexe. « Je n'ai reçu aucun message concernant mon avenir. Je n'ai fait que revivre une mort qui m'a été douloureuse. » Pourtant, le rêve d'Iska était bel et bien prémonitoire. Grâce à lui, elle a eu l'occasion de compenser la perte d'un être cher et a vécu un événement douloureux qui lui apporta une sorte de guérison psychique. À la suite de ce rêve, elle cessa de se reprocher de n'avoir pas été présente au moment de la tragédie et de n'avoir pu prêter secours à son beau-père. En ce sens, son rêve fut prémonitoire, mais aussi chamanique et guérisseur.

L'un des aspects prémonitoires du rêve, souligné par l'apparition des chiffres 9-1-1 – qui, une fois additionnés, menaient au chemin de vie 11 –, indiquait clairement un changement à venir et suggérait des indices de transformation personnelle. Le rêve d'Iska lui disait que de meilleurs choix de vie devaient être faits. Désormais habitée par une force intérieure, Iska ne devait plus repousser le bonheur en croyant ne pas le mériter. Il lui fallait casser le moule d'une série noire d'infortunes et cesser d'entretenir cette pensée négative que la vie s'était retournée contre elle. J'ai entamé le processus d'interprétation du rêve d'Iska comme un enquêteur réunit avec minutie les différents indices qui s'offrent à lui.

– Ce rêve t'a beaucoup bouleversée. As-tu déjà vécu une expérience émotionnelle similaire ? lui demandai-je.

– Oui, mon beau-père est vraiment mort. Je le considérais comme un père. En fait, sa mort était inattendue. Je n'y étais absolument pas préparée. J'ai revécu la même peine.

– Avant ce rêve important, avais-tu rêvé à lui ?

Elle réfléchit un moment.

– Oui, dans un autre rêve, il s'est placé derrière moi alors que j'attendais dans une file pour payer mes achats à la caisse. Il m'a touché l'épaule et m'a chuchoté avec une telle douceur : « Mais cesse donc d'attendre ! »

– Comment as-tu interprété ce message ? ai-je continué.

Après une courte hésitation, elle me répondit :

– Il faut que j'arrête d'attendre que les choses deviennent meilleures et que je bouge. Je dois te confier quelque chose : ma vie est un enfer depuis la naissance de ma fille. Quelques semaines après qu'elle soit venue au monde, mon conjoint nous a quittées et, depuis ce temps, j'élève ma petite seule. Je l'adore, mais je me sens terriblement seule. J'ai été trahie, et je me suis sentie totalement rejetée. Je ne souhaite cela à personne, pas même à mon pire ennemi. Je ne cesse de répéter à qui veut l'entendre que je vis du malheur et rien que du malheur. Et les choses ne font qu'empirer !

Cette dernière phrase m'apparut comme la phrase clé, l'élément déclencheur, la menace souterraine qui minait la psyché d'Iska. Je poursuivis la réflexion avec elle.

– Il arrive que l'on entretienne de petites phrases-oracles dans sa tête. Sans vraiment s'en rendre compte, ces phrases contribuent à nous faire croire qu'il n'y a que de mauvaises choses à venir et ce, parce qu'on a perdu foi en la vie, en l'amour et, surtout, en l'avenir. Tu es convaincue que rien de beau ne peut t'arriver, n'est-ce pas ? Que tu n'as pas droit au bonheur ?

– C'est tout à fait cela, acquiesça-t-elle.

– Eh bien, permets-moi de te dire que c'est complètement faux. La preuve en est que tu as appris la nouvelle du décès de ton beau-père par téléphone, sans avoir eu la chance de lui dire adieu. Mais, dans ton rêve, il est mort sur tes genoux. Il a partagé son dernier souffle avec toi. Quel beau gage d'amour inconditionnel ! Imagine, son âme s'est déplacée jusqu'à toi... Ça signifie que tu comptais sûrement beaucoup pour lui, du moins plus que tu ne le crois. Quand ton beau-père tenait ta main si fort dans la sienne, c'est comme s'il avait voulu te dire que l'amour existe encore, que tu rencontreras un amour d'une grande plénitude dès que tu auras accepté de lui préparer une vraie place. Il t'incitait à ne surtout pas lâcher ! Il t'a transmis la volonté de vivre, de croire. Il voulait que tu saches que la mort d'une relation, d'une amitié, d'un amour ou d'une personne chère, même si elle reste un non-sens à nos yeux, comporte une signification particulière pour le grand metteur en scène céleste. Une autre preuve t'est amenée dans ton rêve, quand tu ne cesses de poser des questions et que ton beau-père murmure : « Chut, ce n'est pas important, joue. » Son message pourrait se traduire comme suit : « Bouge et cesse d'attendre. Ne te fais plus souffrir avec de stériles *pourquoi moi ?* »

« Tout ce que tu as vécu, dans ton rêve, avait pour but de t'aider à reprendre confiance en la vie et en l'amour. Tu mérites tellement d'être heureuse. »

Iska fondit en larmes. Je pensai qu'il lui faudrait tout mettre en œuvre pour rebâtir sa foi intérieure.

– Te rends-tu vraiment compte de la chance que tu as d'avoir vécu une expérience d'amour aussi forte ? lui dis-je.

– Oui, admit-elle, très émue, et déjà plus en paix avec elle-même.

– Dans ce cas, ton rêve a fait de l'excellent travail. Il est parvenu à te montrer une autre réalité possible. Tu as droit au bonheur, tu ne dois plus en douter. Mais pour y arriver, tu as un travail intérieur à accomplir.

Le lendemain de cette conversation, Iska confia à une amie qu'elle n'aurait jamais cru que le monde onirique puisse posséder un pouvoir guérisseur aussi efficace. Elle lui révéla être fortement étonnée qu'un simple rêve ait pu mettre en lumière la pleine mesure de son chagrin et de son impuissance face à la mort d'André et à ses malchances répétitives.

Le rabbin Barukh Ashlag, qui vécut de 1906 à 1991, rédigea un article en 1985 dans lequel il affirmait être convaincu de l'existence d'une grande lumière se dissimulant derrière chaque malaise intense ou tristesse. Comme il le rapportait, la nuit représente cet état que l'homme ressent et qui l'oblige à entreprendre des actions pour que la lumière se fasse en lui, un peu comme lorsqu'on allume une lampe pour chasser l'obscurité dans le monde matériel.

Iska vivait sur le versant obscur de la vie. Elle avait perdu de vue la lumière et, par le fait même, l'espérance de pouvoir un jour être heureuse. En tant qu'interprète de son rêve, je l'ai aidée à y voir clair, avec sensibilité et sans jugement. Je me suis fiée à mon intuition pour travailler sur sa souffrance et son sentiment de perte. Je fis également remarquer à Iska que son rêve recelait un énorme pouvoir compensatoire.

En effet, lorsque son beau-père est mort, elle ne se trouvait pas sur le terrain de golf et n'a pas eu la chance d'intervenir pour tenter de le sauver. Dans son rêve, par contre, elle a joué un rôle actif. C'est elle qui a communiqué avec les services ambulanciers et capté le dernier souffle de vie d'André. En fait, elle rattrapait un peu ce qui s'était produit dans la réalité, et son sentiment d'impuissance se trouva compensé par cette intervention réparatrice. Dans ce sens, on peut dire qu'elle ne fut pas exclue du drame. Elle y endossait les traits de la passeuse qui conduit une personne d'une rive à l'autre. Son rêve lui permit donc de mieux accepter le départ de cet être cher, départ qui, au demeurant, n'était pas sans lui rappeler celui de son ex-conjoint.

Grâce aux rêves prémonitoires, nous pouvons considérer ce qui nous arrive dans une perspective plus large et d'un point de vue plus avantageux. Ne pas tenir compte de ses rêves, qu'ils soient prémonitoires ou non, n'est pas dramatique. Bien des gens font peu de cas de leurs rêves et c'est bien ainsi. Mais si vous décidez d'être à leur écoute, vous pourrez alors mieux orienter vos décisions et approfondir vos champs de compréhension. Le rabbi Hisda a écrit dans le Talmud : « Un rêve qui n'a pas été interprété est comme une lettre non décachetée... » Les rêves cherchent à vous tenir au courant d'éléments importants dans votre vie. Ils sont porteurs d'une mine de renseignements précieux.

Technique pour la souvenance des rêves

Il existe une grande variété de techniques qui sont enseignées pour développer la souvenance des rêves. Il en est une que je privilégie entre toutes, parce qu'elle permet de préparer notre terrain psychique à la souvenance des rêves. Avant de vous endormir, dites cette phrase sur le ton d'un ordre lancé à votre subconscient : « Je choisis de vouloir me souvenir de mes rêves, ici et maintenant. » Répétez cette phrase plusieurs fois, en n'oubliant pas de respirer après chaque affirmation. Inspirez lentement, expirez lentement. L'aspect le plus important à retenir dans cette technique est de rester concentré sur l'affirmation.

Si vous souffrez d'impatience chronique, ayez une pensée pour la minuscule graine semée dans la terre. On ne peut la forcer à pousser plus vite que ne le prescrit la nature ! Elle grandira lorsque son temps sera venu. Afin de pouvoir vous souvenir de vos rêves, vous devez accepter de passer par ce processus de germination. Alors même que vous pensez que rien ne bouge, la petite graine dans votre terre psychique se déploie lentement. Un jour, un petit germe de rêve apparaîtra, suivi d'un magnifique rêve symbolique. Il ne vous restera plus qu'à récolter le fruit de vos efforts. Pour favoriser l'empreinte de vos rêves, n'ouvrez pas les yeux trop rapidement à votre réveil. Prenez quelques secondes pour vous laisser flotter entre le rêve et la réalité. Dans cet entre-deux intérieur, vous pourrez repenser sans précipitation à votre rêve et le visualiser pour mieux vous en imprégner.

La volonté personnelle agit tel un détonateur. Sans elle, aucune explosion ou réaction ne serait possible. Si vous désirez une chose de tout votre cœur, de toute votre âme et de tout votre esprit, et si cette chose sert votre évolution personnelle, des événements vont immanquablement se mettre en place pour combler ce désir.

Des miroirs de la réalité

Les rêves utilisent un langage caché ainsi que des images fragmentées et éclatées pour nous révéler à nous-mêmes. Ils ne dévoilent jamais leurs significations comme une simple porte qu'on ouvre et referme. Ils empruntent plutôt des chemins labyrinthiques pour nous faire revivre ce qui nous a marqués au cours de la journée ou des journées précédentes. Si votre supérieur vous confie un projet extrêmement périlleux et comportant des enjeux qui vous effraient, il sera tout naturel, le soir venu, que votre rêve vous transforme en alpiniste en déséquilibre au bord d'un ravin. Le langage onirique a cette faculté extraordinaire d'imbriquer avec subtilité des fragments de réalité dans des morceaux de rêve. Ce sont ces fragments qui, une fois unifiés en une seule mosaïque, fournissent un tout, un rêve.

Freud a été le premier à valider la notion de la réalité inscrite dans le rêve. « Tout le matériel qui forme le contenu du rêve provient d'une manière quelconque de notre expérience vécue : il est donc reproduit ou remémoré dans le rêve. Cela au moins nous pouvons le tenir pour certain. »[1] Dans son livre *Le sommeil et les rêves*, Maury confirme cette affirmation : « Nous rêvons ce que nous avons vu, dit, désiré ou fait. » Ce que le rêve offre de fascinant, c'est la nouvelle lecture psychique qu'il apporte par rapport à des événements survenus dans le quotidien. Il fait parler l'expérience vécue autrement.

Un homme venu me consulter me confia un jour son désarroi. Il avait rêvé que son épouse l'avait trompé et craignait avoir reçu là un message prémonitoire. Je le rassurai rapidement. Son rêve comportait effectivement une force prémonitoire et, même s'il avait mis en scène une douloureuse trahison, il fallait éviter de sauter aux conclusions trop rapidement. Après avoir longuement discuté avec cet

1. Freud, *L'interprétation des rêves*, Presses Universitaires de France, France, 1967.

homme, je compris qu'il traversait une période de conflits avec sa conjointe et avait peur qu'elle le quitte pour quelqu'un d'autre. Je lui demandai le prénom de sa conjointe et j'en convertis chaque lettre en nombre au moyen de l'alphabet sacré. Ce qui en ressortit est absolument fascinant. Le prénom référait au nombre 2, qui suggère l'importance de prendre sa place face à l'autre. Je fus à peine étonnée d'entendre l'homme avouer qu'il n'avait pas l'habitude de s'imposer au sein de son couple, ce qui provoquait la tiédeur des élans amoureux de sa partenaire.

Je profite de cet exemple pour vous recommander de ne jamais dégager d'interprétations trop hâtives, c'est-à-dire de considérer un rêve prémonitoire de façon primaire. Par exemple, il aurait été dommage que cet homme, déjà très inquiet, croie à l'infidélité de sa conjointe parce que son rêve le lui avait suggéré en surface. Il faut toujours interpréter un rêve en tenant compte de ses dimensions non révélées. Dans le présent cas, l'homme aurait été entraîné dans une mauvaise direction s'il s'était simplement fié aux images de son rêve. Sa conjointe n'était pas l'instigatrice de tous ses malheurs. Au contraire, c'était plutôt son manque d'assurance à lui qui créait la polémique dans leur couple.

Autre conseil qu'il m'importe de vous transmettre : ne jamais confier vos rêves à n'importe qui. Choisissez une personne qui sache faire la part des choses. Dans le Zohar, livre contenant les grandes écritures des Anciens, cette recommandation est d'ailleurs soutenue par ces paroles sages : « Ne raconte tes rêves qu'à une personne qui t'aime. » Raphaël Cohen se montre encore plus précis à ce sujet : « Ne raconte ton rêve qu'à qui te donnera la force de rêver, embellira ta vie, ta propre représentation de toi. »

Le rêve est une soupape nécessaire à l'âme. Grâce à lui, nous pouvons désamorcer les situations difficiles à supporter, à comprendre, à gérer et à traverser. Il permet également d'approfondir le regard que nous posons sur certains événements. Chaque fois que nous rêvons, nous jetons de petites bouteilles à la mer que nous repêchons un peu plus loin, chargées de nouveaux messages si intelligents qu'ils nous font sentir moins petits devant les forces en présence.

Jeter de la lumière sur ce qu'on rêve la nuit

Il existe de multiples variations autour d'un même thème onirique. Lorsque vous analysez vos rêves, vous devez accepter de jouer le rôle du chasseur de rêves. Il importe, en tout premier lieu, que vous retraciez l'émotion contenue dans le rêve. Cette réflexion souligne l'importance de formuler certaines questions essentielles au sortir d'un rêve. La plus fondamentale des questions à se poser est celle-ci : Quelle émotion ai-je vécue récemment qui s'apparente à celle vécue dans mon rêve ? Était-ce de la satisfaction comme lorsque j'ai obtenu une promotion ? De la joie comme lorsque j'ai accouché ? De la peur comme au moment de mon grave accident de voiture ? De l'impuissance ? De la fierté ? Chaque rêve comporte son atmosphère et son degré d'intensité. Après avoir défini ce que je désignerais comme l'enveloppe de votre rêve, tentez de faire émerger de votre esprit tous les éléments marquants rêvés. Notez-les. Vous verrez que l'écriture favorise la récupération d'idées.

L'étape qui suit est tout aussi importante. Il vous faut identifier ce que ces images représentent pour vous ; il est essentiel que vous puissiez les relier à ce que vous avez vécu au cours des jours précédents, à ce que vous avez vu, lu, entendu et appris. En tout temps, vous devez analyser vos rêves dans leur ensemble. Vous devez trouver des liens, établir des rapprochements, creuser et fouiller tel un détective attentif au moindre indice.

Comme les rêves se tissent souvent sur des trames de désordre et d'incohérence, n'utilisez aucun filtre de rationalité pour les décrire. Vous en gommeriez les symboles et les premières impressions. Contentez-vous d'écrire ce qui émane de votre esprit, avec le plus grand nombre de détails.

Imaginons, par exemple, que vous avez rêvé à une pieuvre. Que faisait la pieuvre dans votre rêve ? Était-elle seule ? Que représente la pieuvre à vos yeux ? En fait, quelle signification lui attribuez-vous ? Quelle émotion a-t-elle suscitée en vous ? À quelle occasion avez-vous déjà ressenti cette même émotion ? Comment a évolué votre rêve ?

La reconstitution d'un rêve exige de la patience. Afin d'obtenir de meilleurs résultats, transformez-vous en chasseur de rêves et traquez le sens de vos histoires en mettant à contribution votre logique et votre perspicacité psychique. En fait, privilégiez une certaine stratégie mentale. Vous devez agir exactement comme lorsque vous souhaitez faire jaillir la vérité d'une situation. Utilisez cette même capacité de déduction qui vous vient tout naturellement dans ces moments-là. S'il vous est difficile de raviver vos rêves par l'écriture, essayez de les décrire comme on raconte un film ou un événement étrange qui vient de survenir.

Les images perçues en rêve sont personnelles à chacun de nous, donc uniques. Le chat que j'aurai vu en rêve ne soulèvera pas la même émotion et ne présentera pas la même empreinte symbolique pour une autre personne. D'un individu à un autre, les prises de conscience obéiront à des niveaux de compréhension différents. Voilà pourquoi il est si important de toujours se poser cette question : « Que représente cette chose (objet, personne, animal, etc.) pour moi ? » Une personne plus encline à donner un sens à tout ce qui lui arrive se livrera à des analyses de rêves plus significatives qu'une autre.

Le mémoire de rêves

Je cherchais une expression susceptible de provoquer le désir quasi irrésistible d'écrire ses rêves. C'est alors que l'expression « mémoire de rêves » s'est imposée à moi comme une nuée de lucioles tournoyant dans la nuit. Selon sa définition, le mot mémoire nous invite à retenir des expériences vécues antérieurement sur les plans biologique et psychique ; il fait donc écho au monde du rêve. Il suggère aussi la nécessité d'écrire les événements qui ont marqué la vie, et, dans ce cas-ci, on parle des rêves qui auront marqué la vie onirique.

Dans son livre sur les synchronicités, le psychologue Jean-François Vézina[1] écrit : « Plus l'individu est conscient des thèmes qui personnalisent sa vie, plus il est libre d'exercer des choix ayant une portée créative. À l'inverse, moins l'individu est conscient de ses points sensibles, plus le destin s'impose durement à lui. » Il cite ensuite Jung pour nous faire réaliser que la vie emprunte différents parcours afin de nous enseigner qui nous sommes : « Ce qu'on ne veut pas savoir de soi finit par arriver de l'extérieur et prendre la forme d'un destin. »

Il en va de même des thèmes comme des rêves. Plus vous serez à l'écoute des messages qui proviennent de la nuit, mieux vous saurez orienter vos choix de vie et agir sur ce qui se trace pour vous. N'oubliez pas que les rêves se volatilisent sous l'éclat du matin, ils ne supportent pas cette lumière impitoyable. « Nous savons souvent *que* nous avons rêvé, mais non pas *ce que* nous avons rêvé », précise Freud.

Comme les rêves s'avèrent d'une complexité difficile à encapsuler, je vous recommande – et je me permets d'insister sur ce point – de les écrire dans un mémoire de rêves. Ainsi, à votre réveil, avant même d'ouvrir les yeux, récupérez les idées qui, telles des bulles, remontent à la surface et transcrivez-les dans votre « mémoire ». Mettez-les sur papier le plus rapidement possible, de façon à déjouer les filtres de la rationalité. Cet exercice vous permettra de développer votre sensibilité psychique en plus d'entraîner votre rationnel à la souvenance des rêves.

---

1. Jean-François Vézina, *Les hasards nécessaires*, Les éditions de l'Homme, Canada, 2001.

Le mémoire de rêves doit être considéré comme un carnet de navigation. Notez-y chaque détail qui vous a marqué, décrivez les images qui ont pris forme, rapportez vos impressions, vos perceptions et vos émotions. Afin de bien reconstituer vos rêves, laissez couler spontanément ce qui vient à votre esprit, sans tenter de tout comprendre sur-le-champ. Et prenez l'habitude d'inscrire tous les commentaires que vous inspirent vos rêves. Quelles situations vécues récemment par vous ont suscité des émotions semblables ? Qu'avez-vous aimé et détesté ? Qu'est-ce qui vous a fait réagir ? Pourquoi avez-vous réagi ? Avec qui étiez-vous ? Quel était le centre de l'action ? Quelles émotions ont surgi : du bonheur, de l'impuissance, de la joie, de l'angoisse ? Qu'avez-vous compris des images rêvées ? Quelles conclusions en tirez-vous ? Les rêves sont comme des édifices. Pour les ériger tout en hauteur, il faut d'abord creuser le sol en profondeur afin d'installer des bases solides. Descendez en vous. Fouillez, creusez, cherchez.

Tous les rêves, même ceux qui semblent absurdes et dépourvus de sens, sont porteurs de messages. Il vous appartient de savoir les interpréter et d'en extraire les significations. Comme la compréhension d'un rêve ne découle d'aucun procédé instantané, n'hésitez pas à laisser reposer vos notes et à les relire quelques jours plus tard. Vos analyses s'en trouveront souvent enrichies d'un nouvel éclairage. Et, surtout, ne considérez pas l'écriture de votre mémoire de rêves comme une tâche astreignante. Vous devez plutôt l'envisager comme un plaisir et une source de découvertes.

Qu'est-ce qui fait que nous oublions nos rêves au réveil ? Freud est d'avis que « nous oublions un très grand nombre de sensations et de perceptions parce qu'elles étaient trop faibles, parce que l'excitation mentale qui s'y attachait était trop menue. C'est aussi le cas de beaucoup d'images de rêve, elles sont oubliées parce qu'elles étaient trop faibles, tandis que nous nous rappelons des images voisines plus fortes. »

La faim de Maxime et Manon

Voici l'exemple de deux rêves échafaudés autour de la faim. Je vous en propose la lecture afin que vous puissiez constater que, en dépit du fait que l'humanité entière rêve depuis des milliers d'années, aucun thème ne comporte la même signification d'une personne à l'autre. Chaque rêve a son contexte, son rythme, ses émotions, son rêveur.

Maxime, un jeune avocat, s'est un jour présenté à moi avec cette histoire :

> *Je suis debout devant un grand restaurant. Je sens vraiment la faim me torturer l'estomac et la sensation persiste. Je n'arrive pas à la contenir, à tel point que je commence à frapper de toutes mes forces à la porte du restaurant pour qu'on me laisse entrer. Personne ne semble m'entendre. Des gens sont là à s'empiffrer, complètement indifférents à mon drame. J'enrage. Au moment où je me réveille, une réflexion me vient spontanément en tête : je suis outré par l'indifférence du monde en général.*

Je débutai mon travail d'analyste en demandant à Maxime s'il avait ressenti, dans un contexte réel, un désabusement aussi fort que celui vécu dans son rêve. Après un moment de réflexion, il m'avoua qu'il avait éprouvé le même sentiment de colère indignée face à certains agissements de sa belle-famille. « Ils sont bizarres, ces gens-là, d'éternels insatisfaits ; ils rechignent sans arrêt. J'en suis même rendu à remettre en question ma relation avec ma partenaire. Je ne sais plus si j'ai le goût de continuer. Tu sais, j'ai l'impression d'épouser aussi sa famille. Et ça me fait peur. » Au fil de l'échange, une intuition me vint et je le questionnai sur sa vie professionnelle. « Le travail ? Ça va... En fait, je crois que ça ne va pas autant que je le souhaiterais. Je ne me sens pas vraiment accepté par mes associés. J'ai l'impression qu'on m'a rangé sur une tablette et qu'il n'y a que moi que ça agace. » Je ne manque pas de lui faire voir le rapprochement entre l'indifférence affichée par les clients du restaurant et le fait qu'il ne se sente pas accepté dans ses activités professionnelles.

Peu à peu, je ramenai la conversation sur la sensation de faim ressentie par Maxime dans son rêve. Je voulais savoir quel lien le jeune avocat établissait entre sa faim et son envie de faire demi-tour dans sa relation amoureuse. Je voulais l'aider à identifier quel sentiment de vide le poussait à prendre d'assaut un restaurant. Je lui posai simplement cette question : Crois-tu que la faim ressentie dans ton rêve a quelque chose à t'apprendre sur toi-même ? « Question étrange, me lança-t-il, perplexe. Je ne sais trop... Je pense que j'aimerais que les gens m'aiment, qu'ils m'acceptent. Et chaque fois, je me frappe le nez sur une porte. »

Plus je discutais avec Maxime, plus sa piètre estime de lui-même ressortait. Quand je lui demandai s'il pouvait relier sa faim à une signification saisissable, sa réponse jaillit tout naturellement : « J'imagine que j'ai un vide à combler, mais ça laisse tout le monde indifférent. Au fond, si je suis honnête, je ne suis pas vraiment heureux, autant en amour qu'au travail. La famille de ma blonde, c'est juste un prétexte... Je ne suis pas prêt pour le mariage... » Il sourit. Je sus, dès lors, qu'il avait une solution en tête. Je n'insistai pas davantage...

Au cours du même mois, Manon, une jeune femme dans la mi-trentaine, me raconta ce rêve qu'elle avait fait et qui englobait, lui aussi, le thème de la faim. Je me dois de mentionner qu'à l'époque, Manon consacrait toutes ses énergies à aider sa mère qui livrait bataille à une maladie très éprouvante et diminuante.

> *Je suis avec maman dans un restaurant. Quand le serveur arrive, nous passons notre commande et, quelque temps après, on nous apporte nos assiettes. Mais ce ne sont pas celles que nous avions choisies. Frustrée, je commence à me plaindre au serveur et*

à montrer ma colère. Puis, comme j'ai mon assiette sous le nez et que j'en sens les bonnes odeurs, il devient impossible de résister à la faim qui me tenaille. Cette faim est tellement forte que je n'arrive plus à retenir mes larmes. Je me réveille subitement. J'ai le visage mouillé de larmes. Je suis étonnée d'avoir vraiment pleuré.

Comme les rêves sont souvent une forme de thérapie, je demandai à Manon si, dans la réalité, elle avait récemment vécu une émotion similaire. « Oui, je n'arrête pas de pleurer quand je pense à ce qui arrive à ma mère. Je trouve ça tellement injuste ! On n'a pas le droit d'infliger ça à un être humain. Je suis révoltée ! » Je m'empressai de faire remarquer à la jeune femme que les mauvais plats qui lui avaient été servis symbolisaient probablement les sentiments d'injustice et de révolte qu'elle portait en elle. « Je n'avais pas vu mon rêve de cette façon. Mais maintenant, ça m'apparaît assez évident. J'y vois du sens, parce qu'il ne se passe pas une seule journée sans que j'engueule le bon Dieu. »

Je soulignai à Manon que son désespoir avait été fortement exprimé dans son rêve. Je lui fis entrevoir que son échange colérique avec le serveur et les larmes versées dans son assiette exprimaient sa faim de retrouver une paix intérieure. Elle souhaitait intensément lâcher prise, mais elle en concevait une trop grande douleur. « Ça fait tellement mal... Comment fait-on ? »

Pendant un moment, je laissai le silence s'installer entre nous, pour ne pas me laisser envahir par les émotions. Puis je lui demandai si elle était surprise d'avoir pleuré. « Je n'avais jamais pensé que lorsqu'on pleurait en rêve, il pouvait y avoir de vraies larmes sur nos joues. Qu'est-ce que tout ça signifie ? Que derrière mon sentiment de révolte se cache une peine énorme ? » Elle venait de répondre à sa question.

Quand Manon me demanda ce qu'il convenait de faire, je la guidai vers son propre remède. Je lui demandai quel était le meilleur moyen de s'en sortir selon elle. « Il faudrait que j'évacue ma peine plutôt que de la garder en dedans. » Et elle avait raison. Le rêve l'avait clairement indiqué. Elle devait se libérer du fort courant émotionnel qui la gardait piégée dans un tourbillon incessant de pensées d'injustice. Pour sortir de son tumulte intérieur, il lui fallait changer sa façon d'envisager la maladie de sa mère. En somme, son rêve lui a permis de se pencher sur une autre façon de voir les choses, de découvrir un autre sens à la maladie de sa mère que la souffrance.

Un même thème, celui de la faim, a hanté le sommeil de Maxime et de Manon. Et pourtant, les émotions phares étaient complètement différentes. Pour Maxime, la faim représentait un vide intérieur à combler, une soif de vivre dans le vrai en cessant de fuir ses véritables sentiments amoureux. À travers l'indifférence des autres, il a finalement compris qu'il était le seul maître à bord de sa vie. Pour Manon, la faim traduisait le désir d'apaiser un fort sentiment d'injustice qu'elle ne parvenait plus à juguler et qui rendait sa vie misérable. Sans oublier qu'elle devait trouver le moyen de faire la paix avec Dieu...

Chapitre 2

COMPRENDRE ET INTERPRÉTER VOS RÊVES

Le hasard, c'est Dieu qui se promène incognito.

Albert Einstein

La plus belle chose que nous puissions éprouver,
c'est le côté mystérieux de la vie.

Albert Einstein

Il n'y a pas deux flocons de neige identiques comme il n'existe pas deux rêves comportant la même signification. Chaque rêve mobilise sa propre série de symboles pour vous envoyer certains messages et vous amener à de nouvelles réflexions. En utilisant les outils d'interprétation de ce livre, vous aurez tôt fait de comprendre que toutes les réponses à vos questionnements sont enfouies dans votre inconscient, dans l'enveloppe de vos rêves. Vous en viendrez aussi à exprimer des émotions que vous ignoriez ressentir. C'est cela, le monde du fin esprit ; votre compréhension tend à se raffiner de plus en plus.

Quatre types de rêves prémonitoires

Lorsqu'on voyage à travers le monde, certaines villes nous émeuvent et nous retournent les sens, tandis que d'autres ne laissent que des souvenirs en surface. Rêver, c'est un peu comme voyager. Certains rêves font vibrer la corde sensible de nos émotions ; d'autres, plus fugaces, ne la touchent même pas.

Il existe quatre points cardinaux comme il existe quatre types de rêves prémonitoires. Pour qu'un rêve soit reconnu comme étant typiquement prémonitoire, il doit obligatoirement appartenir à l'une des catégories suivantes :

1. Quelqu'un rêve à vous ou vous rêvez à quelqu'un.

2. Vous recevez la signification de votre rêve durant son déroulement.

3. Vous rêvez à des chiffres, des nombres, des numéros, des adresses ou des calculs.

4. Le dernier rêve du matin.

Si vos rêves ne correspondent pas à l'un de ces scénarios, ils font alors partie de la catégorie des rêves qui ont une valeur symbolique plus traditionnelle. Ces rêves ne sont pas vides de sens pour autant. Bien au contraire, ils peuvent être tout aussi compensatoires et riches en possibilités d'interprétations diverses, mais à cette différence près : ils ne présentent pas de qualités prémonitoires.

Si vous rêvez à un chat marbré rouge, par exemple, ce rêve n'est pas prémonitoire. Vous pouvez tout de même le rendre signifiant en utilisant l'alphabet sacré et en trouvant la valeur numérale des mots « chat », « marbré » et « rouge ». Vous en apprendrez beaucoup sur ce qui vous attend grâce à ces trois mots-clés, tant en lisant les renseignements auxquels ils conduisent qu'en analysant les émotions qu'ils ont suscitées en vous. Par contre, si vous rêvez que votre sœur Lise tenait ce drôle de chat dans ses bras, le rêve devient du coup prémonitoire. Les mots « chat », « marbré » et « rouge » acquièrent alors une valeur de prédiction extrêmement intéressante.

(Les oracles contenus dans ce livre ont été élaborés de façon que vous en tiriez le plus d'informations et de prédictions possibles.)

Outils d'interprétation des rêves

Pour décoder les rêves, la tradition de la Kabbale nous a laissé en héritage un alphabet sacré ainsi que des chemins sacrés. L'astrologie hébraïque, l'astrologie chinoise, le Yi King et les vieux traités d'acupuncture ont également mis en place des images symboliques extrêmement pertinentes. À ce stade-ci, je ne me lancerai pas dans de longues explications concernant ces outils. Mais comme les rêves sont des films réunissant diverses personnes, nombre de sensations et une foule de symboles, je crois utile de vous guider dans vos efforts d'interprétation. Ainsi, lorsque vous souhaiterez comprendre l'un de vos rêves, vous pourrez mieux orienter votre démarche en tirant profit des multiples outils que je propose.

Comme vous le verrez, il n'y a pas d'itinéraire unique pour décoder vos rêves. Il en existe une infinité, comme il existe une myriade de chemins pour se rendre jusqu'à soi.

1. L'alphabet sacré

Interpréter tous ses rêves à partir de mots

Les mots parlent. Ils contiennent les émotions, ils décrivent et, comme le suggère le Zohar, livre renfermant les grandes écritures des Anciens, « ils rendent l'information contenue dans la lettre ». Chaque fois que vous vous souvenez d'un rêve, empressez-vous de le verbaliser dans votre esprit ou de l'écrire le plus précisément possible, sans négliger les petits détails qui permettront d'en affiner la compréhension. Des mots piliers ressortiront. Ces mots pourront référer à des objets, des animaux, des noms, des personnes ou des lieux. Ils pourront aussi traduire un sentiment, telle la joie ou l'anxiété, ou être associés à des images ou à une action, comme « je suis debout sur le toit d'un wagon de métro ». Notez tous les mots descriptifs importants. Ce sont eux qui, par leur valeur symbolique, orienteront vos recherches. Comme l'alphabet sacré est un dictionnaire d'interprétation sans limite, vous pourrez décortiquer tous les mots qui vous semblent évocateurs.

Une fois que vous avez dégagé un mot-clé ou un mot qui traduit l'émotion générale de votre rêve, utilisez l'alphabet sacré (chapitre 4, p. 85). Faites alors correspondre chaque lettre de votre mot à des chiffres ou des nombres. La somme ainsi obtenue vous conduira aux prédictions et aux renseignements contenus dans la section consacrée aux chemins sacrés. Un rêve peut contenir à lui seul plusieurs significations, puisqu'il est un puits sans fond.

Lorsque vous tentez d'extraire un mot dominant de votre rêve, ne fermez aucune porte. Ainsi, ce mot peut être accompagné d'autres mots qui le caractérisent ou le précisent. Laissez la spontanéité du moment guider le ou les mots qui s'imposeront à votre esprit. Si le centre de votre rêve gravitait autour d'un bijou orange métallique, analysez les mots « bijou orange métallique » comme un seul et même tout. Si vous avez ressenti une joie profonde lors de votre rêve, analysez les mots « joie profonde » et non seulement le mot « joie », qui n'est peut-être pas l'émotion exacte éprouvée.

Rêve de Jean-Philippe

Mon rêve se déroule très vite. Je ne me souviens plus très bien de l'endroit où je suis, ni du contexte dans lequel je me trouve, mais il y a de l'agitation. Tout à coup, l'action se clarifie. Je suis debout sur le toit d'un wagon de métro qui roule à bonne vitesse et j'essaie de garder mon équilibre pour ne pas tomber. Le métro entre alors dans la station Sauvé, laquelle m'est familière puisque j'y descendais souvent à l'époque où j'étais adolescent. Je suis obsédé par une seule idée : je dois me pencher au bon moment avant d'entrer dans le prochain tunnel, sinon je vais me frapper la tête.

Les mots de ce rêve ont un sens. Que signifient le métro, l'agitation, la station Sauvé ? En fait, avant même de consulter les messages livrés par l'alphabet sacré, il est possible de dégager une signification spontanée par rapport à l'ensemble du rêve. Jean-Philippe est un jeune rédacteur publicitaire très énergique et particulièrement fort sur le plan intellectuel. Ce que suggèrent son agitation et la vitesse du métro, c'est sa volonté de maintenir son équilibre tout en voyageant à vive allure dans sa tête. Il aime quand ça bouge, c'est un homme d'action. La station Sauvé, qui lui est familière depuis son adolescence, démontre qu'il a également besoin de sa famille parce qu'elle lui procure ce sentiment de légèreté intellectuelle si nécessaire à son équilibre intérieur. Son milieu familial le sauve du monde de l'adulte. Il fait donc une incursion dans son passé pour goûter aux plaisirs de l'adolescence désinvolte et insouciante.

Dans ce rêve, le mot « Sauvé » semble le plus marquant. Si on le convertit en nombre avec l'alphabet sacré, on obtient le chemin de vie 12, qui signifie « action de rabaisser ou de se faire rabaisser ». Qu'est-ce qui obsède Jean-Philippe ? Il craint de se cogner la tête, ce qui traduit une tension intellectuelle et la peur de se faire rabaisser s'il ne réagit pas suffisamment vite. Pourtant, voilà un intellectuel doté d'une force mentale équilibrée et d'un savoir-faire qui s'exprime tout naturellement en dépit de la vitesse à laquelle ses pensées voyagent.

2. L'horloge intérieure

Rêver à des heures

L'art divinatoire du rêve s'appuie parfois sur des informations temporelles. Il se peut que vous entendiez, dans un rêve, qu'on viendra vous chercher vers 20 h ou que votre rendez-vous chez le médecin est fixé à 15 h 30. Il est aussi possible que votre sommeil soit interrompu par un rêve bouleversant à 4 h 38 ou que vous vous réveilliez souvent, ces derniers temps, entre 2 h et 3 h 15.

La prochaine fois que vous recueillerez des renseignements concernant le temps, qu'ils soient réels ou oniriques, reportez-vous à l'horloge intérieure (chapitre 5, p. 97). Vous pourrez alors trouver la correspondance entre l'heure indiquée et l'un des éléments suivants : métal, bois, eau, terre ou feu. Chacun de ces éléments renvoie à des prédictions ou fournit des renseignements détaillés.

L'intelligence organique existe bel et bien. Pourquoi, par exemple, vous sentez-vous davantage fatigué entre 14 h 30 et 15 h 30 ? Pourquoi êtes-vous parfois en baisse d'énergie physique ou, au contraire, en état de surexcitation à certains moments de la journée ? Qu'est-ce qui fait qu'à certaines périodes vous réagissez mieux à la caféine et au sucre qu'à d'autres ? En fait, le corps abrite une horloge intérieure qui rythme ses fonctions biologiques et cérébrales, comme l'activité de vos rêves.

Rêve de Jasmine

Je suis assise sur un banc de parc. La journée est ensoleillée, radieuse, et j'inspire l'air ambiant par les narines, comme si je voulais qu'il me pénètre partout. Tout à coup – quelle sensation étrange ! – j'ai l'impression de me réveiller dans mon rêve. Tout devient si réel. Même le chant des oiseaux, jusque-là imperceptible, se fait entendre et c'est très beau. Un vieux monsieur vient alors s'asseoir près de moi et, gentiment, il me dit qu'il se pointe souvent au parc à cette heure-là. Je lui réponds : Mais à quelle heure, donc ? Il rétorque le plus sérieusement du monde : Chaque midi, à 12 h 32. Sans savoir pourquoi, je ne le crois pas. Pour me convaincre, il me tend sa montre. Elle indique vraiment 12 h 32 !

Lorsque Jasmine, qui occupe un poste de réceptionniste dans un grand cabinet d'avocats, me raconta son rêve, elle se demandait si 12 h 32 marquait l'heure d'un rendez-vous mystérieux ou autre chose qui lui échappait. Je lui posai une première question de base.

– Avez-vous récemment vécu une émotion semblable à celle ressentie dans votre rêve, que ce soit au travail, à la maison ou ailleurs ?

– Oui, au travail.

– Et de quelle émotion s'agit-il ?

La jeune femme observa un long silence pour ensuite laisser échapper cette confidence :

– De cette pression intérieure que je ressens continuellement de devoir m'assurer que l'on me dit la vérité. Il faut toujours que je vérifie avec mes yeux et par moi-même si ce qu'on me dit est juste. Je n'accorde pas facilement ma confiance, pas même à mon mari. Encore moins aux étrangers !

– D'après vous, que pouvait bien signifier votre rêve ?

– Je crois que je dois apprendre à faire confiance, à ne pas tant douter de tout. Mais ce ne sera pas facile.

En consultant le tableau de l'horloge intérieure, je notai que 12 h 32 correspondait à l'élément feu. Ainsi, je pus lui révéler que son rêve faisait ressortir son manque de confiance en elle. Elle devait absolument réagir afin que s'éteigne ce feu, qui avait pris l'ampleur d'une forte tension intérieure. Je lui recommandai de cesser de vouloir une assurance tous risques à propos de tout et de rien. Plus elle s'obstinait à la vouloir, plus elle alimentait son manque de confiance en elle, comme si elle fonctionnait sur le mode insécurité continuellement : un pied sur l'accélérateur et l'autre sur le frein. En raison de cette attitude méfiante, elle piétinait, incapable de se rendre quelque part.

Peu après notre rencontre, je croisai de nouveau cette jeune femme. Elle m'avoua avoir été marquée par la signification de l'heure indiquée en rêve. Étrangement, elle avait retenu de mon analyse que son insécurité constituait une sorte de lourdeur intellectuelle dont elle devait se départir. C'est du moins l'image qu'elle gardait de notre entretien, probablement parce que c'est la seule qui avait marqué sa compréhension du rêve.

– Ça m'inspire. Maintenant, quand je marche, je n'ai plus l'impression de faire du sur-place. Des réponses viennent et, alors, je n'arrête plus de pleurer ! C'est bizarre, mais j'en retire un grand bien-être. Ça nettoie mon esprit, ça l'épure.

3. Les éléments

Rêver au métal, au bois, à l'eau, à la terre ou au feu

Les rêves associés aux éléments – métal, bois, eau, terre et feu – présentent toujours une dimension fortement symbolique et nous relient aux autres, de même qu'à nos états intérieurs. Si vous rêvez que de grosses vagues vous submergent, que vous êtes victime d'un éboulis, que vous emménagez dans une maison de bois ou que tout autre élément tisse la trame principale de votre rêve, ayez recours à la technique d'analyse des rêves par les éléments (chapitre 6, p. 109).

Rêve de Brigitte

Je marche sur un chemin de terre rougeâtre, dans un pays qui me semble lointain, inconnu. Est-ce la jungle ? Impossible à dire. Par contre, je marche droit devant moi et j'ai l'air de savoir où je vais, ce qui me rassure ! J'avance d'un pas ferme et déterminé. Tout à coup, j'aperçois mon mari derrière moi qui porte des sacs de jute sur son dos. Le reste du rêve est plutôt insensé et son déroulement m'échappe.

Brigitte était très intriguée par ce long chemin de terre qu'elle avait suivi. Pour guider son analyse, je lui posai la question qui ouvre toute interprétation :

– Quelle émotion as-tu ressentie dans ton rêve ?

– Un sentiment de vague, de lointain, d'inconnu...

– Cela t'a-t-il rappelé une émotion déjà vécue ?

Visiblement hésitante, elle enchaîna d'une voix inquiète :

– Mon couple ne fonctionne pas très bien, ces temps-ci. Mon mari a de lourdes responsabilités au travail. J'imagine que cela a un rapport avec les deux sacs de jute qu'il porte sur son dos. Ça fait tellement longtemps que je souffre en silence... Je le sens si indifférent, si froid et lointain, préoccupé comme il l'était aussi dans mon rêve. Rien pour aider l'amour. On s'éloigne. Il porte son fardeau, seul, et moi je continue d'avancer droit devant. Comme dans le rêve...

– Que veux-tu dire ?

– Je fais ma vie désormais. Je n'attends plus après lui pour être heureuse, admit-elle. Je l'aime fort, mais je pense que c'est à lui de décider. S'il accordait autant d'importance à notre relation qu'à son fichu travail ! Je ne demande pas grand-chose, conclut-elle, seulement un peu d'attention...

Pour lui permettre de faire la lumière sur tous les sens cachés de son rêve, j'aiguillai Brigitte vers l'élément terre. Elle y trouva la confirmation du conflit qu'elle vivait. Elle vit aussi les oppositions qui détruisaient sa relation de couple. Puisque son mari marchait derrière elle, sur le même sentier, elle pouvait se rassurer et écarter tout risque d'une rupture prochaine. Mais elle comprit l'urgence de laisser parler son cœur. Elle devait « écouter » sa blessure et reconnaître ce qu'elle symbolisait : « Je n'attends plus après mon mari pour être heureuse, je fais ma vie, j'avance parce que moi je sais où je vais. » Toutefois, cette attitude ne faisait qu'envenimer les choses au lieu de les régler ; elle nourrissait le sentiment de frustration que Brigitte entretenait à l'égard de son mari.

Pour l'aider à ouvrir son cœur, je tentai de la guider dans son questionnement :

– Dans le rêve, ton conjoint marche derrière toi. Qu'est-ce que cela signifie pour toi ?

– Qu'il me suit, faute de mieux ! lança-t-elle, candide.

En détachant chacun de mes mots pour en augmenter la portée, je posai alors cette question :

– Est-ce que tu l'aimes vraiment ?

– Bien sûr ! se hâta-t-elle de répondre. Au fond, je l'aime peut-être par habitude...

– Pour que votre relation fonctionne, il est impératif qu'un cri du cœur transperce la carapace d'indifférence sous laquelle vous vous êtes réfugiés tous les deux.

– Pourquoi est-ce encore à moi de faire en sorte que ça marche ? Pourquoi ne serait-ce pas plutôt à lui ? Tu vois, c'est de tout cela dont je suis fatiguée... J'en ai plus qu'assez d'être celle qui travaille pour que l'amour arrive ! insista-t-elle.

– Mais qui a fait ce rêve ? soulignai-je en insistant sur le « qui ».

– Moi ! Qui d'autre ? Monsieur est sûrement incapable de rêver ! lança-t-elle sur un ton des plus ironiques.

– En effet, certaines personnes ne savent pas comment rêver et elles en souffrent beaucoup. Ce doit être parce qu'elles ont besoin qu'on leur apprenne, qu'on leur fasse comprendre...

Brigitte resta alors silencieuse un long moment. Puis elle prit la décision de guider son couple dans une autre direction.

– S'il n'est pas trop tard..., murmura-t-elle tristement.

Lorsqu'elle me quitta, la jeune femme portait en elle deux sentiments contradictoires : le soulagement et l'incertitude. Je pris de ses nouvelles quelques mois plus tard. Je fus heureuse d'entendre que son mari s'était rapproché d'elle et que leur relation battait de nouveau au rythme de l'amour.

4. Les forces sacrées de la nature

Rêver au vent, à la pluie, à la neige ou au sang

Les forces de la nature associées au vent, à la pluie, à la neige et au sang sont chargées de symboles parce qu'elles nous font prendre conscience de l'environnement et de la vie. Elles nous relient à des états d'éveil et nous obligent à des prises en charge personnelles.

Si vous rêvez que vous courez au grand vent, que vous vous enlisez dans la boue, que vous dévalez une pente de ski sur de la poudreuse ou que tout autre élément de la nature colore votre rêve, référez-vous aux forces sacrées de la nature (chapitre 7, p. 171). Que votre rêve soit prémonitoire ou non, vous en tirerez des prédictions ou des renseignements qui sauront vous porter à la réflexion.

Rêve d'Aline

Je me trouvais dans un endroit malfamé, entourée de jeunes au corps tatoué. Soudain, une abeille m'a piquée et j'ai ressenti très fortement la douleur sur mon bras, même si je dormais. Sincèrement, je me souviens tellement de la douleur physique que je sais maintenant le mal que provoque une piqûre d'abeille ! Puis, je me suis mise à saigner abondamment. Personne ne réagissait, ça semblait normal. Durant le déroulement de mon rêve, j'ai choisi de ne pas paniquer, et alors tout s'est arrêté.

Au moment où Aline me raconta son rêve, je ne connaissais rien de sa vie privée. J'entrepris donc le travail d'analyse en sondant ses premières émotions, lieu de départ de chaque rêve.

– Peux-tu me décrire les émotions que tu as gardées de ton rêve ?

– Malgré une douleur intense et très physique, je demeurais calme parce que les autres ne réagissaient pas.

– Ça évoque quelque chose pour toi, ce genre d'émotion ?

Aline demeura silencieuse quelques instants, l'air pensif, puis poussa sa réflexion dans ce sens :

– Je suis professeure. Il est évident que je vis des situations concernant des jeunes qui ont des problèmes. Mais je m'en sors bien. Au fond, ce que je comprends, c'est qu'il ne faut pas que je panique quand tout se met à aller de travers. Mais l'abeille et le sang qui coule me laissent perplexe...

– À tes yeux, qu'est-ce que représente l'abeille ?

– Elle est travailleuse, protectrice de son territoire et déterminée, énuméra-t-elle.

Je lui posai cette question en raison du sang qui coulait abondamment dans son rêve :

– Crois-tu que ces trois qualités exigent de ta part une grande dépense d'énergie ?

La jeune femme me regarda en souriant. Elle comprenait où je souhaitais l'amener et reconnut que l'image de cet important saignement était certainement reliée à une perte d'énergie.

– Je vois où tu veux en venir. Par association, tu me dis que la piqûre d'abeille pointe un de mes malaises. Je veux trop, je pousse trop ! Ça me fait sourire, car j'ai tellement mal à une épaule depuis quelques semaines que je consulte une massothérapeute sur une base régulière. Il paraît que j'en prends trop sur mes épaules ou que je pousse trop fort ! Au fond, j'ai juste un gros problème de superlatif...

Il était assez facile de décoder le sens général de l'abeille. Mais, pour qu'Aline en apprenne davantage quant à la signification du sang dans son rêve, je lui suggérai de lire ce qu'on disait de la force sacrée de la nature s'y rapportant. Elle trouva des informations pertinentes et de judicieux conseils qui la guidèrent dans une démarche de lâcher-prise. Elle admit finalement que d'avoir la réussite de ses élèves trop à cœur, même si cela relevait d'un devoir professionnel, devenait un poids très lourd à porter. Son épaule souffrante rappelait cette douleur ressentie dans son rêve. Je lui demandai de me donner une image qui pourrait l'aider à lâcher prise et à revoir son attitude d'absolu dépassement au travail.

– On peut conduire un cheval à la rivière, mais on ne peut le forcer à boire... Ce besoin de faire avancer mes élèves et de les voir réussir est si fort que me voilà déjà à me demander comment je pourrais m'y prendre pour les forcer à boire sans que ça paraisse trop !

Je revis Aline quelques années plus tard. Elle s'empressa de me dire qu'elle avait apporté des changements dans son approche professionnelle, même si cette transition avait été extrêmement difficile. Son caractère affirmé, sa personnalité exigeante et son verbe aussi tranchant qu'un glaive hésitaient à lâcher prise. Mais comme son cœur débordait de bonnes intentions, elle était parvenue, non sans peine, à s'ajuster.

5. Les chemins sacrés des nombres

Rêver à des chiffres, numéros, adresses ou calculs

L'interprétation des chiffres et des nombres, qui possèdent chacun leur personnalité propre, reste l'une des plus anciennes sciences symboliques. Les nombres permettent de déchiffrer la vie comme l'électricité permet de faire l'expérience de la lumière. L'intelligence des nombres à laquelle réfère cet ouvrage s'appuie sur l'alphabet hébreu, constitué de 22 lettres. Le tarot comprend également 22 arcanes majeurs, tout comme la tradition de la Kabbale, qui repose sur 22 chemins sacrés de vie.

Si vous rêvez que vous prenez place dans l'autobus 53, que vous encaissez un chèque de 45 000 $, que votre chalet compte 39 fenêtres ou que votre pèse-personne indique 72 kilos, notez cette information numérale dans votre mémoire de rêves. Il vous sera possible de lui trouver un sens grâce aux chemins sacrés (chapitre 8, p. 211). Tous les chiffres et nombres de vos rêves, quels qu'ils soient, peuvent être interprétés à titre de symboles prémonitoires.

Comme il n'existe que 22 chemins sacrés de vie, les chiffres et nombres qui se présenteront à vous par le rêve devront être réduits de façon que le résultat soit compris entre 0 et 22.

Rêve de Céline

Me voilà en classe. Les autres étudiants sont très dissipés, et toute cette agitation me dérange vraiment. Je décide donc d'en aviser le professeur, qui me reçoit plutôt froidement. Je sens, dans mon rêve, qu'il me trouve hautaine. Plutôt que de reconnaître qu'il est impossible de travailler dans cette ambiance insupportable, il me fait sentir que c'est moi le problème, que c'est moi qui ai de la difficulté à m'adapter. Je réagis vivement et lui signifie mon désir de changer de classe immédiatement. Il me répond d'aller au local 200. Sans attendre, je sors en claquant la porte de toutes mes forces.

Âgée d'une cinquantaine d'années, travailleuse sociale reconnue pour son engagement bénévole dans la communauté, Céline ne voyait pas son rêve comme hautement symbolique. Il l'intriguait, tout au plus. Lorsque je lui fis remarquer qu'il était probablement prémonitoire en raison du nombre qu'il contenait, elle haussa les épaules et se mit à rire de bon cœur.

– Avez-vous récemment vécu des émotions qui s'apparentent à celles de votre rêve ? lui demandai-je.

– Non, pas du tout !

– Dans votre travail, tout va bien ?

– Oui, je n'ai jamais été aussi bien de toute ma vie.

Sa voix était empreinte d'une sincérité tranquille.

– Eh ! bien, j'ai plutôt envie de vous dire que votre rêve vous envoie un message prémonitoire.

– De quel genre de message s'agit-il ? me demanda-t-elle, interloquée.

– Voulez-vous que nous consultions l'oracle ?

– Pourquoi pas ? lança-t-elle en souriant.

Une fois que j'eus appliqué la méthode d'addition avec le nombre 200, j'obtins le chemin de vie 2. Plus de doute possible : l'essence de la prémonition se dégageait nettement. Le chemin 2 représente la difficulté à prendre sa place face à l'autre, il illustre le désir de vivre une relation paisible. Le 2 est un chiffre qui parle de dualité. Comme l'énonce l'ancienne tradition, à partir du moment où nous ne sommes plus seuls, l'autre devient un face à face, un côte à côte, un dos à dos ou un « je suis derrière toi, je t'ai à l'œil ».

Céline devint livide et me confia qu'elle éprouvait en effet du mal à s'imposer, à faire entendre ou à défendre ses opinions. Elle craignait l'affrontement comme la peste.

– Dieu que je trouve ça difficile ! Je déteste me battre. Et il me semble que les autres devraient s'en rendre compte... J'ai toujours fui les conflits. Pas étonnant que j'aie claqué la porte dans mon rêve ! Je n'arrive pas à croire qu'un rêve somme toute banal ait fait ressortir ce trait de caractère ! Je ne te cacherai pas que ces histoires de prémonition m'ont toujours fait sourire un peu... Mais je dois avouer que je suis éberluée !

Ce rêve eut pour effet de délivrer Céline. Quelques semaines plus tard, après mûre réflexion, elle décida de consulter un psychanalyste afin de surmonter ses difficultés relationnelles. Elle se rendait bien compte qu'elle n'y parviendrait pas sans aide. Il était plus que temps qu'elle s'affranchisse de cette peur de l'affrontement qui l'isolait. En agissant ainsi, Céline mettait fin à toutes ces tensions intérieures qui lui rendaient la vie difficile. Pour la paraphraser, je dirais qu'elle a pris les moyens nécessaires pour ne plus être ce tapis sur lequel les gens pouvaient s'essuyer les pieds.

6. Les rêves répétitifs et les déjà-vus

Faire des rêves récurrents

Les rêves récurrents sont l'expression des mouvements répétitifs de la vie. Nous savons que les rêves reproduisent une partie du vécu quotidien. Ils traduisent aussi certains souvenirs d'enfance occultés. Ils font également ressortir les pressions existentielles, professionnelles, amoureuses ou familiales qui s'exercent sur nous. Normalement, les rêves répétitifs apparaissent dans des contextes de vie bien précis et sont activés par de vieilles peurs qui propulsent à la surface les souffrances que nous avons tues ou enterrées. Les situations qui suscitent des blessures d'amour-propre, des rejets professionnels ou des ruptures amoureuses sont autant de terrains fertiles qui favorisent la récurrence des rêves. Il y a quelque chose d'ennuyeux dans le fait que le même rêve se répète. Mais cet état de choses n'est certainement pas négatif, puisque c'est en répétant et en recommençant que le danseur perfectionne son art. Plus un rêve se répète, plus vous y porterez attention.

Si le même rêve revient souvent animer votre monde onirique, tentez de l'interpréter en déterminant le mot qui le caractérise le mieux ou qui s'en dégage avec la plus forte intensité. Ainsi, si vous rêvez souvent que vous franchissez le seuil d'une église, retenez le mot « église » et tâchez d'en comprendre la signification en trouvant sa correspondance numérique grâce à l'alphabet sacré (chapitre 4, p. 85).

Rêve de Claude

> *Je rêve souvent que je prends l'ascenseur et que, tout à coup, il commence à descendre vite, tellement vite. La chute semble si réelle que j'en ai la nausée. L'ascenseur ne s'écrase jamais au sol, puisque je me réveille toujours avant que cela ne se produise. Mais la sensation de chute est vertigineuse et infernale. On dirait toujours que mon cœur va finir par lâcher. C'est un peu comme si je me trouvais dans un manège : ça monte, ça monte, et puis voom ! ça redescend d'un coup sec.*

La récurrence de ce rêve affectait tellement Claude que, lorsqu'il m'en fit la narration, il conclut par cette demande pressante : « Peux-tu m'aider ? Ce rêve m'épuise ! » Camionneur de métier, très pragmatique, Claude ne se montrait pas particulièrement attiré par les principes philosophiques ou oniriques. Pourtant, il sentait que ce rêve répétitif possédait un double fond et il désirait le découvrir.

– Quelle émotion retiens-tu de ton rêve, Claude ? commençai-je.

– La descente à toute vitesse, l'impression d'une grande impuissance face à la chute...

Dès qu'il eut prononcé ces mots, une étincelle s'alluma dans les yeux de Claude. Il venait d'entrevoir un aspect très occulté de lui-même.

– Je crois que je viens de comprendre ! Je n'ai jamais été chanceux dans la vie, je n'ai jamais rien eu facilement. À part ma femme et mon fils, qui sont des bénédictions, la vie ne m'a rien épargné. Oui, j'ai peur du vide, de me retrouver devant rien. J'ai déjà donné... Pourquoi ce rêve se répète-t-il toujours ?

– Peut-être la peur de souffrir te hante-t-elle tellement que ton rêve revient pour mieux chasser de ton esprit et de ton cœur toutes ces pensées négatives et nuisibles, lui fis-je remarquer.

– Tu crois ? Mais comment faire pour m'en sortir, alors ?

– Lentement, jour après jour, tu devras faire l'effort d'entretenir des pensées positives concernant la vie. Il te faut réapprendre à lui faire confiance.

– Ça ne sera pas facile...

– As-tu remarqué que ton rêve revient toujours dans les mêmes circonstances, c'est-à-dire quand tu te rappelles que tu n'as pas été chanceux dans la vie ? C'est la voie intelligente choisie par ton inconscient pour te faire comprendre que, lorsque tu nourris ton esprit de pensées négatives, celles-ci engendrent un rêve qui te fait chuter dans un vide total. Et te voilà bon pour la descente aux enfers...

À l'évidence, c'était là une approche que Claude n'avait jamais envisagée. Il n'aurait pas cru possible de voir, un jour, la fin de ses tourments.

– Autrement dit, j'ai le droit de penser positivement.

– Comme tu as le droit de penser négativement. Ce choix t'appartient.

Étrangement, Claude ne refit plus jamais ce rêve. Il en avait brisé la récurrence grâce à une compréhension plus profonde de son problème intérieur. Par ce rêve guérisseur, il put mesurer à quel point ses pensées noires oblitéraient son droit au bonheur et dirigeaient son esprit. L'image la plus criante que je trouvai pour traduire ce phénomène d'envahissement par la pensée négative fut de comparer sa situation à une prise d'otage. Claude était devenu prisonnier d'une pensée défaitiste qu'il abritait en lui par habitude ou parce qu'il ne savait pas comment penser autrement.

7. Le rêve d'Orphée

Le dernier rêve du matin

Le dernier rêve que l'on fait juste avant le réveil reste souvent imprimé dans notre souvenance. Il a été prouvé que ces instants où l'on flotte entre le rêve et la réalité sont particulièrement féconds en symboles. Cette période « entre-deux-mondes », courte mais excessivement intense, peut aussi être appelée « période du rêve d'Orphée », parce qu'elle baigne souvent dans la musique. De nombreux chanteurs et musiciens connus rapportent avoir vécu une telle expérience psychique.

Lorsqu'il ne s'inscrit sur aucune musique particulière, le dernier rêve du matin laisse souvent entendre des notes tirées d'une trompette, d'un piano, d'une clarinette ou des sons plus intenses, tels un cri, une voix qui parle nettement ou des bruits rappelant la nature. Ces bruits peuvent rappeler une chute d'eau, un oiseau qui chante ou le léger bruissement du vent. Sinon, le dernier rêve du matin marque suffisamment la conscience pour que l'on s'en souvienne.

La prochaine fois que vous garderez souvenir de votre dernier rêve du matin, prenez-le en note. S'il contenait de la musique, un son ou un bruit, consultez l'élément métal au chapitre 6 du présent ouvrage (p. 109). Le métal, qui symbolise les instruments de musique et la notion de résonance, fait toujours écho à l'âme. Si vous pouvez traduire en mots ce que vous entendez, par exemple « opéra », « flûte » ou « vent », trouvez la valeur numérale de ces mots à l'aide de l'alphabet sacré.

Si vous n'entendez aucune musique mais possédez des images claires de votre rêve, dégagez-en un mot qui a suscité une émotion ou qui vous a marqué. Si vous avez vu en rêve des flammes qui consumaient une usine désaffectée et que le mot « flamme » renfermait la force de votre rêve, trouvez-en la valeur numérale en consultant l'alphabet sacré (chapitre 4, p. 85).

Rêve de Fabienne

> *J'ai rêvé, au petit matin, que je me faisais voler mon portefeuille. Je me suis défendue du mieux que j'ai pu mais, à mon grand désarroi, c'est le voleur qui a eu le dessus. Je me suis réveillée frustrée et dérangée par ce rêve bizarre.*

Quand elle vint me rencontrer, cette femme d'affaires chez qui le jugement est une force naturelle m'exprima sa crainte. Elle avait peur que son rêve ne trouve son aboutissement dans la réalité, en ce sens qu'elle savait qu'il pouvait se révéler prémonitoire et elle souhaitait en avoir le cœur net. J'eus tôt fait de la rassurer et de lui expliquer que son rêve, même s'il était marquant, n'était pas un mauvais présage. Il soulignait plutôt un certain sentiment d'impuissance et de frustration.

– Quelle émotion avez-vous ressentie ? Qu'est-ce qui vous a le plus perturbée dans votre rêve ?

– Que l'on se permette de voler impunément les gens ! J'étais révoltée, enragée, frustrée...

– Avez-vous vécu une situation semblable dernièrement ?

– Oui, au bureau. Quand la responsabilité d'une entreprise nous incombe, on est confronté aux employés qui en veulent toujours plus – c'est normal ; ils ne se rendent pas compte de tout. Mais là, c'est différent, la situation est un peu plus difficile à gérer... Un de nos importants clients refuse de signer le contrat qu'on lui propose. Je me sens prise au piège.

– Pourquoi refuse-t-il de signer ? lui demandai-je.

Aussitôt ma question posée, le visage de Fabienne changea. Ses mains se crispèrent sur la table et elle en appela à tout son orgueil de femme combative pour ne pas pleurer. Une dure bataille se livrait en elle. Au bout de quelques minutes, elle se permit un sourire et je pus constater qu'une petite lueur de compréhension filtrait dans son regard.

– Parce qu'il veut gruger les maigres profits que je réalise ! Je travaille comme une acharnée, je donne tout ce que je peux, je n'ai même plus de vie personnelle et monsieur en demande davantage ! Il sait que je n'ai pas d'argent, ni de marge de manœuvre...

Fabienne se mit à agiter sa jambe croisée comme pour battre la mesure et se mordilla la lèvre inférieure.

– C'est mon rêve transposé, n'est-ce pas ? Ça me rend furieuse ! Il ne lâchera pas le morceau. Et si je résiste, il se tournera vers quelqu'un d'autre. Il faut que je réfléchisse, dit-elle en se levant d'un bond.

Quand je revis Fabienne, quelques mois plus tard, elle m'annonça qu'elle avait opté pour le repli stratégique. Elle avait dû se soumettre aux exigences de son client, mais cela lui avait permis de redresser la barre de son entreprise. Son rêve lui avait appris à ne plus se mettre en position de vulnérabilité financière, sinon elle risquait de se faire dépouiller.

8. Le rêve chamanique

Recevoir la signification de son rêve durant le rêve

Il arrive fréquemment que la signification d'un rêve soit donnée durant le rêve. Si une personne vous aborde dans le monde onirique et vous explique ce que vous êtes en train de rêver ou vous informe d'un événement à venir, portez-lui une grande attention. De la même façon, si quelqu'un vous lit le tarot, interprète les lignes de votre main, vous raconte une histoire parsemée de conseils ou vous fait une prédiction, consignez les renseignements ainsi obtenus dans votre mémoire de rêves. Le rêve chamanique, de par sa nature même, possède un haut potentiel de guérison psychique.

Si, dans votre rêve chamanique, on vous indique une heure particulière ou on vous prénomme différemment, consultez les chapitres consacrés à l'horloge intérieure (p. 97) et à l'alphabet sacré (p. 85).

Rêve de Jack

> *Avant de vous raconter mon rêve, je dois vous dire ceci : mon rêve est bizarre... Je n'ai jamais rêvé à quelque chose d'aussi étrange de toute ma vie. Je suis dans une salle d'opération en chirurgie cardiaque. C'est un lieu qui m'est familier, puisque j'y travaille dans la réalité. Jusque-là, ça va. Soudain, un patient entre, allongé sur sa civière. Il est très nerveux, même s'il est sous sédatifs. Je le rassure. Il sourit. Tout à coup, je vois son cœur battre ; sa cage thoracique est grande ouverte, et je m'étonne que les chirurgiens ne se rendent pas compte que l'anesthésie n'a pas d'effet sur lui. Voilà qu'il me fixe intensément. Je me réveille dans mon rêve, et ce regard que le patient darde sur moi me transperce et vient me rejoindre jusqu'à l'intérieur de mon corps. Je ne peux pas l'expliquer mieux. Et là, il me dit, comme si de rien n'était : Tu sais, tu vas bientôt vivre une très grande joie... Je m'empresse de lui demander : Quelle sorte de joie ? Mon cœur bat à tout rompre. Je me suis réveillé imprégné d'une joie très profonde. Je n'avais jamais ressenti cela auparavant.*

Jack est un infirmier spécialisé qui compte plus de vingt années d'expérience. Il connaît sa profession jusque dans ses moindres exigences et s'est vu accorder plusieurs promotions tant son savoir-faire, sa force de caractère et sa fiabilité le précèdent. Peu de choses parviennent à l'ébranler. S'il est venu me raconter son rêve, c'est parce que sa sœur l'avait convaincu qu'un rêve aussi étrange ne devait pas rester sans interprétation, sinon il serait comme un film sans générique. Il s'est donc laissé convaincre...

– Effectivement, votre rêve est prémonitoire, puisque vous en avez obtenu la signification pendant son déroulement. Quelle émotion en avez-vous tirée ?

– J'ai senti que j'allais peut-être enfin trouver l'amour...

– Je le pense aussi. Le cœur qui bat, la cage thoracique toute grande ouverte et ce regard perçant qui vous a réveillé dans votre rêve sont très significatifs. Est-ce que cette prédiction vous fait peur ?

– Je vis seul depuis dix ans. Ayant vécu une peine d'amour qui a failli me détruire, il y a longtemps que j'ai rayé l'amour de ma vie. J'y pense souvent. Bien sûr, j'aimerais rencontrer quelqu'un. Mais je cherche une personne très compatible, ce qui est rare de nos jours.

– Permettez-moi de vous donner un conseil, lui dis-je. Nourrissez-vous de cette joie profonde ressentie durant votre rêve. Pensez-y souvent, cinq ou dix minutes par jour. Revivez votre rêve comme si vous y étiez. Cette joie que vous avez ressentie doit devenir un point d'ancrage intérieur. Elle vous permettra de vous départir de votre sentiment d'échec amoureux. En repensant à votre rêve, insistai-je, vous réactiverez l'émotion vécue et, par le fait même, vous vous en nourrirez. Ce que votre rêve vous a apporté, c'est une sorte de remède psychique.

– C'est comme si je savais déjà tout cela mais sans vraiment le reconnaître. Chaque fois que je raconte ce rêve, je vois bien que je me sens transporté par lui. On dirait que, par son intermédiaire, le ciel m'a joué un drôle de tour !

Ce rêve changea complètement la vie de Jack. Il n'en resta pas moins méfiant et prudent face à l'amour. Toutefois, son regard sur la vie et sa vision intérieure du monde se modifièrent. Selon les dernières nouvelles qu'on m'a transmises, Jack a fait la rencontre d'une femme assez exceptionnelle. Il ne lui a pas encore livré tout à fait son cœur, mais ses réserves fondent doucement comme neige au soleil. Lorsqu'il lui arrive d'avoir peur de mettre son cœur à nu – comme celui du patient dans son rêve –, il se relie rapidement à cette joie profonde qu'il a alors ressentie si intensément. Bref, il s'en sert comme d'un remède qu'il s'administre contre la peur d'aimer.

Les rêves chamaniques agissent tel un sérum de guérison. Le rêve de Jack le démontre clairement. Ils peuvent également être des messagers annonçant des événements à venir. Vous est-il déjà arrivé d'affirmer des choses avec une conviction surprenante lors du déroulement d'un rêve ? J'ai, pour ma part, vécu cette expérience. Je participais à une discussion de groupe et, dans mon rêve, je faisais face à une personne qui semblait avoir le monopole des décisions. Tout à coup, cette personne m'informa qu'elle avait travaillé, par le passé, pour une certaine entreprise. Portée par une impulsion irrésistible, je lui répondis du tac au tac : « L'entreprise dont vous parlez vient justement de retenir mes services pour un projet très important ! » J'étais étonnée de m'entendre claironner cette nouvelle avec autant de certitude et d'audace ! Peu de temps après ce rêve prémonitoire, j'obtenais un poste intéressant dans une entreprise d'envergure.

9. Le rêve qu'un ami fait d'un ami

Quelqu'un rêve à vous ou vous rêvez à quelqu'un

Certains rêves se construisent en duplex et appartiennent à deux propriétaires, soit à celui qui a fait le rêve et celui qui est apparu en rêve. Votre mère rêve qu'une étoile brille au-dessus de votre lit ? Un collègue de bureau rêve que vous arrivez avec un gâteau d'anniversaire gigantesque ? Votre ami rêve que vous l'aidez à déménager de grosses boîtes lourdes ? Ces rêves renferment des messages qui vous sont destinés, même s'ils viennent de quelqu'un d'autre. Ils empruntent un chemin différent pour se rendre jusqu'à vous. Bref, si une personne rêve à vous, interprétez ce rêve comme si c'était vous qui l'aviez fait.

Il se peut aussi que ce soit vous qui rêviez à quelqu'un d'autre. Vous rêvez que vous faites la cuisine avec Céline Dion dans un chalet ? Que le père de votre belle-sœur vous parle de son accident de voiture ? Que votre voisin vous apporte un sac de vêtements ? Tentez de discerner le sens de votre rêve en l'analysant dans son ensemble. Interrogez-vous quant à l'émotion que ce rêve a suscitée en vous, ce qu'il semblait vouloir signifier, quelles réactions il a entraînées. Ainsi devriez-vous pouvoir comprendre l'essence de votre rêve.

Vous pouvez également obtenir des renseignements intéressants en dégageant certains mots-clés de votre rêve et en les déchiffrant à l'aide de l'alphabet sacré (chapitre 4, p. 85). Ainsi, dans l'exemple où vous faites la cuisine avec Céline Dion, obtenez des prédictions en utilisant les lettres de « Céline Dion » et de tout autre mot qui vous inspire, comme « cuisine » ou « chalet ». Le prénom ou le nom complet de la personne à qui vous rêvez s'avère toujours une voie fascinante à explorer, pour autant que vous ne rêviez pas d'elle trois ou quatre fois par semaine. Dans ce cas, faites appel à une autre source d'interprétation : l'émotion contenue dans le rêve. Par exemple, si vous avez vécu un sentiment de frustration durant votre rêve, utilisez l'alphabet sacré et transposez le mot « frustration » en nombre afin d'obtenir un oracle.

Rêve de Michel

Je rêve souvent à mon ex-amie. Je la vois me dire qu'elle m'aime encore, que je suis l'homme de sa vie, que l'autre n'est rien pour elle... Elle m'assure qu'elle regrette ce qui s'est passé et me demande de lui revenir. Le plus étrange, c'est qu'on se retrouve dans l'appartement dans lequel elle vit réellement. Il y a une porte derrière laquelle je vois mes articles de sport qui traînent par terre et mes meubles, empilés ; ils sont sales. Mon ex-amie devient tout à coup agressive et me met à la porte.

Cet informaticien, propriétaire d'une entreprise de développement de logiciels, termina sa narration en précisant qu'il n'était pas tout à fait ignorant en matière de rêves et m'informa avoir compris qu'il faisait de la projection. J'avançai plutôt que son rêve était compensatoire. Par cela, j'entendais qu'il aimait encore son ancienne amie et qu'il aurait souhaité que les événements se déroulent comme dans son rêve. Fort heureusement, il ne s'illusionnait pas pour autant.

– Sais-tu que ton rêve appartient à la catégorie des rêves prémonitoires ? le questionnai-je. Il contient des renseignements susceptibles de changer ta vision des choses. As-tu déjà vécu des émotions semblables dernièrement ?

– Continuellement ! Je suis hanté par le désir qu'elle se réveille, qu'elle me reconnaisse comme elle le fait dans le rêve, qu'elle s'ouvre les yeux. Je crois qu'elle a commis une erreur en me quittant, qu'elle ne m'a pas donné la chance de...

Michel devint soudainement nerveux et tendu. Par respect, je ne forçai pas ses confidences.

– Quelle signification donnes-tu à tes articles de sport qui traînent pêle-mêle et à tes meubles empilés et sales ?

Il hésita, puis tenta cette réponse :

– J'imagine qu'elle ne doit pas avoir un grand respect pour moi... Autrement dit, lança-t-il, dépité, je dois accepter que tout soit terminé.

– Bien, disons que tes souhaits semblent incompatibles avec ce qu'elle a décidé. Peut-être ton rêve voulait-il te révéler le côté obscur de votre relation. Il visait à te faire comprendre pourquoi il y a eu dérapage entre vous deux. Probablement ne te respectait-elle pas suffisamment...

– C'est vrai. Je n'étais jamais assez comme ci ou comme ça, j'aurais dû dire ceci plutôt que cela. Quand ça n'allait pas à son goût, elle m'indiquait la sortie, comme dans mon rêve finalement. Au fond, j'occupais la place en attendant qu'elle trouve quelqu'un d'autre. C'est dur à accepter, mais je l'ai toujours su. Ce n'est pas une surprise...

Au terme de notre discussion, Michel me confia que son rêve avait probablement agi comme un régulateur d'émotions. Bien que décapant, il obligeait Michel à faire face à la musique. Plus facile à dire qu'à faire, il ne lui restait plus qu'à lâcher prise et à accepter la mort de cet amour à sens unique. Lorsque je lui demandai quel mot, à son avis, avait été le plus marquant dans son rêve, Michel répondit spontanément le mot « porte ». Ce qui ne m'étonna guère, le chemin de vie auquel ce mot réfère étant le 22, lequel appartient à celui qui doit se libérer pour pouvoir reprendre goût à la vie.

10. Rêver à des personnes décédées

Les rêves ont parfois ce pouvoir mystérieux de nous faire entrer en contact avec des personnes décédées. Comme si on utilisait le rêve en guise de couloir du troisième type pour se relier quelques instants avec des morts aimés. Ces rencontres oniriques sont toujours importantes puisqu'elles marquent la conscience d'une émotion très forte. Elles sont également prémonitoires du fait qu'elles mettent en scène des visages familiers et des personnes appréciées. D'ordinaire, rêver à une personne décédée agit comme une médication psychique. Au réveil, on a l'impression étrange que notre cœur a été soulagé d'un poids énorme. Un mieux-être s'installe alors en nous et on perçoit les choses autrement. On éprouve également un sentiment de réconciliation. On n'accepte pas nécessairement davantage la mort de la personne, mais on se sent réconforté dans son chagrin et on franchit ainsi une autre étape dans le processus de deuil.

Si vous rêvez à une personne décédée, retenez l'émotion phare de votre rêve. Essayez ensuite de décortiquer cette émotion en utilisant certains mots-clés de votre rêve et en cherchant leur signification à l'aide de l'alphabet sacré (chapitre 4, p. 85). Ainsi, si vous rêvez à votre sœur Blanche décédée trois ans plus tôt, tentez de capter les messages de ce rêve en extrayant tous les mots qui vous ont marqué. Si votre rêve s'est dissipé et que vous ne gardez à l'esprit que le visage radieux de votre sœur, utilisez les lettres de son prénom pour trouver l'oracle.

Rêve de François

Mon frère est décédé dans un accident de voiture, il y a quelques mois. Je trouve ça très dur à vivre... J'ai rêvé à lui récemment, et j'en ai été grandement bouleversé. Mon rêve semblait tellement réel ! Je me trouvais assis sur la grande véranda de la maison paternelle, je me berçais tranquillement. Puis j'ai vu une voiture arriver au loin, se rapprocher de plus en plus en faisant lever la poussière. C'était complètement fou. Alors, j'ai vu mon frère descendre de la voiture. J'ai bondi plus vite que l'éclair et sauté dans ses bras en pleurant comme un enfant. J'ai senti ses bras me serrer fort, son souffle dans mon cou... Le contact était physique, presque réel. Je lui ai demandé pourquoi il était parti. Il m'a répondu que c'était bien ainsi, que je ne devais pas m'inquiéter, qu'il était heureux. Le plus incroyable, c'est qu'en le regardant dans les yeux, j'ai vraiment senti qu'il était bien, en paix, heureux.

François, dix-neuf ans, a fait ce rêve huit mois après le tragique accident de voiture qui faucha la vie de son frère aîné. Depuis cette terrible journée, il était dans un passage à vide, dévasté, et ne vivait qu'à travers une immense douleur. Il avait même interrompu ses études pour mieux pleurer son chagrin, cloîtré dans la maison familiale. Lorsqu'il vint me décrire son rêve, il m'expliqua qu'il se sentait comme une âme errante, qu'il ne parvenait pas à reprendre goût à la vie. La mort représentait une cassure qui lui avait ravi son frère et qui l'avait brisé, lui, comme une porcelaine fragile. En me parlant, il sortit une photo de sa poche, sur laquelle apparaissait son frère, un être d'une grande beauté physique dont le sourire dégageait une force puissamment charismatique et envoûtante.

– Quelle émotion est montée en toi pendant ton rêve ? commençai-je. Comment t'es-tu senti ?

– Content, soulagé... Oui, c'est ça, soulagé.

– Que retires-tu de ton rêve ? poursuivis-je.

– De profiter de la vie, d'arrêter de m'encabaner. On dirait qu'il est venu me donner la permission de continuer à vivre. J'entends encore son souffle dans mon oreille. Je ne sais pas l'expliquer autrement...

– C'est la plus belle explication, François.

– J'ai l'intention d'aller le voir au cimetière.

– Puis-je te demander pourquoi ?

Son visage s'éclaira soudainement, comme s'il souriait aux anges :

– Pour lui dire merci.

Ce rêve eut l'effet d'une véritable transfusion de vie sur François. À partir de ce moment, il recommença peu à peu à mener une vie normale, cessa de dériver et franchit une autre étape de son deuil, celle de l'acceptation. Comme il me le confia, c'est l'expérience du toucher vécue avec son frère qui lui a été le plus bénéfique. Il mit à profit son rêve en se le remémorant souvent. Ainsi, il profita encore et encore de l'étreinte de son frère et ressentit les bienfaits de son souffle avec autant d'intensité. Dès qu'il sentait la peine l'envahir, il s'administrait ce remède psychique. Il put en quelque sorte se réconcilier avec la mort et la considérer comme un passage vers autre chose plutôt que comme une finalité. Ce rêve lui insuffla une forme de guérison. Comme l'a si bien dit Einstein : « Le plus beau sentiment du monde, c'est le sens du mystère. Celui qui n'a jamais connu cette émotion, ses yeux sont fermés. »

Chapitre 3

TROIS FAÇONS D'OBTENIR DES PRÉDICTIONS SANS RÊVER

Par sa propre aventure, la vie nous parle,
nous révèle graduellement un secret.

Milan Kundera

Les mythes que nous tissons, même s'ils renferment des erreurs,
reflètent inévitablement un fragment de la vraie lumière,
cette vérité éternelle qui est avec Dieu.

J.R.R. Tolkien

Connaître, ce n'est point démontrer, ni expliquer.
C'est accéder à la vision.

Antoine de Saint-Exupéry

Le vrai problème c'est :
« Pourquoi y a-t-il quelque chose plutôt que rien ? »

Hubert Reeves

Pénétrer dans l'univers onirique, c'est entrer dans un cosmos infini de symboles. Chaque fois que nous interprétons un rêve, nous accédons en quelque sorte à une logique supérieure qui nous permet d'évoluer et de polir notre personnalité. Les rêves sont certainement les plus grands chamans, psychologues, guérisseurs et guides capables de nous ouvrir les yeux. Victor Hugo a même écrit ceci : « Chaque homme dans sa nuit s'en va vers sa lumière. » Les rêves qui sont susceptibles de nous éclairer quant à une situation donnée, une attitude à adopter ou certaines circonstances de notre vie ont quelque chose de prémonitoire en soi. Comment pourrait-il en être autrement ?

Il existe également des méthodes divinatoires qui nous renseignent sur le sort que nous réserve l'avenir avec une acuité que personne ne saurait démentir. J'ai appelé ces méthodes « jeux de la vérité ». Je vous en propose trois. Vous pourrez les utiliser à n'importe quel moment, dans n'importe quel contexte et pour répondre à n'importe quelle interrogation. Ces jeux sont comme des petites pierres de divination. Ils vous permettront de vous pencher sur certains problèmes, d'obtenir des prédictions concernant votre avenir, de comprendre les influences qui jouent dans des situations particulières et de mieux vous connaître. Comme dans le cas des rêves, les jeux de la vérité font appel à une sphère de compréhension qui dépasse la pensée consciente ordinaire.

Jeu de la vérité 1

Découpez des petits cartons et numérotez-les de 0 à 22. Une fois qu'ils auront été mélangés, formulez une question claire et pigez un carton au hasard. Tâchez de privilégier une question qui ne commande pas un simple oui ou non. Consultez ensuite le chapitre huit du présent ouvrage (p. 211) et lisez-y les prédictions qui vous concernent. Vous pouvez interroger les oracles autant de fois qu'il vous plaira. Pour chaque nouvelle question, pigez un nouveau carton.

Jeu de la vérité 2

Calculez votre chemin de vie en procédant à l'addition suivante : votre jour, votre mois et votre année de naissance. Par exemple, si vous êtes né le 22 mars 1945, faites 22 + 3 + 1945 = 1970. Puis réduisez le résultat obtenu : 1 + 9 + 7 + 0 = 17.

Si vous souhaitez obtenir des prédictions concernant la journée en cours, additionnez ensuite la date complète du jour. Exemple : le 13 mai 2001. Faites 13 + 5 + 2001 = 2019. Réduisez ce nombre : 2 + 0 + 1 + 9 = 12.

Prenez alors votre chemin de vie, le 17, et additionnez-le à la journée de prédiction, le 12 dans le cas qui nous occupe. Vous obtenez le 29. Comme on ne compte que 22 chemins sacrés et que le nombre obtenu ne figure pas entre 0 et 22, réduisez-le : 2 + 9 = 11. Consultez maintenant le chapitre six (p. 109) et lisez ce que vous réserve l'oracle.

Jeu de la vérité 3

Afin de connaître les messages qu'ont à vous livrer les éléments et les forces sacrées de la nature, découpez neuf petits cartons et inscrivez sur chacun d'eux l'un des éléments suivants : feu, bois, eau, terre, métal, vent, pluie, neige et sang. Formulez ensuite une question claire, pigez un carton et consultez les prédictions contenues dans le chapitre sept (p. 171). Vous pouvez interroger les oracles aussi souvent que vous le désirez.

Variante : on mélange tout

Comme une question peut se prêter à plusieurs combinaisons d'interprétations, poussez le jeu un peu plus loin et mélangez les cartons numérotés de 0 à 22 et ceux consacrés aux éléments et aux forces sacrées de la nature. Ainsi, vous interrogerez à la fois l'intelligence des nombres et les forces de la nature. Puis formulez votre question et consultez ensuite les prédictions qui vous attendent dans les parties appropriées du livre.

Variante : on utilise un nom

Si vous souhaitez savoir ce qui se passe dans votre vie ou dans celle d'une personne qui vous est chère, inscrivez son nom sur une feuille de papier. Trouvez ensuite la valeur numérale de chacune des lettres formant le nom en vous référant au tableau de l'alphabet sacré (chapitre 4, p. 85). Une fois que vous aurez obtenu un nombre correspondant, il ne vous reste plus qu'à piger l'un des petits cartons numérotés de 0 à 22. Additionnez ensuite ce nombre à celui obtenu par l'alphabet sacré, puis consultez les prédictions formulées par les nombres (chapitre 8, p. 211).

Exemple : Qu'est-ce qui pourrait m'être révélé, en ce moment, sur la vie d'Henri LeCoq ?

À l'aide de l'alphabet sacré, trouvez la correspondance numérale de chaque lettre qui compose le nom. On obtiendra ici l'addition suivante :

$$5 + 8 + 50 + 200 + 10 + 30 + 8 + 0 + 0 + 100 = 411$$

Ce nombre devra être réduit de la façon suivante, de manière à se situer entre 0 et 22 :

$$4 + 1 + 1 = 6$$

Pigez ensuite un carton, disons le 18.

Il ne vous reste plus qu'à additionner le 6 et le 18, ce qui donnera 24. Ce nombre, qui excède celui des 22 chemins, devra être réduit de nouveau :

$$2 + 4 = 6$$

Consultez maintenant l'oracle associé au nombre 6.

Variante : on a un rendez-vous

Si vous devez fixer un rendez-vous important ou rencontrer une personne appelée à tenir un rôle particulier dans votre vie, notez sur une feuille la date prévue de la rencontre. Additionnez ensuite les chiffres composant cette date, soit le jour, le mois et l'année, puis découvrez ce que l'oracle vous prédit.

Exemple : Si vous êtes convié à une réunion d'affaires le 24 juillet 2002, faites le calcul suivant :

$$24 + 7 + 2002 = 2033$$

Réduisez ce nombre de façon qu'il soit compris entre 0 et 22 :

$$2 + 0 + 3 + 3 = 8$$

Lisez ensuite ce que vous réserve l'oracle 8 en consultant le chapitre huit (p. 211).

Si vous connaissez l'heure exacte de votre rencontre, vous pouvez aussi utiliser l'horloge intérieure comme outil divinatoire (chapitre 5, p. 97). Ainsi, si on vous attend à 11 h 30, prenez connaissance des prédictions de l'élément feu, en portant un intérêt particulier à la rubrique « Carrière et argent ». En combinant deux oracles, les renseignements obtenus vous permettront de prendre les décisions les plus judicieuses.

Variante : on déménage

Si vous prévoyez emménager dans une nouvelle maison, un nouvel appartement ou une nouvelle entreprise, faites un calcul rapide à partir de votre adresse. Vous apprendrez ainsi comment se déroulera la prochaine année de votre vie dans ce nouveau lieu.

Exemple : Si vous comptez déménager au 595, rue Napoléon, faites les deux additions suivantes.

- Pour le nombre : 5 + 9 + 5 = 19
- Pour la rue : 50 (n) + 1 (a) + 80 (p) + 0 (o) + 30 (l) + 8 (é) + 0 (o) + 50 (n) = 219, donc 2 + 1 + 9 = 12

En additionnant les deux nombres, 19 et 12, vous obtenez 31. Pour que ce nombre corresponde à l'un des 22 chemins sacrés, réduisez-le à sa plus simple expression : 3 + 1 = 4. Il ne vous reste plus qu'à consulter l'oracle 4 (chapitre 8, p. 211).

Chapitre 4

L'ALPHABET SACRÉ

Je veux connaître les pensées de Dieu ; tout le reste n'est que détail.

Albert Einstein

Les grandes choses peuvent se manifester par de petits signes.

Sigmund Freud

Les lettres qui composent le nom d'un être sont une indication sur les étincelles de son âme.

Ari
Maître de la Kabbale (1534-1572),
tiré d'un enseignement oral, écrit et documenté par son élève,
Ahim Vital

On ne saurait traiter des rêves sans aborder les mots qui les soutiennent et leur donnent une structure. Les mots sont une lumière infinie qui inspire la pensée humaine, qui la rend audible, compréhensible et spontanée. Ils empruntent tous les visages, livrent la vie et la mort au temps voulu, choisi, parfait, imparfait, plus-que-parfait, impératif par moment, passé, présent et futur. Les mots servent bien leurs maîtres. On peut lire dans le Zohar, le livre sacré qui contient le mystère de la langue des Anciens, que les mots « rendent l'information contenue dans la lettre ».

Quand j'ai commencé à m'intéresser aux mots qui tissent les rêves, j'ai constaté qu'il existait toute une panoplie de dictionnaires de rêves qui offraient des définitions de tout grain et de toute mouture. Mais aucun de ces dictionnaires ne s'attachait aux lettres qui composent ces mots. Je me suis dit que c'était bien dommage, puisque les lettres sont la source de tout, elles sont les architectes du langage. En cela, elles assistent à la construction des mots, lesquels importent tant parce qu'ils « sont des actes et qu'ils déclenchent des événements. Dès qu'ils sont prononcés, on ne peut plus les retirer », a si justement écrit Hanif Kureishi dans son livre, *Intimité*.

En cherchant des méthodes d'interprétation des rêves, j'ai constaté que même si beaucoup de rêves revêtent une apparence d'absurdité fantastique, ils sont en fait très cohérents sur le plan du langage. « Tout le domaine des jeux de mots peut servir le travail du rêve. Il ne faut pas s'étonner du rôle que joue le mot dans la formation du rêve », nous dit Freud. Il avait compris, comme les sages de la Kabbale avant lui, que les mots qui émanent des rêves sont comme des hiéroglyphes. Pour en saisir le sens, il suffit simplement de les déchiffrer.

Dans l'ancienne tradition de la Kabbale, il existe un alphabet sacré. C'est cet alphabet composé de 22 lettres que j'ai utilisé comme clé de voûte dans mes travaux. Toutefois, afin de l'actualiser et de le rendre accessible, je me suis permis de l'amalgamer à notre alphabet moderne. Pourquoi ne pas m'être contentée des lettres que nous utilisons chaque jour et qui sont en lien direct avec nos expressions d'aujourd'hui ? Parce que je me suis rendu compte que l'alphabet moderne a une relation presque inexistante avec le sens sacré. De façon intrinsèque, que signifient les lettres a, b, c – ou n'importe quelle autre ? En réalité, elles sont pour ainsi dire vides de sens, sauf lorsqu'elles sont réunies pour former un mot. Par contre, dans l'alphabet sacré, elles renvoient à des symboliques puissantes.

La lettre A, par exemple, apparaît sous les traits d'aleph, première lettre de l'alphabet hébreu. Elle représente aussi le premier chemin de l'arbre de vie. Dans l'astrologie hébraïque, ce premier chemin, qu'on appelle « tête de bœuf », traduit la puissance et l'équilibre, et il correspond au symbole du signe de la Balance, associé physiquement au torse et aux bras du corps humain. Dans ce sens, le A constitue la lettre qui pèse nos bonnes et nos mauvaises intentions, et fournit une symbolique qui mène à une meilleure compréhension de soi-même.

Ce que je cherche à démontrer ici, c'est que les lettres sont hautement signifiantes, surtout lorsqu'on les transforme en chiffres. Elles deviennent alors aussi captivantes que le langage informatique qui, par son code binaire, nous a notamment fait connaître le logiciel WordPerfect, qui signifie

« mot parfait » ou « langage parfait ». En fait, les lettres ont chacune un nombre en correspondance, et ce nombre conduit à des prédictions, un signe astrologique, une planète, une solution, un point d'appui, un encouragement et un conseil judicieux. Les lettres possèdent une parfaite complémentarité avec les chiffres. Ensemble, ils combinent le masculin et le féminin, le *yin* et le *yang*, le cérébral et le sensitif, de même que la terre et la lune. Ils cheminent côte à côte. Même s'ils restent divisés, ils partagent le même centre de gravité.

Comment obtenir des prédictions à partir de l'alphabet sacré

Comme nous venons de le voir, tous les symboles et images contenus dans vos rêves ont une valeur numérale. C'est le cœur de l'alphabet sacré. À la suite d'un rêve, notez sur une feuille les parties de l'histoire dont vous vous souvenez. Puis faites ressortir un ou deux mots qui vous ont remué, bouleversé, renversé, fait sourire ou attiré pour quelque raison que ce soit. Seule l'émotion doit guider le choix de ces mots, car elle est le moteur de votre rêve, ce qui le soulève et lui donne son essence. L'émotion est ce qui touche le cœur et fait en sorte que le rêve se grave dans votre mémoire.

Si, dans votre rêve, le moment qui vous marque le plus fortement est celui où vous annoncez à vos voisins « je suis enceinte ! eh oui, nous allons enfin avoir un bébé en janvier prochain », retenez les mots qui suscitent le plus d'émotion en vous ou qui vous semblent les plus éloquents. Si le mot « enceinte » vous accroche d'une manière particulière, consultez le tableau de l'alphabet sacré et associez chaque lettre à une valeur numérale.

Il vous faut additionner les lettres du mot « enceinte » de cette façon :

8 (e) + 50 (n) + 0 (c) + 8 (e) + 10 (i) + 50 (n) +
400 (t) + 8 (e) = 534

Comme la tradition de la Kabbale ne comprend que 22 chemins de vie, vous devez réduire ce nombre à sa plus simple expression : 5 + 3 + 4 = 12. Vous n'avez alors qu'à lire ce que vous prédit le chemin de vie 12 (chapitre 8, p. 211).

Vous pourriez également pousser votre analyse un peu plus loin et chercher, par exemple, la signification du mot « janvier », qui est un autre mot-clé. Vous n'auriez alors qu'à appliquer la même méthode arithmétique :

> 0 (j) + 1 (a) + 50 (n) + 6 (v) + 10 (i) + 8 (e) + 200 (r) = 275

Comme ce nombre n'est pas inclus dans les 22 chemins de vie, il vous faudra donc le transformer ainsi : 2 + 7 + 5 = 14, puis lire le chemin de vie 14.

Tous les mots qui vous parviennent en rêve sont dotés d'une certaine force prémonitoire. Ayez le réflexe de les retenir et, surtout, de les capter, puisqu'ils se camouflent souvent parmi une foule d'autres détails. Si, dans un rêve, une personne vous appelle Céline alors que votre prénom est Régine, trouvez le sens de cette prédiction en lisant le chemin de vie 7, qui résulte de l'addition suivante :

> 0 (c) + 8 (é) + 30 (l) + 10 (i) + 50 (n) + 8 (e) = 106, donc 1 + 0 + 6 = 7

Si vous fredonnez la chanson *La bohème*, et que cet air semblait porter l'émotion de votre rêve, consultez le chemin de vie 13, nombre obtenu à la suite de ce calcul :

> 30 (l) + 1 (a) + 2 (b) + 0 (o) + 5 (h) + 8 (è) + 40 (m) + 8 (e) = 94, donc 9 + 4 = 13

Notez chaque mot qui éveille votre curiosité. Si vous rêvez d'un ours bleu, d'une tourterelle, d'un nom de rue, d'un bateau chargé de manteaux ou d'un certain Christian qui vous attend dans un restaurant, tentez de découvrir ce que signifient ces mots à l'aide de l'alphabet sacré. Les mots que vous ferez ressortir ne vous annonceront pas nécessairement des événements à venir. Mais, à tout le moins, ils vous donneront tous matière à réflexion, comme le font souvent les amis.

Il arrive qu'on ouvre un livre à une certaine page et que le hasard fasse bien les choses. De la même manière, certains mots voyageant par la voie du rêve ont le pouvoir d'apaiser, de réconforter et d'agir comme une lanterne par temps obscur. L'alphabet sacré ne pourra jamais remplacer la chaleur ni l'écoute compréhensive d'une personne qu'on apprécie. Mais il pourra très certainement vous guider si jamais la brume vous dissimulait la route.

A = 1	**J = 0**	**S = 60**
B = 2	**K = 20**	**T = 400**
C = 0	**L = 30**	**U = 0**
D = 4	**M = 40**	**V = 6**
E = 8	**N = 50**	**W = 0**
F = 0	**O = 0**	**X = 0**
G = 3	**P = 80**	**Y = 10**
H = 5	**Q = 100**	**Z = 7**
I = 10	**R = 200**	
^ = 70	**Th = 9**	**Ch = 300**

Tableau de l'alphabet sacré

Lorsque vous convertissez vos mots en nombres, n'oubliez pas de tenir compte des particularités suivantes : les lettres Th et Ch, lorsqu'elles sont unies dans un mot, ont pour valeur numérale respective 9 et 300. Quant aux lettres coiffées d'un accent circonflexe, leur valeur équivaut à 70.

T et **h** indissociables = **9**
Ex. : thé ⟶ th (9) + é (8) = 17

C et **h** indissociables = **300**
Ex. : chat ⟶ ch (300) + a (1) + t (400) = 701

Accent circonflexe : â, ê, î, ô, û = **70**
Ex. : pâle ⟶ p (80) + â (70) + l (30) + e (8) = 188

Le pouvoir des rêves

Albert Einstein a dit : « Le hasard, c'est Dieu qui se promène incognito. » Chaque rêve, même s'il n'est pas prémonitoire, a quelque chose à transmettre ; **en ce sens-là, il est prophète**. Rien n'est le fait du hasard, tout a un sens. Dans l'ancienne tradition de la langue sacrée hébraïque, il est écrit que les lettres et les signes de ponctuation sont autant des images et des symboles que des prédictions inédites. Selon cette tradition, les 22 lettres de l'alphabet sacré sont reliées aux 22 chemins ou couloirs psychiques que l'esprit emprunterait la nuit pour pénétrer l'univers onirique. Ces lettres constituent un langage codé qui raconte le monde intangible.

Dans un rêve, les mots ressemblent à des étoiles qui scintillent dans notre firmament intérieur. Certains brillent avec plus d'intensité et parviennent à franchir la frontière de la réalité matinale. Mais quand on rêve et qu'on souhaite obtenir des prédictions concrètes, quels mots choisir exactement ? Lesquels extraire de ce puzzle d'images qui se sont succédé en vrac ? Vous devez identifier le mot central de votre rêve, celui qui a exercé le plus grand pouvoir d'attraction sur vous. Il se peut aussi que vous deviez retenir un petit groupe de mots, si ceux-ci semblent indissociables. Cette particularité se voit très bien illustrée par l'exemple du « cheval noir » de Marc.

Le cheval noir de Marc

Lorsqu'il me raconta son rêve, Marc était en recherche d'emploi depuis quelques mois déjà. Il vivait un état de stress assez marqué et était sujet à des pensées répétitives telles que : « Je n'ai plus d'avenir devant moi. Tout est fini. Je n'ai plus rien à espérer. » Bref, il sentait l'étau des pensées défaitistes se refermer peu à peu sur lui. Une bataille féroce faisait rage dans son esprit. Il voulait avoir confiance en la vie, mais il s'y prenait de manière très maladroite. En fait, plus il broyait du noir, plus le destin semblait s'amuser à mettre à l'épreuve sa foi en l'avenir.

> *Je me promène tranquillement, seul, et tout ce qui me vient à l'esprit, c'est que la journée est magnifique et que je ne me suis pas senti aussi bien depuis des mois. Tout à coup, une course folle s'amorce et de magnifiques chevaux blancs galopent à folle allure. Se démarque alors le seul cheval noir du troupeau. Je me réveille, très impressionné par la sensation de puissance et de vitesse que j'ai ressentie pendant le déroulement du rêve.*

Dès qu'il eut terminé la narration de son rêve, Marc voulut savoir quelle conclusion il pouvait en tirer. Je me prêtai à ce court exercice avec lui.

– Ce rêve te fait sourire. As-tu vécu, récemment, une expérience émotionnelle qui pourrait s'apparenter aux émotions ressenties dans ton rêve ?

Marc me répondit sans hésiter.

– Non, pas vraiment.

– Que représente ce cheval à tes yeux ?

– Liberté, force et santé physique...

C'était la première fois que j'entendais associer cette dernière caractéristique au cheval.

– Santé physique ? soulignai-je.

– Oui, quand je pense au cheval, je songe à ses muscles puissants et à sa capacité de porter l'homme sur son dos.

– Selon toi, qu'est-ce que ton rêve est venu te dire ?

Sa réponse me prouva qu'il avait su, à travers son rêve, remonter à la source des émotions qui l'animaient.

– J'ai compris que je devais me nourrir de cette impression de puissance et de vitesse, et agir comme le cheval noir. J'ai le droit d'être différent... et de vouloir me démarquer. Ils finiront bien par me remarquer.

Fort de sa maîtrise en musique, Marc aspire à devenir un professionnel de haut calibre. Toutefois, sa réussite universitaire ne lui assure en aucune façon la carrière dont il rêve. Le cheval noir dans son rêve l'encourage donc à trouver le moyen de se démarquer, d'une manière ou d'une autre.

Le rapport privilégié que Marc avait entretenu avec le cheval noir durant son rêve confirmait que les mots « cheval noir » renfermaient le vrai sens du message. Après avoir trouvé la valeur numérale de ces mots au moyen de l'alphabet sacré, je le référai au chemin de vie 4, celui de l'empereur, celui qui gagne, qui avance et qui décide. Comme je m'y attendais, ce chemin lui conseillait d'affronter ses peurs et de faire face à la réalité. Marc devait se reprendre en main, et ce rêve de puissance contenant la force pouvait l'y aider. Il n'avait qu'à se remémorer son rêve dans les moments de déprime. Il mit ce conseil à profit. Un jour, tandis qu'il sombrait dans l'abîme glauque où l'entraînaient ses pensées négatives, il se rappela les images de son rêve. Soudain, il changea le scénario original du rêve et s'en fabriqua un tout nouveau. Je dois avouer qu'il fit preuve d'une grande ingéniosité mentale, et je ne peux que l'en féliciter. Il monta sur le cheval noir et se laissa porter par lui.

– Je te le jure, m'a-t-il affirmé, je n'ai jamais vécu une telle régénération psychologique. Du coup, mes pensées négatives ont disparu, comme par enchantement, et j'ai pu retrouver une certaine paix intérieure. Désormais, conclut-il, je vais tâcher de mettre mes rêves à profit dans ma vie quotidienne.

La prochaine fois que vous rêverez et que vous voudrez extraire le ou les mots les plus chargés de sens, suivez ce fil : trouvez l'émotion qui s'y rattache. Elle sera le guide, le cœur du message. Il n'y a qu'une seule manière de capturer cette émotion, et elle se fonde sur cette série de questions : Ai-je ressenti, récemment, une émotion semblable à celle de mon rêve ? Quel est le message contenu dans mon rêve ? Que dois-je comprendre de mon rêve ? Quelles images m'ont réellement marqué ? À la lumière de vos réponses, vous saurez quelle direction emprunter dans l'analyse de votre rêve.

Chapitre 5

L'HORLOGE INTÉRIEURE

Maintenant, cependant que le destin approche
et que les heures respirent à peine,
les sables du Temps se changent en grains d'or.

Edgar Allan Poe

Le temps est le sens de la vie.

Paul Claudel

Le temps n'est pas un concept discursif
ou un concept général,
mais une forme pure de l'intuition sensible.

Emmanuel Kant

Un jour, une dame soumit à mon attention une coïncidence qui n'avait de cesse de l'intriguer. Plusieurs midi par mois, lorsqu'elle regardait sa montre, celle-ci affichait 12 h 34. Au début, elle sourit devant la répétition des chiffres. Mais son insouciance première se transforma peu à peu en conviction que cette heure devait avoir une signification particulière, sans être capable de préciser laquelle. Après avoir identifié les correspondances **heure**, **organe** et **élément** de l'horloge intérieure, je pus lui indiquer qu'à cette heure-là, le temps subissait l'influence de l'élément feu. Autrement dit, cette heure précise traduisait son désir de passion amoureuse ainsi qu'un besoin pressant de mettre un peu de piment dans sa vie professionnelle.

Je me rappelle aussi ce jeune homme qui m'a raconté que, quatre nuits d'affilée, il s'était étrangement réveillé à 4 h 10 pour se rendre à la salle de bains. Une vraie régularité de métronome ! Comme si son corps réagissait automatiquement à un déclic, à une sorte de réveil obligatoire propice aux questionnements. En me référant au tableau de l'horloge intérieure, qui me renvoya à l'élément métal, je pus lui dire que même s'il était passé maître dans la gestion des crises, il lui fallait apprendre à user de moins de rigidité. Sa force mentale était solide, voire inébranlable, mais son attitude lui causait un stress intérieur néfaste. Il fut éberlué par la justesse de mes explications.

Ce qu'il importe de retenir de ces exemples, c'est que le corps humain est conditionné à la manière d'une horloge. Cette horloge rythme certaines de nos fonctions biologiques et mentales. De par sa nature prévisionnelle, elle peut rendre certains moments plus favorables à divers événements ou activités. Un peu comme si notre corps était capable de déceler les moments au cours desquels il peut le mieux vivre ces événements. Il existe des temps d'action qui sont plus propices à l'obtention de ce que l'on recherche.

L'idée d'utiliser l'horloge intérieure m'est venue au fil de mes recherches. En lisant et en recoupant durant dix ans les préceptes des vieux traités d'acupuncture et d'astrologie chinoise, je compris que l'énergie circule dans notre corps comme si elle se soumettait à une intelligence organique, sinon à une intelligence cellulaire. Avec le temps, je soupçonnai que nos cellules devaient bien être dotées d'un pouvoir de prédiction et se conformer à ce qui tombe sous le sens. Freud l'a d'ailleurs affirmé, lorsqu'on dort, « notre esprit, détourné du monde extérieur, prête une attention plus grande à notre vie organique ». Il y a un moment propice à toute chose, n'est-ce pas ? Le temps des récoltes s'avère incompatible avec le temps des semences. L'automne ne s'immiscera jamais entre l'hiver et le printemps. Ces faits incontournables ont confirmé ce sentiment qui m'habitait : les rêves trouvent leur matière dans notre corps et se plient à ses différentes heures comme à ses diverses émotions.

Comment obtenir des prédictions à partir de l'horloge intérieure

Notre vie est jalonnée de tous ces brusques réveils provoqués par on ne sait quoi. Un bruit, un cauchemar, une mauvaise position dans le lit, des tensions consécutives à une journée particulièrement stressante. Ce qu'il importe vraiment de savoir, c'est l'heure à laquelle survient le réveil.

La prochaine fois que votre sommeil sera interrompu au milieu de la nuit, prenez en note l'heure du réveil, puis consultez le tableau ci-dessous. Vous obtiendrez des prédictions en vous référant à l'élément qui correspond à l'heure de votre réveil. La signification de chacun des cinq éléments de l'horloge intérieure fait l'objet du sixième chapitre de cet ouvrage : « L'analyse des rêves par les éléments. »

1 h à 3 h	**Foie**	**Bois**	**p. 127**
3 h à 5 h	**Poumons**	**Métal**	**p. 161**
5 h à 7 h	**Gros intestin**	**Métal**	**p. 161**
7 h à 9 h	**Estomac**	**Terre**	**p. 149**
9 h à 11 h	**Rate**	**Terre**	**p. 149**
11 h à 13 h	**Cœur**	**Feu**	**p. 113**
13 h à 15 h	**Intestin grêle**	**Feu**	**p. 113**
15 h à 17 h	**Vessie**	**Eau**	**p. 137**
17 h à 19 h	**Reins**	**Eau**	**p. 137**
19 h à 21 h	**Centre du cœur**	**Feu**	**p. 113**
21 h à 23 h	**Triple foyer**[1]	**Feu**	**p. 113**
23 h à 1 h	**Vésicule biliaire**	**Bois**	**p. 127**

Tableau de l'horloge intérieure

L'intelligence organique

Vous aurez remarqué que chaque élément et chaque heure du tableau de l'horloge intérieure sont reliés à un organe du corps humain. Chacun de ces organes correspond à un élément qui lui est propre, tout comme chacun des signes astrologiques est en relation avec une partie du corps humain. Le signe du Verseau, par exemple, est associé aux

1. Le triple foyer comprend tous les organes contenus dans le tronc du corps humain.

chevilles. Le signe du Poissons, lui, a pour correspondance les pieds. Les signes astrologiques sont également marqués par des dominantes émotionnelles. Ainsi, le Bélier fonce souvent tête la première et le Scorpion réagit promptement s'il y a intrusion sur son territoire.

Si l'on observe le tableau de l'horloge intérieure, l'élément eau se rattache à la vessie et aux reins. Comment aurait-il pu en être autrement ? Le cœur, pour sa part, est feu, et cet élément lui convient parfaitement puisqu'il symbolise la passion, l'intelligence du cœur, la force de l'âme et l'élévation, tous liés à la métaphore de la flamme qui monte.

Durant vos phases de sommeil, vous entreprenez un tour du cadran physique, soit environ huit heures de sommeil par nuit. Vos milliards de petites cellules entretiennent alors la vie en vous et ce, à votre insu. Ce phénomène s'appelle l'intelligence organique.

En chronopharmacologie, science moderne qui a vu le jour au début des années 1990, des recherches ont démontré que l'organisme humain se programme sur 24 heures. Par exemple, entre 16 h et 2 h du matin, l'acidité augmente. Les crises d'asthme sont beaucoup plus fréquentes entre 21 h et 3 h du matin. Les infarctus du myocarde se produiraient plus souvent entre 6 h et midi. Et les symptômes de l'arthrose se manifesteraient surtout le soir.

Les scientifiques en pharmacologie ont aussi découvert que, dans le cas de problèmes touchant les reins, la dose de médicaments administrée le soir serait quatre fois plus toxique que si elle était donnée à un autre moment de la journée. On parle ici de rythmes circadiens ou d'horloge du corps. En acupuncture, on enseigne qu'un organe, le foie par exemple, possède son propre rayonnement, ce qui signifie qu'il entre en interaction avec tous les autres organes de notre corps. Imaginez qu'il soit capable d'effectuer un appel téléconférence. Pendant qu'il parlerait, les autres organes recevraient son rayonnement.

La preuve scientifique en a maintenant été établie : les cellules du système immunitaire communiquent avec les cellules du corps et les cellules du cerveau se reproduisent, fait impensable il y a encore quelques années. Ce qui démontre que le corps physique est intelligent : il sait s'auto-organiser aussi bien que les colonies d'insectes.

L'idée d'utiliser l'horloge intérieure comme outil d'interprétation ne m'est pas venue toute seule. Elle s'est imposée à moi après que j'eus colligé de nombreuses données scientifiques et métaphysiques, en plus des résultats de diverses recherches et découvertes récentes. J'ai alors compris que je pouvais transposer et adapter les principes de l'horloge intérieure au monde de l'interprétation des rêves. Depuis des millénaires, le principe du rayonnement de l'énergie dans le corps physique fait des adeptes, notamment dans les arts martiaux, le taoïsme et l'acupuncture. Pourquoi ne trouverait-il pas sa place dans l'univers onirique ?

L'heure créative de Rose-Marie

Rose-Marie, une trentenaire dont la carrière artistique semblait stagner, fit un jour ce rêve.

> *Ma sœur me téléphone afin que je n'oublie pas de me présenter chez un employeur potentiel vers 22 h 30. Je lui dis, vraiment surprise : « Un rendez-vous important fixé à une heure aussi tardive ? C'est bizarre. » Elle me répond que c'est ainsi. Je résiste, je n'aime pas l'idée de devoir me rendre dans un bureau à cette heure avancée. Mais je finis par accepter et je me réveille hantée par un fort sentiment d'inconfort.*

Quand elle s'est réveillée, Rose-Marie était incapable de trouver un sens à son rêve. Les images étaient nettes et concises, mais elle ne pouvait en dégager la symbolique.

Son rêve lui avait laissé un goût amer. Je consultai le tableau de l'horloge intérieure à la période couvrant 22 h 30 et je l'aiguillonnai vers l'élément feu. Lorsqu'elle eut terminé sa lecture, elle put identifier rapidement le principal centre de son état de tension. Elle devait retrouver le courage de créer, mais cela lui était difficile parce que tournait sans cesse dans sa tête cette pensée hostile : « Je n'ai plus le cœur et la passion de créer. Quelque chose reste bloqué au fond de moi. » Je passai un long moment à la faire parler. En verbalisant les émotions qui exprimaient la flamme ténue de son feu créatif, elle avoua, après moult circonlocutions, que c'était sa peur de l'échec qui minait sa confiance en elle.

Peu de temps après cet aveu, Rose-Marie engagea une discussion avec son frère, un athlète professionnel. Il lui suggéra de rencontrer une personne spécialisée en visualisation active. La jeune femme hésita, habitée par la crainte d'entrer en elle-même et de fouiller cet espace intérieur inconnu. Mais elle accepta finalement de se rendre aux consultations, sachant que son frère les lui offrait comme preuve de son attachement. Environ huit mois après ce rêve, Rose-Marie décida de reprendre son travail créatif. Aujourd'hui, elle compte parmi les figures reconnues dans le monde des arts visuels.

Ce qu'il y a d'intéressant avec l'horloge intérieure, c'est qu'elle nous met en contact avec des bribes de réponse qui proviennent de notre intérieur profond. Rose-Marie se disait inconfortable à l'idée d'un rendez-vous fixé aussi tard ; en fait, ce rendez-vous en soirée symbolisait l'obscurité qu'elle avait elle-même jetée sur sa vie créative. Il révélait son malaise devant l'inconnu et sa peur d'explorer ses émotions profondes, représentées sous les traits de l'heure tardive. En se synchronisant à sa propre horloge interne, la jeune artiste est parvenue à se défaire de ce boulet qui gardait son talent captif.

Carole et le pouvoir prévisible du temps

Il arrive que le sommeil se serve de l'horloge intérieure pour relier le rêveur, de façon déroutante, à une expérience psychologique de grande intensité. C'est ce qui s'est produit avec Carole, une ex-toxicomane dotée d'une impressionnante agilité intellectuelle et issue d'une famille aisée. Lorsque Carole vint me rencontrer, elle me fit le récit de cette peur qui la taraudait. « Il est 1 h 05 du matin. Les deux aiguilles de l'horloge sont parfaitement superposées. Je me lève. Le lendemain, même chose. Depuis deux semaines, j'angoisse à l'idée de me lever parce que c'est toujours la même heure qui m'apparaît. On jurerait que c'est du harcèlement temporel... Ce n'est vraiment plus drôle du tout. Peut-être la peur conditionne-t-elle mon corps, ce qui crée un effet d'entraînement. Qu'en penses-tu ? »

Carole était bourrée de talents de toutes sortes. Mais voilà, elle n'avait pas son pareil dans l'art de se détruire. Après l'avoir écoutée, je lui demandai si elle me permettait de lui répéter son histoire, en effet miroir, et d'en modifier certains mots-clés. Intriguée, elle s'empressa d'accepter. Je me fis donc l'écho de ses propos : « C'est toujours *la même histoire* qui m'apparaît. On jurerait que c'est du harcèlement temporel... Ce n'est vraiment plus drôle du tout. Peut-être la *drogue* conditionne-t-elle mon corps, ce qui crée un effet d'entraînement. Qu'en penses-tu ? »

En superposant mon récit au sien, je faisais comprendre à Carole que son corps suivait un synchronisme répétitif. La jeune femme calquait toujours ses comportements sur le même modèle, et cette répétition se traduisait jusque dans l'heure de ses réveils. Chaque nuit, à 1 h 05, ses émotions enfouies et refoulées remontaient et se manifestaient ; son horloge intérieure parlait.

Pour produire une analyse intéressante, je cherchai ensuite l'élément qui correspondait à 1 h 05. J'aboutis sans surprise à l'élément bois, qui mettait en évidence les grands traits de la nature de Carole. Elle était indéniablement énergique, enthousiaste et capable de grands idéaux mais, en contrepartie, elle souffrait d'un manque de rigueur et de discipline. Elle savait mettre en branle des projets, mais elle s'essoufflait rapidement, se décourageait, se désintéressait et laissait tomber ses résolutions aussi vite qu'elle les prenait. L'élément bois lui conseillait donc formellement de reprendre goût à la vie et de mettre en veilleuse sa rage, sa révolte et son besoin de fuir la réalité. Quand elle entendit cette description d'elle-même, Carole admit que le portrait était ressemblant. Elle était consciente qu'elle devait consacrer tous ses efforts à s'en sortir une fois pour toutes. Et elle devait se convaincre que la drogue qu'elle consommait n'était pas nécessaire à son bonheur, ce dont elle doutait.

Ce qui me frappe dans cette histoire comme dans toutes celles qui contiennent des symboles d'heure, c'est la force des messages transportés. Dans la majorité des cas, ces symboles découlent de nos états intérieurs et nous convient à des rendez-vous avec des amorces de solutions.

Nos rendez-vous dans le cours du temps

Bien sûr, l'horloge intérieure trouve son utilité dans le monde du rêve, mais elle s'inscrit aussi dans la vie de tous les jours. Ce n'est plus un secret pour personne, de nombreuses personnalités du monde des affaires consultent des spécialistes avant la signature de contrats critiques, souhaitant ainsi trouver le moment le plus propice. Vous pouvez, vous aussi, orienter vos actions en fonction du temps juste. Est-ce à dire qu'il y a des heures où l'on tombe plus facilement amoureux lors d'une première rencontre ? Que certains projets de travail risquent de connaître un meilleur dénouement s'ils sont amorcés à certains moments déterminés ? Ou que des conflits familiaux peuvent être résolus plus aisément s'ils sont envisagés dans des tranches de temps précises ? Le temps semble effectivement obéir à des lois qui, lorsqu'elles sont judicieusement appliquées, peuvent nous être davantage favorables.

À ce sujet, le philosophe et grand penseur Plotin a déclaré : « L'âme se rendit elle-même temporelle en engendrant le temps. » Cela sous-entend qu'elle exerce une grande influence sur la matière. C'est probablement pour cette raison que nous sommes les seuls à pouvoir déceler les moments les plus propices au mouvement des choses qui nous concernent.

Comment faire pour déterminer quelles heures représentent le moment idéal pour les événements significatifs de votre vie ? Reportez-vous simplement au tableau de l'horloge intérieure. Ainsi, si vous devez vous rendre à une entrevue professionnelle et que l'on vous propose de choisir entre un rendez-vous à 10 h ou à 14 h, consultez respectivement les éléments terre et feu, qui couvrent les temps donnés. Puis, lisez la rubrique « Carrière et argent » et laissez-vous guider par vos voix intérieures.

Il n'y a pas de limite aux questions que vous pouvez poser au tableau de l'horloge intérieure. La seule condition d'utilisation que j'oserais mentionner consiste à considérer l'horloge comme une boussole capable de vous indiquer des directions et des sens. Des parcelles de réponses vous seront données, mais il vous appartiendra d'avoir recours à votre intuition afin de bien les interpréter et de les assembler telles les pièces d'un puzzle.

Le cauchemar

Nous plongeons tous, à l'occasion, dans des cauchemars qui nous remuent les tripes et qui nous bouleversent profondément. Si, un jour, vous êtes aux prises avec un cauchemar comportant de dramatiques scènes de violence, ne paniquez pas. Gardez votre calme et souvenez-vous bien de ceci : un mauvais rêve vaut mieux qu'un bon rêve parce qu'il vous oblige à réagir. Votre quotidien vous confronte-t-il à des situations épouvantables ? Établissez des liens et essayez de trouver le fil conducteur qui relie votre rêve à la réalité. Pour explorer les méandres souterrains de vos pensées endormies, posez-vous cette question fondamentale : quelle émotion phare habitait mon cauchemar ?

Si vous ne connaissez pas l'heure de votre mauvais rêve, lisez la signification de l'élément bois, qui a pour correspondance le foie. Selon l'ancienne tradition, et d'un point de vue symbolique, cet organe serait le grand responsable de nos bonnes ou mauvaises humeurs, pulsions ou intentions telles que l'impatience, la destruction et la violence.

Certains cauchemars peuvent être dus à l'absorption d'aliments qui alourdissent la digestion. La nourriture consommée juste avant le coucher affecte le rayonnement du foie durant le sommeil, tout comme visionner un film d'horreur peut perturber le dormeur en raison de la poussée d'adrénaline non stabilisée provoquée par la peur. Lorsque vous allez au lit avec l'estomac chargé, vous le condamnez à des heures supplémentaires, sans aucun égard pour son temps de repos bien mérité.

Chapitre 6

L'ANALYSE DES RÊVES PAR LES ÉLÉMENTS

Ce temple est mon pays,
je n'en connais point d'autre.

Racine

Les Anciens ont toujours cru que les éléments feu, bois, eau, terre et métal constituaient la base sur laquelle reposait l'édification de l'univers tout entier. Le traité le plus ancien qui mentionne les éléments remonte à la dynastie des Tchéou et serait connu sous le nom de *Hong-fan*, qui signifie « grand plan ».

Selon ce traité, chaque élément agit sur la nature et trouverait sa correspondance dans la nature humaine. Ainsi, l'eau humidifie et descend dans la terre, au même titre que nos émotions nous emplissent jusqu'au tréfonds de nous-mêmes. Le feu brûle et monte, à l'image de notre intelligence. Le bois plie et se redresse, tout comme notre besoin d'équilibre intérieur. Le métal se modifie, suivant le même principe que notre pensée. Et la terre reçoit les semences et les transforme en récoltes, loi naturelle qui régit aussi nos actes et notre conscience. On pourrait même dire que l'étude des éléments a été l'ancêtre de la psychologie moderne tant elle a contribué à mieux comprendre et expliquer la nature humaine.

Lorsqu'on rêve aux cinq éléments issus de la vieille tradition de l'acupuncture, du Yi King et de l'astrologie chinoise, on constate qu'ils font résolument partie de notre vie quotidienne et nous imprègnent par leur symbolisme. Ils nous rejoignent, en fait, à travers notre corps, lequel représente la seule maison où nous pouvons nous nourrir de la vie. On compte des milliers d'exemples frappants où les éléments circulent dans notre corps. Le feu, par exemple, illustre cette fièvre qui monte parfois en nous et rend notre caractère bouillant. Et l'eau, qui recouvre les trois quarts de la terre, occupe aussi les trois quarts de notre corps.

Aspect fascinant de leur multiplicité, les cinq éléments se rattachent à notre monde de tous les jours, mais ils nous transportent dans un monde différent dès qu'ils atteignent le rêve. Grâce à eux, on pénètre dans un univers infini de symboles et de subtilités. C'est la réalité en partie reproduite, mais aussi transformée. Ainsi, le monticule de terre vu en rêve ne constitue pas seulement un lien avec la terre nourricière. Il incarne aussi l'obligation d'affronter certaines dépendances affectives et de tout mettre en œuvre pour s'en guérir. Quant aux grosses vagues qui se déchaînent dans votre sommeil, elles n'expriment pas uniquement d'importants changements dans votre vie personnelle. Elles vous suggèrent de réévaluer comment vous vous sentez au contact des autres. Travailler avec les éléments, c'est comme fouler un site archéologique et découvrir l'origine de chaque fragment caché pour mieux se comprendre et se reconnaître.

Vous remarquerez sûrement que l'élément air ne figure pas dans cet ouvrage, comme certains s'y attendraient. Ce sont plutôt les cinq éléments utilisés en acupuncture qui ont été privilégiés, soit le bois, le feu, la terre, le métal et l'eau. De toute façon, comme le considéraient les sages, l'air est contenu dans les autres éléments et il concourt à leur manifestation. Si, toutefois, l'élément air vous est indispensable dans le cadre de l'astrologie ou de la numérologie, référez-vous à l'oracle du vent des forces sacrées de la nature ou alors utilisez l'alphabet sacré pour trouver sa correspondance numérique.

LE FEU

Le feu de l'esprit

Le feu est l'élément qui vous poussera à prendre prochainement des décisions subites et radicales dans tous les secteurs de votre vie. L'élément feu, de par sa nature même, incite à réagir. Vous ne pouvez pas rester là, vous risqueriez de brûler sur place.

Symboliquement, le feu représente la passion sous toutes ses formes. Le feu monte et suit un mouvement d'expansion. Il fait donc référence à votre évolution personnelle, amoureuse, psychologique, spirituelle et morale. Il vous faut procéder à une réflexion. Vous devez toutefois vous attendre à vivre des bouleversements qui serviront votre développement personnel. Soyez prêt à toute éventualité.

Cet élément vous prévient que toutes les formes de passion, qu'elles soient liées au jeu, à la sexualité, à l'argent, à la nourriture, aux drogues ou aux excès en tout genre, se trouvent sous le signe du feu qui embrase et détruit tout s'il n'est pas contenu ou maîtrisé. L'oracle vous suggère donc de trouver un point d'équilibre harmonieux dans vos habitudes de vie. Le feu peut vous inciter à vouloir le pouvoir jusqu'à souhaiter être un maître puissant. Mais, de grâce, souvenez-vous que lorsque l'ego est animé par un feu intérieur, un feu parfois destructeur, il fait souffrir les gens aimés. Une question se pose ici : Comment se comporte votre feu intérieur ? Est-il maîtrisé, équilibré ou, tout au contraire, laissé à lui-même, détruisant tout sur son passage ?

L'ancienne tradition parle de connaissance intuitive, de feu de l'esprit, de feu sacré. Dans la vie de tous les jours, il est possible que vous ressentiez un fort désir de mieux comprendre votre vie en étant sensible à certaines épreuves de santé traversées par un proche ou, encore, par vous-même. Réjouissez-vous, car les leçons que vous en tirerez porteront fruit. Étrangement, vous savez très exactement ce que vous devez faire. Faites confiance à votre feu intérieur, à cette intuition puissante qui vous habite actuellement. Et, surtout, ne vous laissez pas abattre. S'il vous faut corriger certaines mauvaises habitudes pour vous en sortir, mangez plus sainement et n'hésitez pas à faire de l'exercice. Vous devez réagir afin de juguler cette indolence qui a des effets pernicieux sur votre santé.

Sens artistique et spiritualité

Le feu, qui constitue un élément puissant, est en relation directe avec le cœur et l'instinct de création. Vous auriez grand intérêt à vous intéresser à un champ de connaissances nouveau et plus technique pour faire progresser votre travail. La quête artistique réclame que vous laissiez tomber tous les masques que porte votre ego. Toute création doit s'inspirer du cœur plutôt que de la tête. Créez-vous pour l'amour de l'art ou le faites-vous pour prouver au monde votre valeur artistique ?

Sur le plan spirituel, vous pourriez entamer une démarche personnelle afin de trouver la vérité, du moins *votre* vérité. Il est essentiel que vous acceptiez vos faiblesses et, par le fait même, celles des autres. L'élément feu enseigne que la perfection n'est pas de ce monde et qu'il est utopique de vouloir l'atteindre, la rechercher ou bien l'exiger des autres sans risquer de se brûler soi-même. Ne vous inquiétez plus, le courage appartient à l'élément feu. Vous êtes protégé.

Carrière et argent

Le feu indique que vous vivez peut-être des insatisfactions professionnelles, des ambivalences et quelques frustrations. Vous trouvez que rien ne va plus, que les choses ne se déroulent pas comme vous l'aviez souhaité ? Inutile d'allumer des barils de poudre au bureau ! Attendez plutôt d'avoir trouvé mieux avant de tout quitter sur un coup de tête. Et retenez ces paroles cinglantes qui vous brûlent les lèvres, sinon vous risquez de le regretter. Si vous suivez ces conseils, tous les conflits qui empoisonnent votre lieu de travail s'estomperont et votre carrière prendra un tournant inattendu. La retenue constitue votre arme la plus sûre.

Vouloir mener de front deux combats à la fois peut étouffer la flamme intérieure. Pour vous recentrer et activer un certain pouvoir de guérison, tenez-vous debout quelques secondes sur une jambe, puis sur l'autre, et répétez la séquence à plusieurs reprises. Cet exercice favorise l'atteinte d'un équilibre. Par ailleurs, l'oracle vous prévient que vous êtes sur le point d'entendre une vérité. Un secret vous sera dévoilé ou alors c'est vous qui serez dévoilé. Un masque tombera et la vérité s'étalera au grand jour. Vous avez donc avantage à être aussi transparent qu'une méduse...

Le feu fait aussi référence au statut social, au personnage public, à l'image de soi qui doit rayonner dans le monde. Vous désirez laisser votre marque ? Vous y parviendrez, mais seulement si votre désir de rayonnement personnel n'écrase pas celui des autres. Autrement dit, si vous laissez l'ambition vous dominer, vous risquez de provoquer une guerre relationnelle avec vos collègues ou avec d'importants clients. Vous mettrez également en péril des contrats d'affaires devant être conclus. Ainsi prévenu, vous ne pouvez que réussir. Le moment est propice à la réalisation d'énormes projets exigeant vos compétences. Il est également favorable à des changements qui affecteront positivement la qualité de vie des gens au travail.

Le feu perçu en rêve est souvent le symbole annonciateur d'une élévation sociale ou d'une promotion. Il est possible que vous connaissiez un changement professionnel, mais vous devrez auparavant tout détruire pour tout reconstruire différemment. Tout semble indiquer que vous reverrez votre image, perdrez du poids, couperez vos cheveux, reverrez vos projets de fond en comble, déciderez un retour aux études ou souhaiterez parfaire vos connaissances en suivant une formation.

Avec l'élément feu, vous devrez prendre des précautions quant aux mots dont vous userez pour vous faire comprendre. Surtout, ne vous réfugiez pas dans l'introversion ou derrière un refus d'exprimer les choses telles qu'elles sont. Cette attitude pourrait être perçue comme une agression. Ravaler sa peine, se taire, subir et souffrir en silence sont autant de comportements qui entravent l'élan vital et créent des blocages professionnels importants. Laissez votre feu prendre sa place, sinon vous direz une chose alors que vous en pensez une autre.

Il vous faut faire l'effort de mieux maîtriser votre caractère, vos sautes d'humeur et votre désir d'exercer votre pouvoir et votre ascendant sur les autres. Questionnez vos véritables intentions avec ouverture d'esprit, gérez vos besoins avec plus de circonspection et, surtout, ne prenez aucune décision d'affaires impulsive, à la seule fin de vous débarrasser d'un problème. Ainsi jugulé, le feu vous fera reconnaître que tous ces efforts en valaient la chandelle. Si vous êtes promu, et même si cela semble contraire aux exigences du nouveau poste que vous occupez, apprenez à vous taire quand cela s'avère nécessaire. Il est aussi impératif que vous ne perdiez jamais votre calme en public. Sachez rester imperturbable. Cultivez la chaleur humaine auprès de vos subalternes. Ainsi, vous récolterez un profond respect, lequel vous assurera un franc succès. Un caractère trop enflammé entraînerait des réactions tout à fait contraire.

Amour et amitié

Un rêve comportant le feu suggère que vous fassiez la synthèse de ce que vous avez laissé derrière vous et qui vous tourmente encore, surtout dans le secteur des amours. Vous trouvez-vous toujours sous l'emprise d'un sentiment appartenant au passé ? Dans ce cas, vous devrez mettre de l'ordre dans vos émotions avant de pouvoir vivre autre chose.

L'oracle prévient que le feu qui échappe à la maîtrise peut devenir violent, explosif et occasionner des dommages irréparables. Contenez vos sautes d'humeur, vos désirs de pouvoir et de domination sur les autres. Vous devez à tout prix examiner vos véritables intentions avec sincérité. Cette ouverture vous permettra de voir vos besoins personnels sous un autre angle. Ne prenez aucune décision de manière précipitée. Vos amours et vos amitiés ne s'en porteront que mieux.

Le feu indique aussi qu'un voile tombera bientôt et mettra à jour une vérité. Que ce soit en amour ou en amitié, vous apprendrez quelque chose que vous ignoriez ou alors les autres découvriront des choses vous concernant et que vous gardiez dans l'ombre. Vous ne pourrez pas éviter la révélation. Le moment venu, tout se saura. L'oracle révèle aussi que l'amour parfait n'existe pas. Ne tentez pas le diable, vous risqueriez de jeter de l'huile sur votre relation amoureuse et de vous brûler.

Famille

Une vérité ne tardera pas à éclore au grand jour. Comme elle pourrait fort bien être indigeste, vous serez envahi par toute une gamme d'émotions, qui tourneront autour d'une même question : Pourquoi m'a-t-on tenu à l'écart ? Consolez-vous toutefois en vous disant qu'il est préférable de savoir plutôt que de rester dans l'ignorance. Il se peut également que vous soyez appelé à régler un conflit à la maison ou au sein de votre famille proche. Heureusement, vous trouverez un terrain d'entente. Il était moins une...

Santé

Certaines difficultés sur le plan cardiovasculaire pourraient vous incommoder. Peut-être aussi éprouvez-vous des problèmes de digestion. Si tel est le cas, les vieux traités d'acupuncture suggèrent que vous fassiez la paix avec le passé. Une partie de vous entretient de l'amertume parce que vous n'avez pas réussi à pardonner ou parce que vous avez l'impression d'avoir raté votre vie. Cette source de stress peut même entraîner des problèmes de constipation. N'hésitez pas à consulter un spécialiste. Vous devez profiter de ces signes pour liquider certaines mauvaises habitudes, revoir votre alimentation et instaurer un nouveau régime de vie prônant l'équilibre.

Le feu, combustible de l'intelligence

L'intelligence est symboliquement reliée à l'élément feu. Pourquoi ? Parce que l'esprit a besoin de connaître pour s'élever. Le feu monte, prend de l'expansion, s'embrase et, même s'il semble éteint, il couve toujours. Le feu est un grand illusionniste ; il peut renaître de ses cendres à tout moment, ce qui est un comportement typique de l'âme humaine. De vieilles croyances touchant la signification surnaturelle du diable, du feu éternel des enfers et de la damnation réservée à celui qui échoue à faire monter le feu de l'esprit ont longtemps animé les conversations de nos aïeuls. Le feu fait grandir ; il met donc l'accent sur la nécessité d'une élévation personnelle. Il suffit de penser à l'alchimiste pour comprendre que le feu transforme le mercure en or et la pensée dite conditionnée en produit plus raffiné, émancipé et approfondi.

Nous sommes impuissants à recréer le vent, l'eau, l'air et la terre. Mais le pouvoir d'allumer et d'attiser le feu reste toujours à notre portée ; il suffit tout simplement de savoir comment s'y prendre. Le feu nous renvoie donc inévitablement à l'intellect capable d'une haute maîtrise et d'analyses techniques incomparables. D'ailleurs, les découvertes scientifiques du siècle dernier et celles qui se profilent déjà dans un avenir prochain ne cessent de démontrer que le feu de l'esprit est en perpétuelle effervescence. Le feu nous invite à prendre part à une grande œuvre d'alchimie.

Le feu du verbe créateur n'est pas étranger au pouvoir de l'éloquence qui anime certains individus dans notre société. Le plaisir que deux personnes éprouvent à discuter devant l'âtre nous en donne une forte image. Depuis des temps immémoriaux, le feu alimente la source d'une fascination psychique ; les tribus racontent le feu solaire, le feu tonnerre, le feu éclair, mais aussi le feu des enfers et le feu des abîmes. On peut également l'associer au débit de parole et à l'énergie que l'on met à s'exprimer et à bien expliquer les choses. Par exemple, un enseignant de type feu soulèvera l'enthousiasme de sa classe, provoquera ses étudiants, les mettra au défi de comprendre et, par le fait même, les encouragera à la découverte. Les autodidactes, les inventeurs, les artistes, les créateurs et les débrouillards sont portés par le feu de façon innée.

Le feu, principe de lumière

Depuis la nuit des temps, l'homme cherche à briller. Parler du feu, c'est mettre en évidence le besoin que nous avons de projeter une image ; c'est aussi faire ressortir notre peur d'être pointé du doigt, jugé, détesté. La nécessité de démontrer l'utilité de notre propre existence est sans contredit un souci constant. Nous aspirons tous, à un moment ou un autre de notre vie, à graviter sous les feux de la rampe, à voir notre nom inscrit en lettres de feu dans le ciel ou à occuper la première place sous les feux des projecteurs. Désir légitime qui effraie et motive tout à la fois.

L'élément feu nous rappelle ces alliances scellées autour d'un feu de camp, le calumet de la paix, la fumée qui annonce la nomination d'un nouveau pape. Le feu de la forge, quant à lui, permet de fondre le métal brut. Il incarne donc un outil de transformation pour le forgeron, dont la dextérité, l'acharnement et la détermination permettront à l'informe de prendre forme. Grâce au feu, l'intelligence engendre des penseurs, des concepteurs d'idées et des créateurs mus par la volonté irrépressible de changer le monde, de vouloir le rendre meilleur.

Le feu introduit aussi la passion. Passion guerrière – mise à feu, arme à feu, bombe et canon pour vaincre l'ennemi – et passion amoureuse. L'écorché vif vous racontera sa douleur en la décrivant comme une brûlure intérieure qui le consume lentement. Le langage amoureux emploie et conjugue le feu à tous les temps. Ironiquement, l'amour et la haine sont des sentiments synonymes malgré leur opposition apparente. La flamme amoureuse est éternelle et nous rappelle nos propres intensités intérieures.

Le feu, enfin, trouve sa représentation dans notre vie quotidienne sous forme de bougies d'anniversaire, de cierges et de bâtonnets d'encens qu'on allume. Il revêt aussi une valeur symbolique lors des rites funéraires. Ainsi, tandis que la fumée s'élève, l'âme monte vers le ciel.

L'image globale qu'il importe de retenir de l'élément feu est qu'il représente notre assise intellectuelle. Il est l'esprit vivant en nous autant que la présence dynamique et créatrice dont nous avons besoin pour nous émanciper, nous organiser, persévérer, nous défendre, nous instruire et faire la distinction entre les forces du bien et du mal. Avec le feu, des attitudes de contenance et de vigilance seront toujours nécessaires.

L'analyse des rêves par l'élément feu

- **Feu accompagné de nuages de fumée**

Ce feu vous suggère de clarifier votre façon de demander les choses. La véritable question qui se pose pour contourner toute indécision est celle-ci : Qu'est-ce que je veux vraiment faire de ma vie ? La fumée, à l'instar du feu, monte vers le ciel. Des énergies puissantes sont à votre écoute ; vous n'avez qu'à demander clairement ce que vous désirez recevoir. Tout indique que vous devez faire une prise de conscience concernant la transparence de vos actes, de vos paroles ou de vos émotions. Évitez toute forme d'aveuglement. Gardez bien les deux pieds sur terre, sinon on pourrait abuser de vous.

- **Fumée épaisse**

Cette fumée représente ce qui vous étouffe, ce qui vous empêche de retrouver votre liberté. Faites du ménage dans votre vie passionnelle, professionnelle et artistique, ainsi que dans vos croyances. Ce symbole puissant vous invite à prendre conscience de la notion de l'indéterminé. Bref, vous êtes en attente de quelque chose d'important, d'un amour ou d'un travail, par exemple. Mais voilà, pour le moment, ces choses sont indéterminables dans le temps et cela dérange. Vous devez aussi redéfinir l'attachement que vous manifestez face à l'argent. Évaluez en toute sincérité les motifs réels qui se cachent derrière vos actions.

- **Si vous mettez le feu**

Cela signifie que vous serez l'instigateur de changements importants dans votre vie personnelle, amoureuse, financière, professionnelle, spirituelle, voire même publique. Osez sans avoir peur. Le feu étant un élément qui monte, vous disposez de tous les atouts pour gravir les échelons de la réussite et vous hisser jusqu'au sommet. Ne vous préoccupez pas des mauvaises langues qui déblatèrent autour de vous. Et si jamais une personne faisait du tort aux autres et que vous en soyez témoin, tâchez de ne pas réagir trop promptement. Mettre le feu est une chose, bien le maîtriser en est une autre. En d'autres termes, avant de déclencher une guerre, assurez-vous de savoir quand et de quelle façon vous prévoyez en venir à bout.

- **Incendie qui prend naissance dans votre maison**

Si le feu surgit dans votre maison ou à l'endroit où vous habitez actuellement, songez à déménager bientôt. Les événements se précipiteront, surtout si vous sortez meubles et objets à toute vitesse de votre appartement ou de votre maison. Il peut même être question d'un deuil prochain ou d'une mort subite difficile à accepter. Quelqu'un pourrait vous manquer de respect dans les jours qui viennent. Ne perdez pas votre sang-froid et évitez les emportements. Prenez le temps de bien évaluer chaque décision à prendre. C'est bien de s'enflammer et de se passionner, que ce soit pour une personne, un apprentissage, un travail ou une création ; mais n'en faites pas une religion ou, encore, votre seule et unique raison de vivre. Le feu qui s'anime dans une maison réfère aussi à la santé et touche plus particulièrement les inflammations de la peau. Il est également possible qu'une nouvelle carrière se profile à l'horizon ou que des offres vous soient faites prochainement.

- **Feu qui s'attise dans la maison à partir du plancher**

Tout indique que vous ressentez au fond de vous une incapacité à aimer vraiment. Parce que vous avez une piètre estime de vous-même, il est possible que vous vous sentiez dépendant face à l'amour des autres. L'image du plancher qui flambe représente symboliquement vos assises intellectuelles, morales, spirituelles et sentimentales. Elle montre donc clairement que vous devez modifier votre conception des choses, transformer votre mode de pensée et votre façon d'envisager les problèmes. Il est possible que vous ayez récemment subi l'effondrement de tout votre édifice et que votre vie sentimentale, matérielle, intellectuelle, professionnelle, peut-être même familiale, soit atteinte. Si tel est le cas, empressez-vous de recourir aux bienfaits des exercices respiratoires. Après avoir inspiré lentement et profondément, retenez votre souffle en comptant jusqu'à trois. Pendant ce temps, imaginez que vous poussez votre souffle jusqu'au bout de vos orteils. Puis, relâchez l'air dans une expiration complète, de préférence par la bouche. Cet exercice vous aidera à ancrer vos pensées dans la matière ; ainsi reprendrez-vous contact avec votre capacité à aimer, à prendre des décisions justes, à jouir pleinement de la vie et à traverser les épreuves avec créativité.

- **Feu qui se déclare à l'intérieur des murs d'une maison**

Il n'y a pas de doute possible : certaines choses n'ont pas été réglées dans votre vie. Qu'y a-t-il de si mystérieux qui risque d'être révélé bientôt ? De façon symbolique, ce feu caché laisse entrevoir l'éclatement d'une situation qui traîne depuis déjà trop longtemps. Avec l'élément feu, les événements surviennent toujours à des moments inopinés. Peut-être entrerez-vous en contact avec de nouvelles connaissances touchant le secret ou l'occulte. Ne vous étonnez pas si vous recevez un enseignement sur le tarot, l'astrologie ou les centres d'énergie du corps physique appelés chakras. Montrez-vous aussi réceptif à suivre un atelier de théâtre ou toute autre formation qui pourrait améliorer votre vision du monde. En matière de santé, envisagez sérieusement une bonne purification intérieure, un nettoyage du côlon ou une cure de désintoxication. Il y a des risques qu'une maladie ou un malaise se manifeste, mais toutes les voies de la guérison vous sont ouvertes.

- **Incendie de forêt**

Cette forme de feu symbolise les extrêmes à éviter. Elle peut aussi traduire vos craintes d'être pris au piège d'une vie familiale, professionnelle, relationnelle ou affective parfois fort accaparante. Vous avez l'impression que vous ne parviendrez jamais à satisfaire les exigences des autres. Ou, pire, que vous marchez sur une corde raide, flirtant dangereusement avec le surmenage. Si vous vous sentez écrasé par le poids d'obligations qui s'accumulent sans cesse, sachez vous arrêter. Sinon, la vie s'en chargera. Nettoyez, au sens propre comme au figuré. Mettez vos priorités à leur juste place et n'attendez plus pour agir. Le moment est venu d'admettre que vous vous imposez un surcroît de responsabilités. Acceptez que d'autres sachent les assumer aussi bien que vous. Profitez-en pour éloigner toutes ces personnes envahissantes qui drainent vos énergies ; peut-être abusent-elles de votre besoin de materner. L'incendie de forêt exige que vous vous en sortiez envers et contre tout. En tant qu'être doté de spiritualité, il importe que vous trouviez un juste équilibre intérieur. Par-dessus tout, vous devrez apprendre à vous respecter vous-même. Rêver d'un incendie de forêt peut aussi signifier que vous aurez à subir une sorte de destin collectif, par exemple une entreprise qui fait faillite, un hôpital qui ferme ses portes ou un employeur qui procède à un licenciement majeur. Dans toutes les éventualités, une conclusion favorable se présentera, puisque le feu monte et qu'il est enrichissement de qualité de vie.

- **Feu de camp ou feu tranquille dans l'âtre**

Ce feu qui crépite et réchauffe tout en douceur annonce qu'une création, une invention ou une idée empreinte d'originalité vous fera gravir les échelons de la réussite jusqu'au sommet. Vous pouvez espérer une paix assurée, un bonheur retrouvé ou une promesse d'amour avec l'être aimé. Le destin vous réserve aussi une rencontre amoureuse inspirante. C'est le temps de tous les possibles et des surprises agréables. Peut-être même ressentirez-vous un regain de libido ! Chose certaine, c'est la fin de la solitude ou d'une quelconque forme d'isolement.

- **Âtre vide**

Il semble que vous vivez de façon un peu superficielle. Il y aurait des efforts à fournir pour nouer des relations plus vraies avec les autres. Vous devez sonder votre capacité à aimer autrui et tenter de mieux comprendre vos comportements. Apprenez à gérer vos impatiences de même que les réactions qui en découlent. Pour y parvenir, vous devez maîtriser votre caractère et calmer vos humeurs intempestives. Bien sûr, ce cheminement ne promet pas d'être toujours joyeux, mais qu'importe... Avec de la bonne volonté, vous y arriverez. Des techniques de respiration et de visualisation vous aideraient à vous connecter plus facilement au monde des sensations et des émotions. Si vous faites l'effort de vous transformer, la vie vous récompensera au-delà de tous vos espoirs. L'âtre vide vous dit que vous devez d'abord apprendre à vous aimer avant de chercher à vous faire aimer des autres.

Réflexion

Le feu nous oblige à nous ouvrir au dialogue et à laisser les autres s'exprimer. Il trace aussi le chemin à la libido, à la fécondité et à la passion. Il existe trois sortes de feu : le feu créateur, le feu destructeur et le feu éteint, lequel renvoie à l'impuissance sexuelle ou à l'ignorance des choses de l'esprit. Pour combattre cette ignorance et modifier le cours des événements, il importe d'en appeler au savoir et à la connaissance, sous toutes leurs formes. Le feu vous invite à ouvrir votre cœur aux autres afin de rayonner plus librement.

LE BOIS

L'arbre de la vie

L'élément bois symbolise les arbres qui sont essentiels à la vie, qui représentent les poumons de la Terre. Même chose en ce qui concerne les épreuves : notre émancipation personnelle en dépend. Quand un emploi, un amour ou une amitié se termine, un nouveau commencement s'annonce déjà. Quelque chose prend fin, autre chose débute. Il en va de même pour l'arbre de nos forêts. Lorsqu'on le coupe, on le transforme et lui assure une continuité. Tout indique ici que vous vivrez un renouveau, un second début. Une chance extraordinaire vous sera accordée pour vous sortir d'une situation personnelle difficile.

Le bois est vie parce que, dans le corps humain, chaque organe, d'un point de vue veineux, a la forme d'un arbre. L'arbre ancre profondément ses racines dans la terre et ses branches se comparent à des antennes capables de capter des messages issus d'une intelligence supérieure. De par sa verticalité, l'arbre est intelligence pure et pénétrante. L'oracle suggère donc que votre conscience s'émancipera. Pour y parvenir, il se peut que vous receviez des messages provenant de votre petite voix intérieure. Ou peut-être serez-vous pénétré d'une compréhension plus évoluée à la suite d'un cours, d'une formation ou d'un atelier qui vous permettra de saisir avec plus d'acuité le sens de tout ce qui vous arrive.

Le bois et la verticalité de l'arbre renvoient aussi à ces questions : Dois-je me redresser, me tenir bien droit pour mieux affronter l'adversité à laquelle je fais actuellement face ? Si c'est le cas, de quoi ai-je peur ? Le bois vous ramène à vous-même et vous oblige à des questionnements profonds et denses comme la forêt.

Vous auriez avantage à chercher le vrai sens contenu dans votre rêve. En premier lieu, analysez-en les images. Puis, tentez de préciser ce que vous avez ressenti à la vue de ces images. Dans les jours suivant votre rêve, continuez de défricher, de sonder votre esprit et de vous efforcer d'interpréter les événements qui ponctuent votre vie. Vous devriez recevoir des réponses en lisant un livre, en conversant avec quelqu'un ou en effectuant une rencontre marquante. C'est le destin qui en décidera.

Tout ce qui touche la science, les connaissances et la richesse du savoir constitue l'essence de l'élément bois. Les écrivains sont « très bois », c'est-à-dire très intellectuels. Il est possible que vous constatiez prochainement que votre intellectualité vous dessert parfois. Pour contrer l'influence du bois, vous devrez apprendre à ressentir, à aimer et à vous donner, non pas machinalement, comme un petit pantin de bois, mais avec tout votre cœur. En fait, une intelligence sans poumons est une intelligence qui ne respire pas vraiment la vie et qui demeure artificielle aux yeux du cœur.

Sens artistique et spiritualité

Le bois fait référence à l'âge et aux manifestations de la sagesse. Il symbolise aussi l'immortalité, en raison de tous les produits dérivés qu'il génère après l'abattage de l'arbre. Tel un phénix, le bois renaît à une autre vie. Concrètement, cela signifie que vous pourriez être appelé à échafauder de façon différente l'un de vos projets artistiques. Ce que vous créerez durera.

Le temps est venu de vous poser certaines questions. De quelle façon votre univers artistique est-il nourri ? Comment se développe votre spiritualité ? Qu'avez-vous fait dernièrement pour stimuler votre esprit ? Avez-vous lu ou assisté à des conférences ? Dans quelles circonstances avez-vous rêvé au bois, à un arbre ou à une forêt ? Ces aspects doivent être soigneusement examinés, car ils feront surgir des éléments importants du plus profond de vous-même. Un artiste sommeille en vous. Sans que vous vous en doutiez, de la magie imprègne l'air autour de vous. Vous vous sentez naturellement porté par l'inspiration et par des élans créatifs. Cet état sera bénéfique. Une idée hors de l'ordinaire pourrait même bientôt naître de votre monde intérieur. Ne prenez rien à la légère ; écrivez tout, notez vos réflexions, vos sentiments et vos intuitions.

Vous obtiendrez sans nul doute les appuis nécessaires à votre réussite sur les plans matériel, professionnel et artistique. Osez soumettre vos projets sans attendre, hésiter ou réfléchir trop longuement. Une chance extraordinaire pourrait se présenter au moment opportun et susciter en vous l'étonnement le plus complet.

Carrière et argent

Il est ici question d'un emploi qu'on vous confiera, d'une reconnaissance professionnelle favorable ou d'une consécration publique qui améliorera sans contredit votre plan de carrière. Vous occuperez même un poste enviable. Cela sera rendu possible grâce à l'obtention des appuis nécessaires à votre réussite matérielle. En affaires, votre succès est presque assuré. Vous saurez relever avec doigté et savoir-faire les défis qui se présenteront.

Comme le bois représente plus symboliquement l'organe de la vue, tout porte à croire qu'il vous faut changer votre façon de voir les choses, les personnes et les situations. Élargissez votre champ de vision. Assurez-vous de toujours observer les événements sous tous leurs angles. Un arbre vous empêche-t-il parfois d'apercevoir la forêt ? Réévaluez votre capacité à voir grand et privilégiez les larges perspectives. Cela vous permettra d'atteindre plus facilement les objectifs que vous vous êtes fixés.

Le bois vous entraîne dans le monde des émotions puissantes. Peut-être certains de vos jugements sont-ils trop sévères et vous rendent-ils intolérant ou intransigeant face aux autres. Des tensions risquent d'en résulter et d'affecter vos relations de travail. Éprouvez-vous de la difficulté à excuser les erreurs de vos collègues ? Vous sentez-vous blessé par rapport à une situation professionnelle bien précise ? Il serait bon que vous repensiez votre façon de gérer vos difficultés au travail afin que la chance puisse vraiment vous sourire. Si vous gardez l'impression que rien ne fonctionne, si vous cultivez un sentiment d'échec ou si vous entretenez l'idée que vous ne vous montrez pas à la hauteur, vous connaîtrez la tristesse ou le désir de renoncer. Il se peut aussi que vous jongliez avec des pensées sombres. Réagissez en suivant les conseils suggérés. Au fond, vous avez en main toutes les cartes nécessaires pour vous en sortir. Peut-être vous manque-t-il un petit coup de pouce extérieur... Laissez-vous gagner par l'idée de consulter un professionnel de la santé, de suivre des cours en développement personnel, de vous familiariser avec une méthode de visualisation créatrice ou de vous inscrire à des ateliers d'exercices respiratoires.

Amour et amitié

Tant en amour qu'en amitié, le bois sous-entend que vos jugements peuvent être durs à l'égard d'autrui. Vous faites peut-être preuve d'intransigeance et de sévérité. Vous semblez aussi éprouver de la difficulté à pardonner et à reconnaître qu'on vous a blessé. Une tolérance accrue et une bonne dose d'affabilité vous seraient certes profitables. Autre conseil : pour éviter de sombrer dans la mélancolie ou dans un sentiment d'abattement, cultivez la confiance en l'avenir et ne vous contractez pas. Vous retrouverez bientôt votre précieuse paix d'esprit.

Le bois souligne un manque de foi en l'amour. Vous semblez porter les stigmates d'écorchures encore vives. Peut-être est-ce là pourquoi vous vous enfermez dans votre tour d'ivoire. Tant que ces vieilles blessures ne seront pas cicatrisées, vous resterez aveugle à ce qui tente de se manifester dans votre vie affective. Faites du ménage dans vos sentiments. Par exemple, si vous entretenez une relation amoureuse uniquement parce que vous craignez la solitude, mettez un miroir devant vos yeux. Vous verrez que cette raison n'est pas valable. Un manque d'authenticité ne servirait qu'à alimenter votre sentiment d'insatisfaction. Prônez la sincérité du cœur, vous ne le regretterez pas.

Si vous vivez un chagrin d'amour, dites-vous que la solitude est une forme de peine sentimentale. La souffrance n'est pas moindre parce qu'on bénéficie de liberté. Si les espaces vides vous démoralisent, trouvez-vous des activités sociales intéressantes. Sortez, allez vers les autres. Vous ne devez pas entretenir la peur de déranger ou de vous imposer. Chassez ces idées castratrices de votre tête. Elles vous font échec et mat.

L'élément bois marque un tempérament influençable en amitié. Ne craignez pas de vous affirmer face à vos amis, n'en déplaise à certains. Il est possible également que vous dansiez la valse-hésitation quant à un projet réunissant des amis. Mais l'oracle est clair : dans les jours suivant votre rêve, vous trouverez la voie à suivre.

Famille

Il est temps de résister aux pressions qu'exercent les autres sur vous. À force de vouloir acheter la paix, vous vous pliez plus souvent qu'à votre tour à leur volonté. Pourquoi cette peur de décevoir ? Il faut que vous appreniez à parler sans détour et à trouver le ton juste pour exprimer simplement ce que vous avez à dire. Même si vous prenez votre place, soyez sans crainte, vous n'engendrerez aucun conflit.

Santé

Vous ressassez des émotions négatives depuis bien trop longtemps, ce qui ne vous avantage en rien. Liquidez-les donc et honorez votre bonne santé. En ce moment, votre système nerveux présente une certaine fragilité ; tâchez d'éviter toute surcharge de stress.

Le bois, mystique du conte

L'élément bois, plus précisément la forêt, incarne une force mystique très pénétrante, véritable métaphore qui englobe le spirituel et le magique. Rappelez-vous ce qui nous guette dans les forêts sacrées des contes de fées : des sorcières, des lutins, des gnomes, des elfes, des fées, des dragons, ainsi que des héros qui doivent prouver leur valeur en affrontant mille périls. N'est-ce pas là l'histoire de chacun de nous ? On peut croire ou ne pas croire à une après-vie, le concept de la mort demeure malgré tout mystérieux et impénétrable. Grâce au symbolisme, on parvient heureusement à le saisir un peu mieux.

Le bois, force et sagesse

Le bois appelle toujours comme figure l'arbre solidement enraciné dans la terre, ses branches semblant presque toucher le ciel. C'est l'arbre qui absorbe les toxines contenues dans l'air et les transforme en oxygène. Le bois est donc un alchimiste. En ce sens, il fait référence à notre capacité à nous transformer, à apprendre de nos erreurs et à changer notre façon de penser. De manière plus symbolique, il représente la force nécessaire à la poussée de l'esprit humain vers les hauteurs.

L'analyse des rêves par l'élément bois

- **Pénétrer dans une forêt**

Cette action signifie que vous recevrez très bientôt un nouveau savoir. Vous êtes dans une position privilégiée pour obtenir des réponses qui feront taire tous vos doutes. Vous ressentez les choses plus en profondeur. Rien n'échappe à votre grande clairvoyance et de puissantes intuitions viennent à vous. Tout suggère que vous effectuerez un retour aux sources, à la nature, aux aliments naturels et à une vie plus saine. Le destin transformera votre quotidien comme il se doit et des événements vous permettront de prendre une nouvelle direction. Ayez confiance. Un grand amour s'avance à votre rencontre ; cette fois, vous ne passerez pas à côté du bonheur.

- **Toucher du bois, construire avec du bois, porter du bois sur ses épaules**

Vous vous trouvez actuellement dans une situation où vous désirez échafauder, ériger, mettre de l'avant des projets majeurs. Une forte envie de créer vous anime. Tout peut prendre naissance : une entreprise, une nouvelle collection de vêtements, une invention, une sculpture de grandes dimensions, une forme de *design* innovatrice, un plan de maison, un nouveau logiciel, un site Internet. Les possibilités sont multiples et elles vous enchanteront. Il se pourrait même que vous preniez conscience, dans les jours ou les mois à venir, d'un don artistique. Ce don se révélera définitivement à vous. Le temps est venu de prendre votre place dans le monde.

- **Sculpter du bois**

Dans votre quotidien, vous serez mû par de fortes vagues d'inspiration qui solliciteront votre imagination. Cette énergie créatrice pourrait même vous attirer des rentrées d'argent. N'hésitez pas à faire fructifier vos idées. Et ne laissez personne profiter de votre talent sans vous remettre votre juste part des profits. Une question se pose ici : Que sculptiez-vous dans votre rêve ? Et que semblait symboliser votre sculpture ? Tentez d'analyser l'objet de votre création.

- **Apercevoir une maison en bois**

Sans aucun doute, vous revenez aux vraies valeurs de la vie et de la famille. Vous retrouvez vos racines et votre raison d'être. Le bois, synonyme d'authenticité, confirme la qualité des moments que vous passez avec vos amis, votre famille, vos collègues de travail, les gens que vous chérissez. Le toit qui coiffe la maison symbolise la protection, la sécurité, le confort et l'affection.

- **Se retrouver devant des murs**

Ces murs représentent l'enceinte qui vous protège du monde extérieur et même de l'amour, ce qui peut vous confiner dans une solitude qui devient par moment insupportable. De quoi donc avez-vous peur ? Les murs incarnent tout ce qui vous sépare de votre famille, de vos amis et de ceux qui gravitent normalement autour de vous ; ils symbolisent en quelque sorte le détachement. Il y a division et, par conséquent, absence de communication sincère. Voici l'occasion de réfléchir et de vous demander si les murs aperçus en rêve ne sont pas ceux de la prison intérieure érigée par vous il y a bien longtemps. Si les murs sont en **brique** ou en **pierre**, vous devrez contourner un problème plutôt que de le prendre de front. Il se peut aussi que vous fassiez preuve de fermeture en refusant de considérer le point de vue des autres. Si des **fissures** parcourent les murs, vous réussirez à vous sortir d'une situation difficile.

- **Se trouver à l'intérieur d'une maison en bois**

Voilà l'essence même de la quête ! Sur un plan symbolique, vous plongez à l'intérieur de vous-même. Vous souhaitez vous sentir mieux, accomplir intensément ce que vous aimez. La maison, selon l'ancienne tradition, représente le corps physique. Cette introspection vous amènera à déterminer la nature de vos relations avec vos amis, votre famille, vos collègues et votre conjoint. L'état de la maison vous permettra, par exemple, d'établir certains liens avec votre propre état d'esprit. Le bois signifie ici que vous désirez franchir les obstacles qui jalonnent votre chemin afin de pouvoir passer à autre chose.

- **Divers objets en bois**

Bâtons, ustensiles, jouets, outils, ornements, bijoux, tous les objets en bois illustrent la transformation, la métamorphose. Rien n'est plus pareil, tout change et il faut s'adapter : un enfant quitte la maison, un mariage doit être célébré à l'étranger, un emploi oblige à rebâtir une vie ailleurs. Le bois incarne la forme dérivée, le changement, tel l'arbre qui devient meuble. Ce qui est annoncé est clair. Vous ne vous reconnaissez plus, vous avez peine à vous comprendre. En raison de cela, certaines personnes s'éloignent de vous. Mais elles finiront bien par grandir, elles aussi... D'ici là, continuez d'avancer. Symbole de la connaissance, le bois suggère que vous rencontrerez peut-être un enseignant spirituel, un guide intérieur ou un professeur hors de l'ordinaire. À moins que la connaissance ne vous parvienne en empruntant la forme d'un livre. Suivez ce mouvement, ne résistez pas. Le travail de transformation s'impose et coule de source. Très bientôt, vous recyclerez le vieux en neuf et tout sentiment d'échec en réussite.

Réflexion

La personne qui rêve au bois est appelée à voir plus clair, plus loin, plus grand. C'est la conscience surdimensionnée dans tous les secteurs de la vie. Le bois vous invite à ne plus avoir peur de vivre, à vous ouvrir à l'inconnu. Il incarne la passion qui sommeille en vous. Dorénavant, vos idées noires s'estomperont, surtout si vous avez été victime d'une désillusion cruelle. Ranimez votre courage, entreprenez des démarches pour tout recommencer à neuf. Si vous vous montrez impatient et intolérant à l'égard des autres, explorez la signification de cette attitude en vous-même. Peut-être, inconsciemment, tenez-vous les autres pour responsables de vos échecs personnels. En pareil cas, apprenez à vous responsabiliser. Et songez que si votre enfance et la famille à laquelle vous appartenez vous ont été imposées, vous avez aujourd'hui la possibilité pleine et entière de vivre ce que vous désirez. La trame de votre passé n'est pas tissée uniquement de souvenirs douloureux. Elle offre aussi un versant brillant.

L'EAU

Le miroir des muses

Avez-vous déjà contemplé un paysage se reflétant dans l'eau d'un lac ? La reproduction de l'image est tellement parfaite qu'on pourrait s'y méprendre. Vous pouvez, vous aussi, vous voir dans le comportement des autres, qui constituent certainement le meilleur miroir. Comme l'expliquent les psychanalystes, l'autre devient alors ce miroir qui vous renvoie l'image de ce que vous êtes. Ce n'est pas l'effet du hasard si vous avez reçu cet oracle à consulter. Un autre univers s'ouvre à vous. Et la bonne nouvelle, c'est que dorénavant vous ne pourrez plus considérer les choses sous le même angle.

L'élément eau renvoie à la bienséance et à l'étiquette, toutes deux nécessaires pour entretenir de saines relations avec les autres. Sans cela, le raffinement, l'évolution, le respect et le partage n'existent pas. En fait, toutes ces notions peuvent se résumer en une seule phrase : prise de conscience réelle et soudaine de l'existence de l'autre.

Avec cet élément puissant, on pénètre dans la symbolique de la perception, de l'intuition et du ressenti, c'est-à-dire du sixième sens. Vous marchez forcément sur le terrain de la sagesse intuitive. Vous serez inspiré quant aux solutions qui doivent être envisagées. Pressentez-vous de façon très intense les choses avant même qu'elles ne surviennent ? Ou bien, à l'opposé, êtes-vous trop préoccupé par votre propre vie et vous en oubliez d'être attentif aux autres ?

La puissante symbolique de l'eau rappelle la gestation dans le ventre de la mère, l'immersion et l'enfantement. Dans ce sens, l'eau représente les émotions et l'évolution exceptionnelle sur le plan humain. Vous avez probablement l'impression de devoir prendre un nouveau tournant ou d'être sur le point de vivre une seconde naissance. C'est normal, puisque l'eau est force vitale et questionnements.

Avez-vous le sentiment de ne pas être respecté autant que vous le souhaitez ? La superficialité vous dérange-t-elle ? Vos comportements sont-ils respectueux de votre entourage ? Avez-vous tendance à rendre les autres responsables de ce qui vous arrive ? Si vous êtes en manque de bonheur, cette soif peut vous conduire au bord d'un gouffre intérieur difficile à combler. Mais vous pouvez déjà songer à accueillir demain avec sérénité, puisque vous entrez dans une riche période d'évolution intérieure. Ce ne sera pas nécessairement facile, mais vous saurez tenir bon.

Restez à l'écoute de vos émotions et ne craignez pas d'approfondir vos réflexions. S'il le faut, consultez une personne-ressource. Lorsque vous aurez identifié clairement votre mal de vivre et ses origines, vous pourrez accéder à une nouvelle compréhension de la vie. Méfiez-vous des excès en tous genres : nourriture, alcool, jeu, drogues et médicaments.

Sens artistique et spiritualité

Si vous êtes un artiste, un créateur ou un inventeur, vous serez guidé par l'inspiration comme jamais. Vous évoluez au centre d'une création future qui se développera au-delà des espérances les plus folles. Argent, succès, réussite à un concours, ne vous surprenez de rien. Sachez oser ; vous serez étonné des résultats obtenus.

Sur le plan spirituel, vous découvrirez certains sens insoupçonnés au mot « émotion ». L'expression « être touché » gagnera de plus en plus de terrain dans votre vie. Plutôt que de voir les émotions comme un banal branchement électrique, apprenez à les habiter avec une satisfaction profonde. Et acceptez aussi de les vivre, même si certaines dérangent. Vous en tirerez un immense bénéfice.

Carrière et argent

L'eau se rapporte à l'efficacité, aux contacts et à l'importance cruciale de laisser le temps suivre son cours. Quand elle est énergisée par l'eau, la puissance de l'intuition se décuple. Attendez-vous prochainement à ce qu'un projet qui vous tient à cœur connaisse une grande percée. Si ce projet rassemble des personnes qui ne se connaissent pas entre elles, les rapports établis seront extrêmement favorables. La meilleure façon d'agir ? Écoutez cette petite voix qui vous parle. Prenez toutefois garde à ne pas vous éparpiller dans tous les sens ; concentrez-vous sur une seule action à la fois.

L'élément eau révèle une timidité excessive qu'il vous faut absolument soigner. Si vous êtes à la recherche d'un emploi, ne vous laissez pas déstabiliser par la peur et ne vous avouez pas vaincu à l'avance. Trop d'eau, donc un surplus d'émotions négatives, peut avoir pour effet de noyer le feu de l'action, surtout dans la sphère professionnelle. N'hésitez pas à aller de l'avant dans vos projets et à oser l'impossible. Si vous avez perdu beaucoup d'argent lors du traitement d'une affaire, ne criez pas à la catastrophe. Un revirement de situation reste possible. Il semble aussi que le volet matériel de votre vie penchera vers le positif ou que vous rétablirez l'équilibre de votre portefeuille financier.

Comme les extrêmes sont ici rois et maîtres, tout indique que vous adorez votre travail ou que vous le détestez au point de vouloir en changer. Vous devez absolument agir afin que bougent les choses. Cependant, tâchez de trouver le rythme d'action approprié pour éviter les coups d'épée dans l'eau. Vous saurez atteindre votre cible d'une manière ou d'une autre. Méfiez-vous aussi des idées de grandeur et de l'argent trop vite récolté. Il pourrait y avoir anguille sous roche. Il est donc important de vous informer sérieusement avant de vous lancer. Dans la même veine, ne vous laissez pas bercer par l'illusion que tout ce qui brille est or ; vous risquez d'être déçu.

Amour et amitié

L'amour, énergie universelle toute-puissante, ne peut trouver meilleure résonance qu'auprès de l'élément eau. Vous serez bientôt soulevé par un coup de cœur. Êtes-vous prêt à aimer ? À recevoir l'amour autant qu'à l'offrir ? Votre principal défi ici consiste à vous préparer à vous laisser aimer. En fait, on pourrait résumer ainsi ce qui vous arrive : terminés, les faux-semblants. Si vous savez vous abandonner, vous pouvez espérer une relation épanouissante et susceptible de vous transfigurer.

L'eau demande aussi de laisser couler sa peine, sa tristesse, son vague à l'âme. Si vous avez récemment vécu des événements émotionnels difficiles, vous avez probablement choisi de vous replier sur vous-même et de vous couper du reste du monde, comme un petit animal blessé. Vous semblez même tenir à l'écart vos amis les plus sincères. Si vos émotions vous entraînent actuellement à la dérive, redressez-vous bien droit et dégagez votre cage thoracique. Ce mouvement vous permettra de réactiver votre feu plutôt que de le laisser s'éteindre dans l'eau des émotions. Et pour panser vos blessures intérieures, tournez-vous sans tarder vers l'amitié, qui constitue encore à ce jour le plus sûr antidote.

Famille

Se peut-il qu'un événement du passé vous tienne éloigné de votre famille ? Dans l'affirmative, essayez de redresser la situation avec doigté. Si les liens sont tout simplement défaits et que vous ne pouvez rien y changer, ne portez pas tout le poids de ce qui arrive sur vos épaules. Cet état provoquerait des angoisses supplémentaires et incompatibles avec les liens que vous cherchez à nouer ou à renouer avec votre famille. Quoi qu'il en soit, une éclaircie s'annonce. Vous recevrez bientôt un témoignage de l'amour qu'on vous porte.

Santé

L'élément eau est forcément relié à la vessie et aux reins. Il réfère aussi à vos peurs, vos insécurités, vos angoisses existentielles. Avez-vous confiance en vous et aux moyens qui sont à votre disposition ? Il vous faut réapprendre à croire en vos capacités. Bonne nouvelle : des événements ou des personnes compétentes vous permettront de réactiver votre confiance sans trop de difficulté.

L'eau annonciatrice

Dans certains films ou contes, nombre de prédictions sont annoncées grâce à l'eau. La muse s'épanche au-dessus du bassin et, alors, des images apparaissent dans ce miroir liquide. Ensuite, elle n'a plus qu'à les interpréter pour donner l'oracle. Par symbolisme, l'eau reçoit certains courants prémonitoires d'où surgissent des images annonçant quelque chose d'important.

L'eau, puits d'émotions

L'eau représente un continuum d'émotions. Comment gérez-vous les vôtres actuellement ? Vous sentez-vous comme une rivière qui déborde de son lit ? Quand l'image de l'eau apparaît en rêve, elle vous rappelle à quel point il est essentiel de reconnaître et d'honorer les cadeaux reçus de la vie. Le moment n'est pas à la critique ni à l'insatisfaction. Si vous avez l'impression d'être passé à côté de votre vie ou de l'avoir ratée, n'oubliez pas de mettre dans la balance les grâces dont elle vous a comblé. Vous rétablirez ainsi l'équilibre émotionnel dans votre esprit. L'oracle est clair : la vie n'est pas qu'une longue suite de tourments et d'épreuves. Si vous souhaitez qu'elle vous exauce en bonheurs et en petits miracles, sachez l'apprécier et admettre qu'elle peut être aussi riche et lumineuse qu'une nuit étoilée.

L'eau purificatrice

L'immersion dans la source de vie, symboliquement illustrée par le sacrement du baptême, est un rituel puissant. Pourtant viendra un temps où vous vous révolterez du plus profond de votre âme, où vous crierez à l'injustice et où vous déclarerez ne pas avoir choisi de venir au monde. Si vous vous donnez la permission de vivre et de goûter au bonheur, la paix reviendra progressivement dans votre univers intérieur. Vous pourrez alors savourer une deuxième naissance : celle que vous aurez choisie.

L'analyse des rêves par l'élément eau

• Eaux troubles

Vous traversez actuellement une période trouble. Quelle émotion avez-vous ressentie au sortir de votre rêve ? C'est cette charge émotive qu'il faut analyser puisqu'elle contient la prémonition. Certains aspects de votre vie manquent de clarté. Peut-être votre situation professionnelle est-elle ambiguë en raison d'un salaire inadéquat ou de responsabilités mal définies. Peut-être trouvez-vous que votre rôle de mère à la maison ne favorise pas votre plein épanouissement. Peut-être votre conjoint démontre-t-il de l'hésitation dans une situation particulière. Il est possible aussi que vous ne sachiez plus où vous en êtes. Quel que soit le cas de figure, cherchez à quelle occasion vous vous êtes oublié dernièrement et découvrez l'événement qui a mis vos émotions à rude épreuve. Votre rêve est un signal ; regardez quel sérum vous a été suggéré pour obtenir une guérison émotionnelle.

- **Eau stagnante**

Il se peut que vous vous laissiez porter par les événements plutôt que de vous engager dans des actions ou des relations contraignantes. Une situation difficile réclame que vous réagissiez, mais vous préférez l'ignorer. La stagnation de l'eau peut se révéler aussi dangereuse que le torrent qui dévale la montagne. Il faut toujours se méfier des eaux dormantes. Souhaitez-vous renoncer, abdiquer ? Baissez-vous pavillon avant même d'avoir livré bataille ? Cette attitude vous sert-elle vraiment ? L'eau stagnante traduit aussi un besoin de paix et d'harmonie. Cette variante extraordinaire permet un recul nécessaire. Si vous avez travaillé ou étudié d'arrache-pied au cours des derniers mois ou des dernières années, il serait bien d'accorder à votre esprit le calme et l'apaisement qu'il recherche. L'idée d'un arrêt temporaire pour faire le point est excellente. Si vous le pouvez, retirez-vous près d'un lac.

- **Eau translucide**

Voici un rêve important. Qu'avez-vous aperçu tout au fond de l'eau ? Chose certaine, votre situation se clarifiera au-delà de toute attente. De grands événements affectifs illumineront bientôt votre vie. Sentiriez-vous la flamme d'un nouvel amour ? Seriez-vous enceinte ? À la suite d'un tel rêve, il n'y a plus de doute possible : vous possédez le courage, la force et la détermination nécessaires pour affronter Goliath. D'une manière ou d'une autre, des idées géniales germeront dans votre esprit et relanceront un projet qui tournait en queue de poisson. L'eau translucide représente aussi l'inconscient. Tenez compte de chaque petit détail de votre rêve. Vous découvrirez la puissance de vos émotions même si vous avez du mal à exprimer ce qui se passe en vous. Le destin pourrait très bientôt ponctuer votre route de situations sortant de l'ordinaire. Peut-être cela vous entraînera-t-il sur un nouveau chemin de vie...

- **Puits**

Il est question ici d'une recherche de connaissances, d'un désir de savoir et d'un besoin de comprendre pourquoi certains événements se produisent. Il y a une dimension vitale contenue dans le puits, symbole qui pousse à regarder au fond de soi afin de pouvoir ressentir sa propre profondeur. Votre rêve vous indique que de vieilles émotions refont surface. Quelles sont-elles ? Pourquoi remontent-elles ? Des indices peuvent apparaître dans votre rêve. Si vous puisiez de l'eau au fond du puits, une forte volonté de prendre en main les rênes de votre vie vous anime. Si le puits était vide, trouvez pour quelle raison et analysez l'atmosphère générale de votre rêve ; cela devrait vous aider à identifier l'antidote émotif à vous administrer. L'image du puits peut également supposer que quelqu'un vous cache une vérité importante et que vous en ferez bientôt la découverte. La peur de vous tromper est aussi une symbolique possible. Dans un sens global, le puits est relié à l'abondance et à la chance pure qui prend demeure dans votre vie. Vous vous libérez d'un mal de vivre récurrent. Des contrats payants sont en vue.

- **Mer**

La mer fait référence aux relations que vous entretenez avec les autres, tant votre famille et vos amis que vos collègues de travail. Comment vivez-vous vos relations ? Les subissez-vous plutôt que de les vivre ? En fait, vous ressemblez à une éponge et vous absorbez facilement les énergies négatives qui circulent autour de vous. Apprenez à vous protéger et à vous imperméabiliser. Une façon d'y parvenir consiste à poser votre main droite sur votre plexus sacré – qui se situe juste au-dessus de votre nombril –, lorsque vous vous trouvez en présence d'un dévoreur d'énergie. Profitez-en également pour repousser les idées noires des autres. Vous n'êtes absolument pas responsable de leurs malheurs. Votre qualité de vie s'en verra nettement améliorée.

- **Grosses vagues**

Les changements qui bouleversent votre vie personnelle et sociale vous effraient-ils ? Comment vous sentez-vous au contact des autres ? Vos attentes sont-elles trop élevées ? Craignez-vous d'aimer ou d'être aimé ? Les grosses vagues de votre rêve constituent une belle métaphore pour exprimer la quête d'amour. Elles indiquent que le Grand Destin est à l'œuvre et vous promet d'importants changements. Vous ne souhaitez pas vraiment traverser les changements qui vous attendent, mais vous comprendrez plus tard qu'ils étaient essentiels à votre évolution. Ils se mettront en place pour votre bien. Acceptez ce qui est.

- **Tempête qui se lève sur la mer**

Vous faites face à un risque évident d'épuisement professionnel ou d'agitation nerveuse excessive. Calmez vos pensées en vous demandant ce qu'il vous faut pour réussir dans la vie. Ça gronde un peu actuellement dans votre univers personnel, professionnel ou familial. Et dans l'œil de la tempête, on vous inflige une injustice que vous aurez à surmonter ou on vous soumet à une épreuve de force. De fait, on vous secouera les puces afin de vous en débarrasser. Sachez que cela vous conduira à une grande libération. Après la pluie vient le beau temps. Vous comprendrez sous peu que pour recevoir le meilleur de la vie, vous devrez vous tenir en équilibre sur le fil du destin, suspendu dans le vide, même si c'est peu rassurant. Le principe du lâcher-prise ne s'apparente aucunement à l'idée de laisser aller les choses à la dérive et de renoncer à son libre-arbitre. Lâcher prise signifie avant tout qu'il faut cesser de s'entêter et accepter l'inévitable.

- **Mer qui vous berce**

Un nouvel état de conscience s'éveille en vous. Préparez-vous à recevoir un ou plusieurs enseignements aussi profonds que transformateurs. Êtes-vous en manque d'amour ou d'affection ? La mer qui se fait berceuse est là pour vous materner. Peut-être souhaiteriez-vous que quelqu'un prenne soin de vous. Ne craignez rien, cela viendra. Des changements incroyables s'amorcent ; vous n'avez qu'à les cueillir comme des fleurs des champs. Une mer calme annonce que vous recevrez des nouvelles ou des gains imprévus qui vous enchanteront. Ce symbole fait aussi référence à l'appartenance à un clan, à une famille, à un lieu de travail ou autre. En ce sens, de nouveaux alliés pourraient vous venir en aide dans une situation critique.

- **Lac**

Voici le repos bien mérité du guerrier. Si votre rêve présentait un **lac aux eaux calmes**, votre heure de gloire est arrivée ; une porte s'ouvrira bientôt pour vous. S'il comportait un **lac aux eaux froides**, tout indique que vous avez de la difficulté à refaire le plein d'énergie. Connaissez-vous le vrai sens de l'expression « se reposer » ? Le lac vu en rêve sous-entend que votre émotivité est à fleur de peau. Votre sensibilité et votre sensualité vous mettent aussi en état d'explorer diverses émotions. Des **oiseaux sur un lac** signifient que votre sexualité est épanouie. Une **brume s'élevant tranquillement sur un lac** représente votre incapacité à vous sentir bien dans votre sexualité. Un **lac aux eaux tourmentées** annonce que vous devez apprendre à mieux canaliser votre énergie sexuelle. Il peut aussi s'agir d'un pouvoir sexuel mal exercé, de problèmes orgasmiques ou d'impuissance sexuelle. Un sexologue pourra atténuer vos inquiétudes.

- **Rivières, chutes, torrents et fleuves**

Toute eau qui coule représente symboliquement la circulation sanguine, qui est source de vie. En ce sens, et à un niveau plus psychique, l'intelligence coule en vous.

L'eau exprime également la créativité dont s'inspirent les artistes, les inventeurs, les gens d'affaires, les écrivains et autres créateurs. À quoi vous heurtez-vous lorsque vous faites acte de créativité personnelle ? Vous perdez-vous dans un dédale de complexités intellectuelles, dans des questionnements sans fin ou dans le désir d'épater la galerie ? Coupez-vous les cheveux en quatre ou véhiculez-vous des idées trop rigides et anciennes ? Avancez-vous à contre-courant ? Voici l'occasion de vous abandonner au plaisir intemporel de créer. Essayez aussi de changer la vision que vous avez de vos projets. Si vous rêvez à de l'**eau qui coule**, c'est que vous devez rechercher la facilité en toute chose. Ainsi, si une situation vous apparaît confuse et inextricable, opposez-lui une solution efficace qui coule de source. Une aide financière vous permettra de vaincre les obstacles matériels.

- **Eau qui engloutit la Terre**

Ce rêve annonce que vous devrez affronter une crise d'ordre moral ou sexuel. Peut-être constatez-vous que ce qui s'exprime dans votre couple provient davantage du sexe que de l'amour. Vous sentez-vous aimé uniquement parce que l'autre éprouve une attirance physique pour vous ? En fait, tout débordement signale quelque chose de malsain dans la situation et il faut y remédier. Évitez les drogues et la médication à outrance. Si vous n'existez qu'à travers le regard des autres, il serait peut-être temps de chercher à vous en sortir. Ainsi, vous éviterez de subir des formes d'abus dans votre vie sexuelle et amoureuse.

Réflexion

L'eau qui se manifeste dans un rêve fait en sorte que le destin vous tient en grande estime. Une occasion ne va pas tarder à se présenter. Soyez prêt à liquider vos peurs et à vous exprimer de façon claire et sans agressivité. En fait, l'eau se veut l'équivalent d'un miroir à travers lequel vous pouvez tout voir. La formule « Miroir, oh miroir, montre-moi la partie de moi que j'aurais avantage à regarder » devient ici l'incantation qui pourrait vous aider à vous transformer. Cessez de vous mettre de la pression. Peut-être souffrez-vous du syndrome de la-performance-à-tout-prix...

LA TERRE

La puissance des racines

La terre indique qu'il faut aller jusqu'à la racine des situations conflictuelles et des oppositions qui se présentent dans notre vie. Elle symbolise également les luttes de la conscience et les questionnements difficiles qui en résultent. Votre tête est à l'image de la terre. Vous devez la « faire tourner » sur elle-même pour la rendre fertile en pensées ; il faut l'ensemencer de connaissances afin qu'elle donne de généreuses récoltes intellectuelles. Retenez bien ceci : votre intellect atteindra bientôt un niveau d'évolution que vous ne pouvez même pas concevoir. Vous apprendrez à penser de façon juste et dans une réalité jusque-là insoupçonnée.

Vous voici devant le symbole de la force, de la valeur guerrière et de l'adversité contenues dans tous les destins. Vous ne pouvez plus laisser traîner les choses. Une trop grande lascivité intellectuelle et physique vous conduirait dans une espèce de cul-de-sac.

L'élément terre représente la vie, le quotidien et le potentiel à développer pour produire, créer, semer, faire grandir et récolter. Ce qui vous est demandé, ici, c'est de vous adapter aux différents cycles de la vie et de trouver un équilibre entre les moments d'abondance et ceux de disette. Il est essentiel que vous utilisiez l'adversité comme un moyen d'émancipation personnelle plutôt que de la voir comme un mauvais sort qui s'acharne sur vous. Vos prochains succès résulteront de votre capacité à imiter le roseau qui plie sous les bourrasques de vent plutôt que d'être rompu par les forces du destin. À certains moments, il faut tenir tête ; à d'autres, il faut savoir faire preuve de souplesse. Le principe du lâcher-prise n'est pas synonyme de tout laisser aller à la dérive sans réagir. Il s'agit simplement de ne pas s'entêter et d'éviter de s'acharner dans certaines situations sans issue. Il n'est pas toujours bon d'agir et de faire bouger les choses ; parfois, il vaut mieux se retirer et prendre du recul. Quel apprentissage !

Sens artistique et spiritualité

La terre et la nature vous appellent. Afin que votre inspiration revienne en force, allez y puiser votre ressourcement. Vous entrez dans une phase marquée par l'abondance et la chance, moment idéal pour insuffler un nouvel élan à votre carrière artistique. Osez la réinventer sur des bases nouvelles. Du coup, vous améliorerez grandement votre situation financière et matérielle. Si le déroulement d'un projet vous cause des problèmes ou si vos idées ne sont pas reconnues à la valeur de votre talent, sachez vous montrer patient. Toutes ces difficultés auront disparu sous peu et on vous reconnaîtra comme il se doit. Mais si vous voulez percer avec fierté, ne vous engagez pas sur la voie la plus facile. Choisissez celle qui exige discipline, rigueur et effort continu. N'oubliez pas la sagesse de n'entreprendre qu'une seule chose à la fois.

Le meilleur chemin spirituel à suivre ? Ensemencez d'amour votre terre intérieure. Quand on apprend à s'aimer, on peut alors se relier aux autres avec tendresse et générosité, sans rien forcer.

Carrière et argent

Vous mettrez vos connaissances et vos aptitudes d'un naturel humaniste au service de la communauté. Si vous êtes une femme ou un homme de loi, vous ferez preuve d'équité et de courage. Cette attitude vous vaudra de gravir de nouveaux échelons dans votre vie professionnelle ; votre statut social s'en trouvera rehaussé.

Vous gagneriez à vous montrer autonome et débrouillard dans votre milieu de travail. Vous en tirerez des bénéfices financiers. Osez, sans préméditation, vous laisser guider par votre seul instinct. Votre inspiration impressionnera favorablement. Présentez sans plus attendre vos projets aux personnes qui vous ont été recommandées. Vous devez vous prendre en main, foncer et revendiquer le devant de la scène.

Votre carrière est rendue à un point où il vous faut la cultiver, l'oxygéner et la « retourner » pour la dynamiser de nouveau. L'équipe qui vous entoure doit travailler dans le même sens et contribuer aux efforts que vous entreprendrez. Le succès viendra. Mais pour l'obtenir, vous devrez y mettre volonté et persévérance.

Des voyages et des déplacements multiples sont à prévoir pour régler certaines questions d'argent ou encore pour la signature de contrats importants. D'ailleurs, si vous agissez à titre de conseiller en placements, d'agent immobilier, de représentant, d'entrepreneur, d'homme d'affaires ou de toute autre profession rattachée au monde de la communication, vous remporterez prochainement un succès professionnel non négligeable auprès de votre clientèle. Vous pourriez même décrocher un prix d'excellence pour la qualité et la reconnaissance de votre travail. N'hésitez pas à vous inscrire à un concours, vous pourriez vous y illustrer en remportant le premier prix !

L'oracle vous prédit l'abondance. La chance vous sera donnée de revitaliser votre carrière et votre portefeuille. Laissez votre audace vous paver la route. Si vous subissez une certaine opposition en ce moment, rassurez-vous ; le vent tournera sous peu en votre faveur. En attendant, ne craignez pas d'améliorer votre façon de penser, de gérer et d'accomplir vos tâches.

Un de vos projets vous rend-il soucieux actuellement ? Vos idées reçoivent-elles l'accueil qu'elles mériteraient ? Tout s'arrangera. Entre-temps, ne vous abandonnez pas aux solutions les plus faciles. Continuez de prôner de hautes valeurs de discipline, de rigueur, de savoir-faire et de dignité. Votre persévérance paiera.

Amour et amitié

Vous pourriez recevoir une demande en mariage dans un avenir rapproché. Laissez parler votre cœur ; il a droit de parole, lui aussi. Si vous vous égarez dans le doute et les hésitations, vous n'êtes peut-être tout simplement pas prêt à plonger dans un engagement aussi formel.

Les célibataires peuvent espérer une rencontre qui fera chavirer leur cœur dans le bon sens. Laissez-vous aller. Et ne jugez pas l'autre sur les apparences, souvent trompeuses. Apprenez à connaître votre partenaire avant de pousser la relation plus loin.

La terre étant un capteur d'énergies, vous ne devez pas permettre que n'importe qui ou n'importe quoi vous envahisse. Assoyez votre autorité en apprenant à dire non, même si cela doit froisser quelques susceptibilités au passage. Se pourrait-il, justement, que certains amis de votre cercle polluent votre existence ? S'ils dévalisent votre temps, votre grand cœur et votre générosité, c'est qu'ils ne vous respectent pas vraiment. Reconsidérez les amitiés qui grugent votre énergie, sinon votre santé s'en ressentira et vous manifesterez des signes de nervosité excessive pouvant provoquer des crises de larmes et des changements d'humeur subits.

Famille

Vous devez renoncer à cette habitude de vous sentir constamment interpellé par les besoins des autres. À trop vous préoccuper de tous et de chacun, vous vous oubliez littéralement. Tâchez de trouver un juste équilibre.

N'hésitez pas à signifier votre désaccord si on tente de vous imposer un rendez-vous familial qui ne vous convient pas. L'élément terre indique clairement que vous devez apprendre à reconnaître vos limites, à dire non et à vous faire respecter, quoi qu'il en coûte – aussi bien aux autres qu'à vous-même.

Santé

La terre est reliée à l'estomac et à la rate, deux organes qui révèlent des crispations en amour. Vous semblez éprouver de la difficulté à recevoir des marques d'appréciation, pourtant méritées, ainsi que des preuves d'amour. Allez-y, défaites les nœuds qui vous tendent, vos sentiments pourront alors s'exprimer plus aisément. Si votre énergie est à la baisse, essayez de vous ragaillardir à l'aide de séances de massothérapie ou d'ayurveda, médecine traditionnelle de l'Inde datant de plusieurs millénaires.

D'un point de vue concret, la terre vous encourage à prendre soin de votre corps et de votre santé. Voici le temps idéal pour entreprendre une diète, faire de l'exercice ou vous inscrire à des cours de danse. Sortez prendre de bonnes bolées d'air de temps en temps ; allez marcher, jouer, courir, vous délasser dehors. Comme la terre représente la tête, soyez particulièrement attentif à vos maux de tête et à tout problème de cheveux, de peau, de cou et de vision.

La terre, lieu de rencontre du temporel et de l'intemporel

La terre et le ciel incarnent deux forces extrêmes. On pourrait les comparer au corps et à l'esprit, forces attractives qui ont nécessairement besoin l'une de l'autre pour survivre. La terre illustre la densité, le concret et le temps, tandis que le ciel symbolise la subtilité, la volatilité et l'essence intemporelle de l'esprit. L'ancienne tradition prétend que la Terre fut fécondée par l'eau du ciel, et que l'Homme fut créé par l'esprit du ciel, soit le Saint-Esprit.

Sur le plan symbolique, la terre évoque la gamme des émotions qui nous habitent. Musiques parfois dissonantes ou à peines audibles, bien souvent réduites au silence, nos émotions sont profondes et sujettes aux mouvements de fond. On parle ici du langage du corps, de ce que vous ne dites pas et qui transparaît, en dépit de vos efforts. Avez-vous remarqué que votre gorge se serre quand vous avez quelque chose sur le cœur ? C'est comme si votre cou devenait une espèce de pont entre votre corps et votre tête, un point de rencontre entre l'émotion et le rationnel. Vous avez beau ravaler l'émotion afin de ne rien laisser paraître, elle vous reste coincée en travers de la gorge. Et cela ne peut que congestionner davantage votre désir d'expression. Pour quelle raison ? Principalement parce que le cou est le siège du chakra de la gorge, centre d'énergie intemporelle très puissant, et que l'émotion, de par son essence, est une énergie intemporelle non rationnelle. Autrement dit, votre cœur pompe du temporel, le sang, tandis que votre chakra du cœur se charge de l'aspect intemporel, par exemple l'amour que vous éprouvez pour une autre personne. Vous ne parvenez pas à l'exprimer, vous en souffrez, vous ravalez votre peine et cela bloque votre énergie intérieure au point de vous empêcher de respirer. Le corps réagit très fortement à toute forme d'émotion ; malgré son aspect intemporel, l'émotion est effectivement très physique. Il est donc fondamental que vous trouviez un moyen d'exprimer vos émotions. La polarité des émotions et celle du rationnel vous sont essentielles pour bien explorer l'être que vous êtes et permettre l'émancipation de votre personnalité.

L'analyse des rêves par l'élément terre

- **Être enterré**

Vous faites face à un blocage. Qu'est-ce qui vous empêche d'avancer ? Quelles responsabilités pèsent trop lourd sur vos épaules ? Tout indique que vous sortirez bientôt de ce labyrinthe de tracas ; mais avant de pouvoir en ouvrir la porte, il vous faudra comprendre pourquoi celle-ci vous résistait. Être enterré illustre une situation difficile. Mais, comme le soutient la vieille tradition, les mauvais rêves surpassent les bons en richesse, car ils véhiculent de précieux enseignements sur le plan de la conscience. Vous devez faire preuve de vigilance et éviter toute situation où vous risquez d'étouffer. Sachez opposer un refus poli mais ferme à certaines offres qui ne vous conviennent pas. Ne vous laissez plus enterrer sous un lourd fardeau de responsabilités. Et, de grâce, apprenez à déléguer ! Il ne donne rien de vous entêter à vouloir tout accomplir par vous-même. Peut-être percevrez-vous d'abord cette nouvelle manière d'agir comme une forme de mort psychologique. Mais elle sera tellement régénératrice que vous ne souhaiterez plus revenir en arrière.

- **Avalanche de terre et de roches**

Sortez vos antennes et soyez sur vos gardes. On cherche peut-être à mettre davantage de pression sur vous et à vous culpabiliser dans une situation particulière. Vérifiez vos placements financiers et ne prêtez aucune somme d'argent à âme qui vive. Ne laissez aucun beau parleur vous faire miroiter mer et monde, surtout si vous doutez de son honnêteté. Fiez-vous plutôt à votre grande intuition. Vous avez tous les éléments en main pour départager le vrai du faux. Il est possible qu'une personne de votre entourage – familial, amical ou professionnel – tente de vous engloutir sur le plan émotionnel avec ses histoires qui n'en finissent plus et son déversement incessant de paroles. Brandissez votre petit bouclier mental, vous saurez ne pas être envahi.

- **Glaise et argile**

Ne laissez pas vos problèmes mener la charrette. Tentez plutôt d'agir sur eux et d'en tirer le meilleur parti. Grâce à la méditation, des solutions créatives et hors des sentiers battus surgiront peut-être. Soyez toutefois assuré que vous vaincrez vos difficultés. Si vous êtes malade, un remède viendra à vous. Le diagnostic posé vous laisse perplexe ? Consultez une autre personne compétente. L'image de la glaise souligne aussi l'importance de boire beaucoup d'eau. Cela permettra à votre corps d'être correctement hydraté et l'eau aura soin d'étancher, de manière plus symbolique, votre soif d'être touché, aimé et caressé. Bien sûr, cela ne remplacera jamais un partenaire amoureux, mais l'effet compensatoire vous permettra sûrement d'apaiser un grand besoin physique. Quand on entreprend une diète, pour quelle raison doit-on boire un grand verre d'eau avant chaque repas ? Pour calmer quelque peu nos appétences. L'eau, qui est source de vie, s'avère en effet un leurre très efficace. Gardez cette réflexion à l'esprit. La glaise rappelle une forme de désert intérieur. Traversez-le en privilégiant le toucher et en bénéficiant des soins d'un massothérapeute qui saura rétablir votre équilibre énergétique. Si votre rêve tourne autour de l'argile, vous aurez probablement à traiter certains problèmes de peau mineurs ; sinon, vous serez contraint de reprendre votre santé en main.

- **Glissement de terrain**

Tout glisse et s'effondre. Vous vivrez prochainement la fin d'un amour. Il n'était pas fait pour vous. Peut-être penserez-vous que les forces du destin se déchaînent contre vous. Au contraire, elles vous poussent vers quelque chose de supérieur. Il se peut également que ce que vous avez mis si longtemps à construire, une entreprise par exemple, menace de s'effondrer. Que faut-il faire ? Sauvez ce que vous pouvez, puis reconstruisez de nouveau, mais, cette fois, sur des bases moins mouvantes. Même si la situation semble inquiétante, voire critique, vous saurez traverser courageusement cette chape d'obscurité. Si vous persévérez, vous trouverez la sérénité, et votre démarche sera payante au sens propre comme au figuré. Votre rêve vous renvoie peut-être à une guérison survenue à la suite d'une délicate opération chirurgicale. Il pourrait s'agir d'une chirurgie esthétique. Le succès est ici assuré.

- **Terre qui s'étend au loin ou être seul sur une île**

Étrangement, ce rêve est blanc ou noir. Ces jours-ci, vous vous trouvez dans un état d'abondance hors du commun, marqué par des délices culinaires et d'agréables soirées entre amis. Ou encore, il se peut que vous choisissiez la solitude, sans aucune forme d'exubérance, privilégiant la paix et le recul. Votre rêve évoque également la possibilité d'acquérir un petit lopin de terre que vous cherchez depuis longtemps. L'existence de ce coin de pays vous sera révélée par l'entremise d'une connaissance ou alors par un étonnant tour du destin. Si vous éprouvez des difficultés financières en ce moment, vous devriez recevoir, sous forme de prêt, une somme d'argent d'un de vos proches. Un héritage est aussi envisageable. La chance pure vous donne rendez-vous ! Il n'appartient qu'à vous d'en profiter au maximum. N'hésitez pas à participer à toutes sortes de concours. Vous pourriez avoir beaucoup de veine.

- **Chemin de terre**

Vous pouvez continuer d'avancer sur le chemin choisi sans craindre le pire. En fait, même si vous en doutez parfois, vous avez effectué tous les choix propices à votre bien-être, à votre bonheur. Allez de l'avant, là où vous attendent défis et inconnu. Vous avez raison de vouloir vous éloigner de l'influence souvent trop restrictive des autres. Si, dans votre rêve, **vous déambuliez sereinement sur un chemin**, ne vous tracassez plus pour votre avenir, au demeurant fort prometteur ; votre voie est déjà toute tracée. Les solutions à vos problèmes se trouvent toutes là, juste à votre portée. Qui donc vous accompagnait durant votre randonnée ? Cette personne possède peut-être la solution ou **est** la solution à vos problèmes. Si **vous marchiez seul sur un chemin de terre, complètement désorienté**, arrêtez-vous un instant pour repenser votre cheminement personnel ou professionnel. Ne paniquez surtout pas ; vos peurs pourraient faire écran à ce que vous devez justement voir. Consultez le chemin sacré 1 pour en apprendre davantage et contourner les pépins. Si **vous étiez plusieurs à marcher sur un chemin de terre**, lisez le chemin sacré qui s'applique à votre nombre. Vous étiez trois ? Référez-vous au chemin 3. Vous étiez huit ? Le chemin 8 vous livrera la signification exacte. Votre aptitude à évaluer le rythme de votre marche est un autre facteur révélateur. Adoptiez-vous la même cadence que les autres ? Dans ce cas, vous obtiendrez de bons résultats. Étiez-vous freiné dans vos pas ? Cet état de choses vous rendra impatient et des conflits pourraient poindre à l'horizon. Il serait ici indiqué d'apprendre à marcher à la même vitesse que le reste du groupe.

- **Amas de terre**

Si vous devez le contourner ou l'enjamber afin de poursuivre votre route, vous aurez prochainement à faire face à vos dépendances affectives dans le but de les régler. La terre est la mère nourricière. Il vous faut donc affronter les nœuds de tension qui ponctuent vos relations avec votre mère ou votre père. Les petites bêtes noires, passées et présentes, doivent être identifiées pour vous assurer un futur meilleur. C'est le temps idéal pour vous adonner à un grand ménage émotionnel. Apprenez à résoudre vos difficultés au fur et à mesure plutôt que de les accumuler. Que refusez-vous donc d'affronter ? Tenez-vous les autres pour responsables de tous vos malheurs ? Ne fuyez plus. Si vos problèmes vous apparaissent aussi gigantesques qu'une montgolfière, cherchez de l'aide auprès d'une personne compétente. Vous vous rendrez ainsi un service énorme. Cessez de croire que la vie s'acharne à vous démolir.

- **Terre aride ou sèche**

Dans la situation présente, ne semez pas vos idées aux quatre vents et ne les confiez pas aux mauvaises personnes. Sous vos humeurs arides et sèches se cache un profond besoin d'amour et de reconnaissance. Vous désirez vous faire valoir à tout prix, et cette impatience s'appuie sur des motifs destructeurs. Calmez vos attentes et réfrénez votre ego à l'aide d'exercices respiratoires. Vous pouvez aussi dessiner des *mandalas* (mot sanskrit signifiant « cercle »), sorte de représentations symboliques tibétaines qui permettent d'apaiser l'effervescence mentale, ou vous exprimer dans une activité artistique qui vous attire. Cela vous permettra de prendre du recul.

- **Oasis**

Vous arrivez à un point de ressourcement. Revoyez en profondeur toutes vos motivations afin de renouer avec la passion. Vous êtes-vous perdu de vue ces derniers temps ? En cours de route, avez-vous négligé d'accomplir les choses avec plaisir et amour ? Votre rêve annonce que vous retrouverez bientôt votre passion de vivre. Peut-être parviendrez-vous à étancher votre soif intérieure. Nouvelles connaissances, nouvel emploi ou nouvel amour, vous trouverez assurément l'objet de votre quête.

- **Marcher dans le désert sous une chaleur torride**

Ce rêve vous aiguille vers certaines questions fondamentales : Quelles sont les intentions réelles qui motivent vos actions ? Quelles sont vos attentes véritables face à la vie ? Quels moyens avez-vous mis en œuvre pour atteindre vos buts ? Vous êtes sur le point de lever le voile sur quelques-unes de vos vérités. Ayez confiance, ce rêve est très favorable. Si **vous avanciez sans voir le bout de votre route**, reprenez-vous vite en main. Et accrochez-vous à l'idée que la vie mettra sous peu un terme à vos ennuis et difficultés. Mais pour que le fil reliant vos problèmes soit coupé, cessez de marcher dans la souffrance ; vous ne feriez que vous perdre davantage dans le désert. Interrompez plutôt vos activités et prenez un temps de réflexion.

- **Abandonné dans un endroit désertique**

Il semble qu'inconsciemment, vous vous sentiez victime d'une injustice. Peut-être vous sentez-vous seul, isolé ou laissé à vous-même. Acceptez ce que vous ne pouvez changer et empressez-vous de passer à autre chose. Vous pourrez ainsi vous consacrer tout entier à une nouvelle réalisation dans votre vie personnelle. Le rêve est clair : le meilleur vous attend. Ne vous laissez pas abattre par les épreuves et entreprenez certaines démarches. C'est maintenant qu'il faut foncer. Tomber est humain, se relever est divin.

Réflexion

La terre exige que vous enclenchiez une profonde réflexion. Votre nourriture intellectuelle, physique, affective et spirituelle sert-elle votre besoin d'émancipation ? Vous devez vous pencher sur la façon dont vous nourrissez votre corps, l'aspect temporel, ainsi que votre esprit, l'aspect intemporel. Autrement dit, vous devez revoir votre manière d'envisager les choses, les gens, les idées et les projets qui habitent votre vie actuellement. Plus votre nourriture – intellectuelle, physique, affective et spirituelle – sera équilibrée, meilleurs seront votre énergie et vos échanges avec les autres.

LE MÉTAL

L'écoute du cœur

Le métal évoque la vibration et la résonance. Voilà pourquoi, dans l'ancienne tradition, on le compare souvent à la musique. Certains instruments de musique ne sont-ils pas conçus à partir du cuivre, métal qui représente la planète Vénus, donc l'incarnation de l'amour de la création ? Dans l'astrologie chinoise, Lin-Len établit, en 2697 avant notre ère, l'octave en douze demi-tons, soit en douze *lius*. Ces douze *lius* furent ensuite divisés en *liu yang* et *liu yin*, lesquels correspondent aux douze mois de l'année et à douze états psychiques distincts. N'est-ce pas la confirmation que la musique trouve écho en nous ? Elle fait vibrer les cordes de notre sensibilité intérieure, comme si notre corps devenait l'instrument. N'en doutez pas, la musique fait résonner des niveaux de conscience plus profonds que ceux que nous percevons normalement. Par symbolisme, le métal est donc lié à notre ouïe, à notre capacité d'écoute, de même qu'à notre désir d'être entendu et écouté par les autres.

L'élément métal vous renvoie à certaines questions fondamentales : Êtes-vous à l'écoute de vos aspirations profondes ? Avez-vous accumulé certaines frustrations en raison du manque d'écoute des autres à votre endroit ? Est-ce que vous prenez le temps de bien écouter ceux qui vous entourent ?

Une fois fondu, le métal devient liquide. Cela suggère que les sentiments puissants qui vous animaient ces derniers temps subissent une transformation radicale. Si vous vivez une situation difficile ou aliénante en amour, vous ressentirez un grand soulagement en voyant des solutions apparaître. Si les nœuds de tension perdurent, cherchez la source du problème qui empoisonne actuellement votre qualité de vie. Quelles que soient les résistances que vous rencontrez, vous n'abandonnerez pas la situation, aussi critique soit-elle, sans avoir été jusqu'au bout du tunnel. En fait, vous souhaitez sincèrement passer à autre chose, mais auparavant, vous voulez investiguer à fond la question pour pouvoir réfléchir avec tous les éléments en main. Le rêve vous suggère d'apprendre l'art du compromis et de ne pas insister avec trop d'ardeur afin que tout se déroule selon vos désirs.

Comme les réponses à vos problèmes sont toutes profondément enfouies en vous, il pourrait être intéressant que vous les débusquiez grâce à l'écriture automatique. Votre inconscient aurait alors droit de parole. Réfléchissez à vos préoccupations, puis laissez couler sur une feuille blanche les idées qu'elles suscitent spontanément. Des techniques de découpage et de montage visuel s'avéreraient également un bon condensateur d'émotions.

Sens artistique et spiritualité

Parce que vous ressemblez à un arbre plein de fruits, une nouvelle offre professionnelle pourrait réorienter votre carrière artistique. L'occasion est en or ; saisissez-la sans hésiter. Ainsi, vous réaliserez vos espoirs les plus secrets et récolterez nombre de projets payants. Votre créativité, à la fois forte et sensuelle, sera dans une forme splendide. Ici se confondent, dans un même élan harmonisé, extraversion et introversion. Vous deviendrez ce forgeron capable de façonner une idée entre le marteau et l'enclume.

Peut-être des souvenirs viendront-ils troubler votre tranquillité d'esprit. Ne serait-ce pas la voix de la culpabilité qui revient à la charge ? Faites-la taire et débarrassez rapidement votre esprit de toute pensée négative et polluante. Pour changer d'air, le taï chi, la danse, le yoga et tous les types d'exercices respiratoires sont à envisager. N'oubliez pas de faire appel au pouvoir de la musique comme moyen thérapeutique intérieur. C'est à vous de jouer...

Carrière et argent

De deux choses l'une : ou l'entêtement et l'acharnement des autres vous horripilent royalement ; ou vous souffrez du syndrome du « j'ai raison » et votre tout premier symptôme s'exprime par une forte inclination pour l'obstination. Argumentez-vous bec et ongles pour une virgule ? Soulevez-vous une tempête pour un tréma ? Vos relations professionnelles risquent de s'en trouver envenimées. Ces mauvais moments passeront à la vitesse de l'éclair si vous savez résister à votre désir de tout régenter. Tout rentrera dans l'ordre. Cependant, vous ne devez plus vous égarer dans de tels extrêmes. Il se peut que, prochainement, des collègues de travail se montrent peu compatissants à l'égard de l'ampleur de votre tâche. Peut-être même vous fait-on la vie dure et en avez-vous des montées de sang au cerveau ! Ne vous laissez pas abattre par les comportements mesquins des autres.

Tout indique que votre qualité de chef sera bientôt remise en cause. Ne vous torturez donc pas avec cela. Même si votre équipe vous ignore ou vous tourne actuellement le dos, ça ne durera pas. Un événement fortuit renversera bientôt la vapeur en votre faveur et ramènera l'unité au sein du groupe. Si on refuse de reconnaître votre valeur, essayez de trouver les raisons qui motivent cette attitude en mettant sur papier les idées qui jaillissent d'elles-mêmes. L'éclaircissement ne devrait pas tarder.

En raison de vos grandes qualités de *leadership*, vous devriez recevoir sous peu une offre professionnelle qui pourrait propulser votre carrière dans une nouvelle voie. Acceptez-la, c'est la concrétisation d'un de vos rêves inavoués. L'adaptation à vos nouvelles fonctions devrait se faire en un clin d'œil. Le seul conseil à suivre : concentrez toute votre attention sur vos employés. Ce qu'ils ont à raconter vous permettra d'y voir plus clair.

Des rentrées d'argent sont à prévoir. Vous pourrez donc vous débarrasser de vos vieilles choses et en acheter des neuves. Là encore, ne versez pas dans les excès ; utilisez plutôt vos talents de gestionnaire afin de faire fructifier vos avoirs.

Si vous évoluez dans une profession touchant la thérapie de l'âme ou de l'esprit, vous vous intéresserez à l'aspect énergétique de l'être humain. Vous aurez dès lors une compréhension naturelle des peurs et de la tristesse des gens. Il pourrait même être question que vous développiez de nouvelles thérapies par le biais de la musique. Si vous travaillez au sein d'un organisme humanitaire à titre de formateur, de scientifique ou de spécialiste, vous parviendrez à vous libérer de contraintes qui pesaient lourd sur vos épaules. Enfin, les tensions psychologiques ou matérielles concernant le travail s'atténueront.

Si vous faites carrière dans les fonderies, dans le domaine de l'extraction du métal, dans l'industrie pétrolière ou minière, vous connaîtrez des changements importants dans les prochains mois. Votre entreprise voudra peut-être redorer son blason ou votre employeur fera l'acquisition d'équipement lourd qui vous obligera à suivre une formation spécialisée.

Afin d'éloigner le stress, l'élément métal suggère que vous écoutiez de la musique. Après tout, les instruments de musique ne sont-ils pas réalisés, pour la plupart, à partir du métal ? En vous offrant cette détente, vous viderez votre esprit et ferez le plein de bien-être. De façon symbolique, le métal évoque les serrures et les clés. Des portes s'ouvriront pour vous et votre situation professionnelle cheminera sur une pente ascendante. Il n'en tient qu'à vous de démontrer votre valeur, de persévérer et de mériter la confiance qu'on place en vous. Vos efforts déboucheront sur d'heureux résultats.

Amour et amitié

Le métal incarne la raison dans toute sa pureté et sa simplicité. Dans vos amours comme dans vos amitiés, posez-vous la question suivante : Pourquoi devez-vous avoir constamment raison ? Cette attitude rigide ne vous aidera pas à faire fondre le cœur des autres. Il se peut également que ce soit vous qui subissiez le raisonnement rigoureux de votre partenaire. C'est tout aussi ennuyeux, car votre réaction consistera peut-être à modifier votre comportement avec lui. Le mieux que vous ayez à faire, c'est de continuer à vous affirmer. Et laissez passer le temps. Vous verrez ce qui en découlera.

Sur le plan sexuel, le métal trace une ligne directe avec l'énergie et la libido. Le métal étant chaud ou froid, il est ici question de vos désirs sexuels, satisfaits ou non. S'il y a certains malaises ou parasites dans votre couple, des conflits pourraient survenir. Soyez attentif à ce qui se passe et tentez de vous libérer des servitudes ou dépendances sexuelles qui pourraient s'être installées. Si vous attendez encore, le problème risque de s'aggraver. N'hésitez pas à consulter un sexologue si vous en sentez le besoin.

En amitié, un comportement obstiné ou dictatorial pourrait engendrer de l'éloignement. Pour remédier à cela, posez-vous donc cette question : Si vous êtes convaincu de posséder **la** raison, les autres ont quoi ? Ils ont tort ? Toujours ? Personne n'est parfait. Peut-être est-ce vous qui subissez les crises d'ego d'un ami. Cela vous obligera à questionner le bien-fondé de votre relation avec lui. Tenez bon et faites-vous confiance.

Famille

Le métal peut devenir une lime coupante, un couteau à double tranchant. Dans ce contexte, rassemblez tous vos trésors de savoir-faire et de diplomatie pour entretenir de bonnes relations avec les membres de votre famille. Ces derniers temps, ils sont à prendre avec des pincettes ! Soignez donc vos propos afin de ne blesser personne et avancez sur la pointe des pieds si vous devez donner des conseils, surtout à une personne âgée. Sinon, on pourrait vous reprocher de vouloir imposer votre façon de voir les choses.

Santé

Le métal est relié aux poumons et au gros intestin. Peut-être est-il temps que vous cessiez de fumer. Qu'en pensez-vous ? Si les diables de la culpabilité et du remords giguent dans votre esprit, délivrez-vous-en. Ils ne vous aideront en rien. Honorez plutôt vos imperfections en admettant qu'elles sont le simple fait de la complexion humaine. En réalité, vos blessures d'amour-propre constitueront toujours vos plus belles leçons de vie, même si elles s'accompagnent parfois d'inflammations de la peau. N'oubliez pas de considérer la musique comme l'un de vos plus précieux remèdes.

Le métal, alliage de serrures et de clés

Symboliquement parlant, le métal incarne la serrure et la clé, l'une n'allant pas sans l'autre. Cela signifie que tout problème trouve sa solution. Si vous faites face à une situation difficile, vous devez fournir les efforts nécessaires pour atteindre les résultats voulus. Vous devez trouver le blocage, c'est-à-dire la serrure qui refuse de s'ouvrir. Le métal se montre clair sur un point : pour « déverrouiller » un problème, il vous faut faire la démonstration de votre valeur, persévérer et mériter la confiance qu'on place en vous. Voilà la véritable clé.

Le métal, force du calme

Diminuer le stress mental, voilà une mission ô combien difficile. L'élément métal suggère que vous écoutiez des mélodies inspirantes. Après tout, les instruments de musique ne sont-ils pas réalisés, pour la plupart, à partir du métal ? En vous détendant ainsi, vous viderez votre esprit de tout tracas et ferez le plein de bien-être.

L'analyse des rêves par l'élément métal

• Aimants

Voici le magnétisme à l'état pur et le principe des forces d'attraction. Vous pourriez vivre une attirance physique hors de l'ordinaire sans y être préparé. C'est la séduction plus forte que la volonté. Gardez-vous de vous laisser entraîner dans une relation de dépendance sexuelle. Les aimants indiquent aussi que vous afficherez un intérêt nouveau à l'égard d'une connaissance parapsychologique. Cela pourrait résulter en une vague de bienfaits. Analysez votre rêve soigneusement. Selon le contexte et les émotions vécues, vous pourrez trouver l'exacte formule d'interprétation. Peut-être les aimants vous laissent-ils entendre que vous serez rejeté par une personne puis attiré par une autre. Bientôt, une difficulté relationnelle devrait tourner à votre avantage si la personne souhaitée est libre de toute attache.

• Épées, couteaux, sabres et armes blanches

Des coupures nettes devront être effectuées en amour ou en amitié. Quelle que soit la situation, vous saurez vous défendre même dans les moments délicats que vous redoutez. Si l'on trahit votre confiance, ne sortez pas vos armes vengeresses. Dans un sens large, on vous conseille de surveiller vos arrières et de porter attention aux critiques des autres, clients et enfants confondus. Par ailleurs, il est possible que l'épée, le couteau et les objets contondants vous incitent symboliquement à mieux vous défendre. Il ne s'agit pas ici d'attaquer pour occire, mais de vous protéger. Comme le suggère l'ancienne tradition, savoir se défendre sans blesser ou anéantir relève du grand art ! Analysez bien votre rêve. Il contient peut-être les premiers jalons de votre apprentissage.

- **Organe tranché**

Si vous voyez quelqu'un prélever un de vos organes ou si vous arrachez un organe de votre corps ou du corps d'une autre personne, il est permis d'espérer la guérison prochaine d'un malaise physique ou psychologique. Même s'il semble assez horrifiant, ce rêve est porteur de joie.

- **Bijoux en or ou en métal et pierres précieuses**

Si vous rêvez à un bijou en or ou réalisé à partir de tout autre métal, qu'il s'agisse de nickel, d'argent, de cuivre, de bronze ou de fer, c'est le signe que votre conscience s'ouvre. Très bientôt, vous développerez une compréhension différente des choses. Si on vous offre un cadeau, recevez-le sans fausse modestie. Si **vous rêvez à un trésor** ou **à des pierres précieuses**, considérez ce rêve comme extrêmement bénéfique. Une découverte importante sera à l'origine d'un changement de vie majeur. Si vous apercevez le nombre de pierres sur le bijou, consultez le chemin sacré s'y rapportant.

- **Pierres précieuses en cadeau**

La situation est exceptionnellement bénéfique. Préparez-vous à recevoir des connaissances et des enseignements remarquables, hors de l'ordinaire. Dans les prochains jours, vous serez profondément inspiré, à tel point que vos idées seront jugées géniales. Si vous travaillez dans le domaine de la création, des réalisations importantes viendront à vous et des solutions intelligentes débloqueront un projet qui stagnait. Vous pouvez espérer le succès attendu dans vos affaires pécuniaires. Le destin fera aussi en sorte de vous accorder une bourse ou un prêt venant d'un bienfaiteur qui croit en vos talents. Vos idées seront aussi flamboyantes qu'applicables, ce qui témoigne d'un sort fortuné.

Réflexion

L'élément métal permet d'approfondir son sens de l'écoute. Il semble qu'en écoutant mieux, vous développerez une capacité de raisonnement remarquable. Vous finirez par bien honorer vos imperfections et par accepter celles des autres, car vous constaterez qu'elles participent, intrinsèquement, à l'émancipation de l'être humain.

Chapitre 7

LES FORCES SACRÉES DE LA NATURE

En l'homme, il y a toutes les puissances, rationnelles,
sensitives, végétatives, et elles agissent ensemble.
L'harmonie de l'univers explique l'astrologie, la magie et les sensations.
Tout est coordonné, tout conspire.
Être savant, c'est connaître une chose d'après une autre.

Plotin

Les saisons sont des tableaux de la nature qui ne peuvent être intervertis. Pourquoi l'hiver ne se glisserait-il pas avant l'automne et le printemps à la suite de l'été ? Certainement parce que l'écosystème vivrait une grave commotion et que la vie sur Terre irait à vau-l'eau. Ces propos illustrent l'existence d'une mécanique onirique, céleste, quantique, cinématique, relativiste, statique et rationnelle qui est aux commandes. Et grâce à cette régulation sans faille, la vie se perpétue.

En plus des six éléments déjà vus, le monde des rêves respecte le vent, la pluie, la neige et le sang, les quatre forces sacrées de la nature. Si ces dernières exercent autant de fascination sur nous, c'est parce qu'elles sont des indicateurs aussi incroyables que les menhirs. Vous connaissez certainement ces pierres mises en place plus de trois mille ans avant notre ère. Elles servaient à identifier les points de rencontre des forces énergétiques terrestres. Les forces sacrées de la nature agissent selon le même principe. Elles permettent à certains messages d'atteindre le carrefour de notre esprit par le biais du rêve. Véritables vecteurs d'information et de significations, elles disposent d'un réseau d'images infini pour nous faire comprendre certains aspects de notre réalité.

Ainsi, quand vous rêvez à la pluie, la symbolique ne gravite pas seulement autour de l'eau. Elle comporte un deuxième sens, souterrain celui-là, mais ô combien révélateur. La pluie évoque les humeurs, la nécessité de faire le ménage dans ses émotions. Si, par exemple, votre cœur porte le chagrin d'un amour blessé, la pluie perçue en rêve agira comme un baume et vous apportera un grand réconfort intérieur. Cette eau psychique nettoie les blessures d'amour, d'amour-propre, de vide, de sentiment d'impuissance. Dans ce sens, les oracles des forces sacrées exposent à la fois les problèmes à résoudre, leurs conséquences sur votre vie et les solutions pour cheminer.

Chacune des quatre forces sacrées possède ses forces vibratoires et, comme l'électricité, ses polarités positives et négatives. Elles sont des amplificateurs de messages.

LE VENT

La rose des vents

La rose des vents symbolise la roue qui, tantôt, tourne dans un sens positif, tantôt, dans un sens négatif. Il est essentiel que vous trouviez un sens à votre vie. Ainsi, vous pourrez en finir avec l'inconstance. La force sacrée du vent vous invite également à prendre conscience de vos extrêmes et de vos agitations intérieures. Ici aussi, il est possible de passer du positif au négatif en un temps record. De caressant et enjoué comme le printemps, vous pouvez vous transformer en typhon ou en tornade qui rase les maisons et déracine les arbres.

Le vent est parfois violence aveugle, agressions verbales et changements d'humeurs aussi soudains qu'incontrôlés. Vous auriez avantage à conserver votre calme en toutes circonstances. Vous en êtes capable. Lorsque vous vous sentez sur le point d'exploser, rappelez-vous de respirer profondément. La respiration est reliée au vent. Si vous pratiquez une bonne gymnastique respiratoire, vous vous assurez une bouée de sauvetage, une clé pour vous sortir de cet enfer intérieur. Vous pourrez aussi mieux maîtriser vos sautes d'humeur ou mieux vous prémunir contre celles des autres.

En ce moment, tout indique que vous ignorez comment maîtriser vos courants négatifs et de quelle façon user des courants positifs de votre force intérieure. Si vous

vous fermez comme une huître, c'est l'implosion assurée. Et si vous perdez carrément la maîtrise de vos émotions, c'est l'explosion atomique. Vous gagneriez beaucoup à apprivoiser vos sautes d'humeur au fur et à mesure. Respirez profondément et avec méthode. Connaissez-vous la différence entre la force de caractère et le besoin de tout gouverner ? Prenez le temps de bien réfléchir avant de répondre à cette question.

Ce vent qui a soufflé dans votre rêve contient la promesse d'un envol ou annonce l'arrivée d'un temps nouveau. Même si, présentement, votre vie personnelle a des allures de zone sinistrée, vous avez toutes les raisons de vous réjouir. Vous pourrez sous peu la reconstruire sur des bases neuves et solides. Mais avant d'en échafauder les plans, laissez sagement passer la tempête.

Il semble qu'une situation tortueuse vous désespère en ce moment. Soyez patient. Le destin vous enverra bientôt l'aide nécessaire pour vous en sortir. Toutes vos difficultés vont enfin se régler et vous pourrez passer à des choses plus palpitantes. En attendant, profitez-en pour nettoyer, rafraîchir et faire du ménage dans votre vie afin d'y voir plus clair.

Le vent se trouve partout dans notre univers terrestre. On pourrait le comparer à l'aspect caractériel de l'air. Le vent, c'est la force qui fait circuler l'air et qui peut aussi bien devenir ouragan ou typhon. Symboliquement, cela signifie que vous pouvez être victime de votre mauvais temps intérieur ou subir les intempéries du monde extérieur. Si des bourrasques font rage en vous, restez optimiste. Prenez conscience que vous n'êtes plus seul à lutter puisque, à partir d'aujourd'hui, l'oracle vous fournit une clé pour vous en sortir. En fait, vous êtes protégé par la puissance du vent d'une façon que vous ne soupçonnez pas.

Sens artistique et spiritualité

Votre pouvoir créatif sera guidé et parfaitement bien dirigé vers les buts à atteindre. Jamais vous n'aurez été en possession d'un aussi large éventail de moyens créatifs. Mais, prudence, il y a ici danger de montagnes russes : vous pourriez être emporté par un pic d'inspiration intense ou aspiré par un abîme dérangeant et frustrant. Vous aurez aussi le goût d'explorer un sujet jusqu'à l'obsession ; vous ne pourrez y échapper. Vos humeurs artistiques obéiront aux plus fortes oppositions : l'implosion et l'explosion, l'action et l'inaction, le haut contrarié par le bas, le plaisir de créer et la rage de devoir s'y plier, la foi en son talent et le doute qui déroute. Pourtant, quel talent inouï que le vôtre ! Votre inspiration est sans nul doute puissante, et la manifestation de votre talent dans le monde sera exceptionnelle. Osez frapper aux bonnes portes. Elles s'ouvriront d'elles-mêmes.

Quand on sent la présence du vent en rêve, on rejoint son propre pouvoir spirituel. Dans ce secteur aussi, on doit privilégier la modération. Vous découvrirez bientôt que les voix de l'intuition vous parlent à travers le souffle. Vous ressentirez les choses, les personnes et les événements à venir. En fait, on ne pourra rien vous cacher... Vous serez bien informé et vos intuitions seront prémonitoires. Si vous doutez de vous, faites confiance à la source d'amour qui habite votre cœur.

Carrière et argent

Votre forte personnalité vous donne des ailes. Comme vous êtes un organisateur habile, vous pourrez mettre à profit votre savoir-faire afin de diriger et d'organiser des plans de fusion complexes. Tout indique qu'un changement important de carrière se présentera sous peu. Si une offre d'emploi séduisante vous est faite, pesez bien le pour et le contre avant de signer un contrat. N'oubliez pas que tout ce qui brille n'est pas or. Mais si le poste satisfait à vos exigences professionnelles, sautez dans l'aventure sans crainte. Ce qui vous attend exigera beaucoup de vous mais vous exaltera.

La réussite en affaires vous sourira. Succès et argent y seront rattachés ; vous atteindrez un sommet vertigineux. Soyez tout de même à l'affût de la plus petite variation d'air. De cette manière, si le vent tourne dans une autre direction, vous saurez réagir promptement. Puisque le destin vous est favorable, il n'y a plus de raison d'hésiter ou d'attendre. Lancez-vous dans l'action, prenez des initiatives et élaborez une solide stratégie d'affaires. Les projets qui s'annoncent semblent réclamer une planification à long terme. Ne soyez pas étonné s'ils concernent la gestion, la politique et le droit international, de même que les lois votées à l'hôtel de ville ou en caucus parlementaire.

Le vent indique ici que vous devez apprendre à jouir de vos acquis. Profitez-en sans culpabilité et honorez-les. Sachez aussi reconnaître la chance qui est la vôtre d'avoir pu créer quelque chose, d'avoir été jusqu'au bout de ce que vous aviez entrepris ou d'avoir pu vous procurer certains biens matériels. Cela vous permettra de retrouver votre énergie d'antan. Toutefois, même si votre situation est privilégiée, ne vous aventurez pas à prêter de l'argent.

Au travail, vous aurez à faire preuve de magnanimité si vous désirez éviter toute saute d'humeur dans vos relations avec les employés, les associés et les patrons. L'aspect humain se révèle aussi imprévisible que la direction dans laquelle soufflera le vent ou la force avec laquelle il peut se lever. Des tempêtes difficiles à calmer pourraient en résulter. Cessez de vous promener d'un extrême à l'autre. Seule une saine compétition entre consœurs et confrères de travail pourra se révéler positive. Assurez-vous toutefois qu'aucun coup bas ne soit permis dans les règles du jeu. Si vous omettez de suivre ce conseil, vous risquez de perdre votre crédibilité professionnelle et personnelle.

Amour et amitié

Le vent se rapporte à l'amour, celui qui soulève, émeut, fait mal, rafraîchit, déracine, rend meilleur et transforme. Toute une gamme d'émotions vous envahira. Attendez-vous à subir une grande transformation amoureuse, ainsi qu'un changement de vie très bientôt. Êtes-vous prêt à accueillir ce que trame cette force de la nature ? Si vous savez bien doser la puissance et le degré de vos humeurs, les rouages ne manqueront pas d'huile et tout se déroulera à merveille. Par contre, si vous souhaitez dominer la relation, la diriger et la mettre à votre main, selon vos seuls critères et désirs personnels, vous ferez face à une grande frustration. Dans ce cas, un bon examen de conscience s'avère nécessaire.

Si l'amour est déjà là, méfiez-vous de cette soif d'exercer votre ascendant sur l'autre. Elle ne vous apportera que des déboires amoureux. Soyez attentif à vos humeurs changeantes et à vos intentions réelles. Ne promettez pas ceci quand vous pensez cela et ne vivez pas votre vie sur deux tableaux différents pour vous donner bonne conscience. Si vous tentez de ménager la chèvre et le chou, vous souffrirez beaucoup intérieurement. Trouvez-vous vite une échappatoire artistique ou une activité qui vous passionnera et vous distraira de votre mal d'être. Ressemblez-vous à cette girouette qui, perchée sur un toit, tourne dans tous les sens au gré du vent ? Dans l'affirmative, vous auriez tout intérêt à modifier votre approche amoureuse ou vos comportements. Si vous ne savez plus où vous en êtes, prenez un peu de recul au lieu de tout détruire sur un coup de tête.

En amitié, prenez garde à cette tendance souvent inconsciente que vous avez d'entretenir un esprit de compétition. Cela risque de produire des écorchures et de provoquer de petites attaques qui nuiraient aux échanges.

Famille

Est-il possible que vous désiriez exercer un ascendant sur les membres de votre famille ou que vous laissiez votre famille avoir trop d'ascendant sur vous ? Dans un scénario comme dans l'autre, d'importants problèmes relationnels sont à craindre. Il est temps de questionner votre besoin d'avoir constamment raison ou, encore, d'analyser pourquoi vous accordez autant de pouvoir aux autres. Dans votre exercice de remise en question, profitez-en pour ancrer ce fait dans votre esprit : les autres ne peuvent pas satisfaire toutes vos attentes. Vous avez cette faculté remarquable de sauter des barrières très hautes avec un naturel déconcertant. Mais ceux qui gravitent autour de vous ne possèdent peut-être pas cette agilité ou ce désir de performance. Honorez leur différence sans les juger trop durement. La compétition, sous toutes ses formes, peut se transformer en piège, car elle donne lieu à une série de coups bas qui compromettent parfois les meilleurs sentiments.

Santé

Vous vous trouvez dans une situation où vous devez mieux gérer vos humeurs afin de recouvrer votre calme et d'affiner votre caractère. Il est important de ne plus sauter d'un extrême à l'autre. Si vous subissez les emportements de certaines personnes et que vous en souffrez, vous devez également apprendre à réagir adéquatement afin de vous faire respecter. Sinon, vous commencerez à vous décourager, puis vous vous déprécierez et ensuite vous deviendrez mal en point intérieurement. Le vent suggère que vous pourriez être affecté par des problèmes respiratoires, des sinusites à répétition, la grippe, des extinctions de voix ou de la fatigue.

L'analyse des rêves par la force du vent

- **Sentir le vent, l'air ambiant et les odeurs**

Voilà la confirmation que vous attendiez : vous trouverez les justes solutions à vos problèmes. Mais, entre-temps, vous devrez effectuer un grand ménage dans votre vie, que vous le souhaitiez ou non. Ce rêve vous place devant un choix d'attitude. Si vous vous montrez trop rigide et trop sévère dans vos convictions personnelles, la vie vous fera plier en vous soumettant à des expériences toujours plus humiliantes. Par contre, si vous imitez le roseau, flexible et solide à la fois, vous conjurerez le sort. En courbant l'échine devant ce qui ne peut être changé, vous ne serez plus en révolte contre la vie.

- **Vent doux qui souffle**

Ce vent vous veut du bien. Vous l'attendiez ; c'est le vrai, le grand amour. Il représente aussi un courant de questionnements profonds qui vous portera et vous permettra d'identifier certaines façons de penser désuètes. Vous sentez-vous toujours comblé par votre relation amoureuse ? Quelles sont vos peurs concernant cet amour ou l'amour en général ? Vous posez-vous des questions quant aux sentiments réels qui habitent l'autre personne ? Y a-t-il de la place pour l'amour dans votre vie en ce moment ? Dans votre évolution spirituelle, réfléchissez-vous à l'amour inconditionnel et aux chemins qui y conduisent ? Après un tel rêve, vous ressentirez une grande force en vous et, quoi qu'il arrive, la confiance ne vous fera pas faux bond.

- **Vent qui se soulève**

Il semble y avoir beaucoup de dispersion dans votre vie. Vous risquez de vous éparpiller aux quatre vents. La convoitise vous pousserait-elle à vouloir tout obtenir en même temps ? Croyez en la vie et laissez-vous guider par ce qu'elle a à proposer au lieu d'essayer de la diriger. Grâce à ce vent, vous entreprendrez une phase de nettoyage qui vous aidera à mettre de l'ordre dans vos projets et vos objectifs. Si jamais le vent soulevait tout sur son passage, comprenez le message : rien ne sert de se buter contre les événements contraires à vos désirs. Si certaines personnes s'opposent à vous, peut-être est-ce parce que vous avez à régler un problème d'ego. N'hésitez pas à vous tourner vers un professionnel ; celui-ci vous aidera à débusquer la source du problème et vous en sortirez gagnant.

- **Tornade ou typhon**

Quand le vent se déchaîne avec une telle force, cela signifie qu'une forme de violence vous affecte actuellement. Il se peut aussi qu'il signale un important aveuglement amoureux. Comment se porte votre sexualité en ce moment ? Vous entraîne-t-elle sur une mauvaise pente ? Mélanger amour et sexualité génère parfois un combustible pouvant se consumer dans le monde de l'illusion. Il serait approprié de maîtriser vos instincts. La tornade et le typhon, de par les ravages qu'ils supposent, laissent également croire qu'une personne exerce présentement un ascendant néfaste sur vous. L'avez-vous repérée ? Pour neutraliser son influence, portez un cristal blanc. Il vous procurera un sentiment de protection et vous fournira peut-être ce brin de confiance qui vous manque pour vous insurger. Autrement dit, en posant le geste de porter un cristal, vous vous conditionnerez mentalement à réagir à des niveaux plus subtils. Il est aussi possible qu'une situation éclate et vous libère enfin d'une emprise qui vous étouffe. Le conseil que vous donne votre rêve, c'est de comprendre que la violence se dissimule derrière de nombreux visages : mensonges, fausses interprétations utilisées contre l'autre, sous-entendus et abus de toutes sortes exercés pour créer des tensions. La violence peut également intervenir dans les situations marquées par la manipulation ou la rivalité entre deux personnes. Vous êtes maintenant avisé : il y a de la compétition dans l'air. Sachez vous en préserver en prenant l'habitude d'exprimer les choses telles que vous les vivez.

- **Vent d'hiver**

Vent d'hiver, vent de renouveau. Tout indique que votre vie fera peau neuve. Mais auparavant, il vous faudra franchir certains obstacles. Vous devrez notamment surmonter un malaise créé par la froideur des autres, par leur détachement ou leur indifférence. Si c'est à vous que l'on reproche détachement et indifférence, connectez-vous aux besoins des autres. Cela vous permettra de réchauffer l'atmosphère qui règne au travail, avec vos amis, avec votre famille et dans vos amours. Cultivez l'échange et l'harmonie ; la récolte sera fructueuse.

Réflexion

Le vent représente le soutien moral que l'on reçoit pour faire rempart aux problèmes rencontrés. Cette force de la nature s'apparente aux forces que nous déployons pour nous manifester dans le monde. Le choix nous appartient de les utiliser positivement ou négativement, en dominant les forces de notre caractère. Tout est question de maîtrise. Lorsque le vent apparaît, il importe de faire confiance et de ne pas chercher à vouloir tout régenter. D'ailleurs, comment le pourrait-on ?

LA PLUIE

Les soifs intérieures

La pluie incarne les influences célestes qui déferlent sur la Terre. Quand la terre a soif, le ciel lui envoie de l'eau de pluie. Symboliquement, l'homme a soif de vivre, d'aimer, d'être aimé, et la vie se charge d'étancher cette soif. Si vous avez rêvé à cette force sacrée, vous recevrez des coups de pouce du destin. Vous devrez aussi prendre conscience de votre propension à trop souvent fuir la réalité pour cultiver des chimères. Le fait de vous brancher à la télévision n'éliminera pas la lourdeur de votre climat familial. Pas plus que surfer sur Internet rendra ses beaux jours à votre relation amoureuse. Voici venu le temps d'admettre qu'en cas de surabondance de pluie, les rivières déborderont de leur lit.

Si vous êtes aux prises avec la justice, un jugement sera bientôt rendu. Si vous n'êtes pas coupable de ce dont on vous accuse, la décision penchera en votre faveur ; dans le cas contraire, vous n'aurez pas gain de cause. En fait, la vérité prévaudra sur le mensonge.

Votre vie prend des allures d'orage ? Arrêtez-vous un moment, accordez-vous le temps d'aller réfléchir près d'un lac, d'une rivière ou en montagne. La nature est votre alliée, elle favorisera votre ressourcement. Il serait également bon que vous envisagiez – pourquoi pas ? – un court séjour dans une station balnéaire afin d'y recevoir des massages thérapeutiques ou des bains de boue.

Sens artistique et spiritualité

Comme la marée montante, qui évoque la fertilité créatrice et puissante, vous serez bientôt nourri d'une inspiration illimitée qui fera évoluer votre potentiel artistique. Vous saurez vous mettre en valeur. Si vous préparez une collection de vêtements à titre de *designer*, elle sera fluide, frôlera presque le mystique. N'oubliez pas d'inclure la pierre de lune dans votre collection ; cette pierre d'un blanc nacré, aux reflets bleutés, gris, lilas ou vert pâle, représente parfaitement l'allégorie du monde onirique. En fait, peu importe le secteur d'activité dans lequel vous avez choisi de vous réaliser, vous ferez littéralement fureur. C'est le couronnement de tous vos efforts, et vous méritez pleinement ce qui vous arrive. La chance crie « présente » au rendez-vous ; dans son sillage se présentera un contrat très lucratif.

Sur le plan spirituel, voici l'aube d'une grande clarté intérieure : votre esprit s'ouvrira bientôt à une nouvelle manière de voir les choses. Vous comprendrez que ce n'est pas le but à atteindre qui importe, mais bien le chemin qu'il vous reste à parcourir. À partir d'aujourd'hui, l'inspiration, la clairvoyance et le mysticisme trouveront de plus en plus écho en vous.

Carrière et argent

Les promesses d'un projet important se dessinent à l'horizon. Dans plus ou moins dix mois – le temps d'une grossesse symbolique –, vous profiterez d'occasions payantes qui feront progresser l'aspect matériel de votre vie. Ce climat vous est réellement favorable. Bientôt, vos capacités et talents intellectuels seront reconnus. Un destin enviable se prépare. Peut-être même accepterez-vous d'occuper un poste d'envergure qui vous procurera plus de pouvoir. Ce qui se prépare actuellement aura une grande influence sur votre carrière.

La pluie indique clairement d'éviter les entreprises hasardeuses qui pourraient vous précipiter dans un écheveau de problèmes difficiles à démêler. Si, dès le départ, ces entreprises ne semblent pas vouloir rapporter, n'y investissez pas votre temps ou votre argent. Par exemple, si vous faites vos débuts comme représentant et qu'on tarde à vous payer vos commissions, dites-vous que la situation ne s'améliorera pas dans trois mois. Ne vous laissez pas embobiner par des paroles creuses. Et, par précaution, mettez sur la glace toute idée qui vous amènerait à contracter des dettes ou à prêter de l'argent à quelqu'un.

La situation, même si elle revêt des allures de bouquet de fleurs, exige que vous sachiez vous adapter aux changements. Soyez agile et habile. Si vos sens sont aiguisés, vous saurez rapidement détecter l'ouverture qui se présentera sous peu et vous atteindrez une belle réussite professionnelle. La prospérité vous attend.

Amour et amitié

La pluie qui tombe en rêve annonce que vous êtes sous la protection d'influences célestes très bénéfiques, voire purificatrices, tant en amour qu'en amitié. Cette pluie est également un signe de fécondité, de fertilité et de guérison. Une grossesse pourrait vous surprendre. Si le sol de vos amours est sec et aride depuis un certain temps, préparez-vous au changement : la saison des pluies arrive et, avec elle, une promesse d'abondance. Vous aimerez et on vous aimera avec passion, c'est-à-dire qu'on vous démontrera avec effusion l'amour que l'on vous porte. Sachez tout de même éviter les excès afin que la rivière ne sorte pas de son lit.

Vous ferez prochainement une rencontre qui colorera votre vie autrement. N'hésitez pas à savourer cette relation sentimentale, surtout si elle vous fait du bien intérieurement. Par contre, certains d'entre vous vivront une relation amoureuse houleuse ou souffriront plus que prévu en raison de l'éloignement de l'être aimé. Ce que vous suggère la pluie, élément de purification par excellence, c'est de mettre de l'ordre dans vos amours et de faire la paix avec vos peurs inconscientes d'engagement. Vous pourrez alors espérer un renouveau sentimental dans votre vie. Le soleil finit toujours par chasser le mauvais temps. Un arc-en-ciel se profile déjà au loin...

Famille

La pluie est directement reliée à la fécondité. Une grossesse pourrait bien vous surprendre. Il est aussi question qu'un de vos enfants vous fasse prochainement plaisir. Peut-être vous annoncera-t-il une heureuse nouvelle concernant un nouvel emploi ou un amour naissant. Par symbolisme, la fécondité peut ici se manifester de différentes manières. Il est possible que votre famille trouve des solutions à des difficultés concernant un achat effectué en groupe, par exemple un chalet à la campagne, idée qui ne rallierait pas toutes les voix et qui, tout à coup, se réglerait avec rapidité. Vous auriez intérêt à ne prêter aucune somme d'argent à un membre de votre famille aux prises avec des problèmes de consommation d'alcool ou de drogues ; vous ne feriez qu'aggraver sa situation.

Santé

Les organes d'élimination, les ovaires et le pancréas sont reliés à cette force de la nature. Si vous souffrez de problèmes d'infertilité ou d'une maladie qui traîne depuis déjà trop longtemps, demandez sans tarder l'avis d'un spécialiste. Mais dans l'ensemble, votre santé est bonne, sinon excellente.

L'analyse des rêves par la force de la pluie

- **Brume qui se lève**

Cette brume fait référence à celui qui a besoin de solitude afin de voir clair en lui-même. En ce moment, il est possible que vous ressentiez un fort désir de vous diriger vers l'enseignement ; une offre dans ce sens pourrait bien vous surprendre. Comment était la brume de votre rêve : transparente, opaque ou très intense ? En considérant l'aspect de cette brume, vous découvrirez si les projets dont vous souhaitez voir la réalisation seront marqués par la difficulté ou la facilité.

- **Pluie torrentielle**

Ces trombes d'eau indiquent certaines frustrations importantes. Comptez-vous au nombre de ceux qui ont du talent à revendre, mais qui ne parviennent pas à le mettre à profit ? N'hésitez pas à demander conseil à des gens avisés. Cela pourrait changer votre perception des choses et amener de l'eau à votre moulin. Regardez bien autour de vous : il y a fort à parier qu'une personne influente se trouve prête à vous offrir sa protection. Soyez sans crainte, faites-lui confiance. Si la pluie torrentielle de votre rêve était accompagnée de vents violents, quelque chose de puissant souffle sur vous. Procédez au ménage qui semble nécessaire dans plusieurs secteurs de votre vie, sans entretenir de réticences face au changement.

- **Orage, éclairs dans le ciel ou éclairs qui fusent de la terre**

Ça semble gronder, mais ces manifestations intempestives du ciel n'annoncent que des nouvelles qui ne nécessitent pas de parapluie : elles sont toutes positives ! Sans que vous ne le sachiez trop, un événement important pavera votre chemin de possibilités aussi intéressantes les unes que les autres. De même, les nuages qui obscurcissaient votre vue se dissiperont et vous y verrez plus clair du simple fait que vos intentions seront mieux définies. L'orage et les éclairs laissent aussi sous-entendre qu'une énergie puissante vous animera au cours des prochains jours. Profitez-en pleinement. Ayez toutefois assez de modestie pour ne pas vous laisser griser par le succès qui vient vers vous. Quoi qu'il arrive, restez bien ancré dans la réalité, c'est primordial. Surtout si vous avez des éclairs de génie concernant votre carrière. *Go*, allez de l'avant !

- **Foudre qui tombe sur vous**

La foudre est souvent assez puissante pour ébranler un arbre solidement enraciné. Vous devez vous préparer à ce que vous réserve l'avenir : un imprévu viendra saboter tous vos plans actuels. La force du destin s'arroge ici le droit de faire tourner le vent pour que votre vie emprunte une nouvelle direction. De prime abord, vous ne comprendrez peut-être pas pourquoi la foudre se déchaîne ainsi contre vous. Mais, avec le temps, vous constaterez le bien-fondé de tout cela. Dans votre rêve, étiez-vous le seul à être foudroyé ? Si la foudre est tombée sur un ami ou sur une personne au visage connu, la prémonition touchera aussi cet individu. Partagez votre rêve avec lui et racontez ce que vous avez ressenti au moment de la décharge électrique. Dites-lui : « J'ai rêvé de toi, cette nuit ! » Puis demandez-lui ce qu'il pense de votre rêve, sans influencer ou diriger sa réponse. Par ailleurs, la foudre annonce que vous trouverez le courage de traverser une épreuve. Si vous êtes déjà ébranlé par l'œil de la tempête, ne flanchez pas. Un événement inattendu fera dévier votre destin de sa trajectoire néfaste.

Réflexion

Lorsque la pluie se manifeste, c'est le signe d'une victoire exceptionnelle qui vous attend. Vous êtes davantage protégé que vous ne l'imaginez. Sur le plan professionnel, le moment est venu de vous dénicher un mentor, lequel saura vous ouvrir des portes intéressantes. Vous avez tout intérêt à croire en votre créativité exponentielle. Soyez avant-gardiste et innovateur ; cela fera avancer vos projets. Si vous doutez de vos talents, procurez-vous des livres qui vous permettront de mettre en valeur votre potentiel artistique et créatif. Des cours de danse, de chant, de théâtre ou l'apprentissage de techniques respiratoires représentent des activités qui vous aideraient à vous faire remarquer.

LA NEIGE

L'élan vital

La neige rappelle les phrases que vous murmurent parfois vos voix intérieures : « J'ai le devoir de... », « Je suis dans l'obligation de... » Rien de pire que ces diktats qui vous confinent dans la rigidité. Quand on se sent pris dans le piège du devoir, on se durcit le cœur malgré soi et on gèle ses émotions. Gardez-vous bien de perdre cette spontanéité toute naturelle qui nourrit votre élan vital et qui vous pousse à exécuter vos tâches avec plaisir. Dans les prochains jours, vous réglerez tous les problèmes qui surgiront et vous serez porté par le désir d'aller de l'avant. Cet enthousiasme est beau à voir, mais le temps n'est pas encore venu de foncer. Patientez un peu, sans toutefois perdre de vue vos objectifs.

Si vous avez rêvé que vous glissiez sur la neige par une superbe journée ensoleillée, il est probable que vous connaîtrez une réussite professionnelle. La neige vous indique aussi que vous avez actuellement besoin de chaleur humaine, de gentillesse, d'empathie et de compréhension dans votre vie personnelle. Votre quotidien vous emprisonnerait-il dans une solitude qui vous apparaît aussi redoutable qu'un petit diable ? Pour briser cet isolement, inscrivez-vous à des activités de groupe, qu'elles relèvent du domaine artistique, sportif ou spirituel. Des cours de théâtre, de décoration, de croissance personnelle ou de cuisine orientale satisferaient sans aucun doute vos envies de divertissement. Tout ce qui importe ici, c'est que vous rencontriez de nouveaux visages et que vous ayez l'impression de vivre en société.

La neige vous entraîne sur le terrain glissant d'une question toute particulière : Qu'est-ce qui vous empêche d'améliorer votre qualité de vie ? Certaines réponses paraissent aussi claires que des pistes dans la neige. Vous supportez peut-être le poids d'une avalanche de problèmes dans votre vie personnelle, vous préférez vous durcir plutôt que de vous attendrir, vous agissez avec le constant besoin d'être approuvé ou encore vous craignez de prendre position dans des situations délicates. En fait, vous aimeriez mettre sur la glace tout ce qui agit sur vous comme une obligation, une emprise, un devoir.

Si, dans votre rêve, vous cherchiez à retrouver votre chemin dans la neige, vous teniez fortement les rênes d'un traîneau, vous vous déplaciez en skis ou vous étouffiez sous un monticule de neige, vous devez identifier ce que cachent ces images symboliques. Chaque situation est reliée à des émotions auxquelles il faut vous raccorder. Dans tous ces cas de figure, vous serez bientôt délivré des problèmes qui vous accablent actuellement.

Sens artistique et spiritualité

La pause est terminée. Vous devez maintenant passer à l'action. Commencez par mettre vos objectifs sur papier : Quel sens souhaitez-vous donner à votre créativité ? Quel message désirez-vous véhiculer ? Pour quelles raisons ? Quels moyens envisagez-vous de mettre en œuvre pour atteindre vos buts ? En répondant à ces questions, vous consoliderez les bases de vos projets intellectuels et artistiques. Si vous êtes en panne d'inspiration, tournez-vous vers certaines techniques de méditation et pratiquez-les. Cela réactivera votre énergie cérébrale d'antan.

En ce moment, votre spiritualité est puissante. Conservez toutefois une lucidité aiguë et évitez de vous associer à quelque groupe que ce soit sans avoir préalablement mesuré les conséquences qu'aura cette décision sur votre vie. Faites preuve de sagesse et prenez le temps d'analyser ce qui se passe à l'intérieur du groupe. Si vous êtes pris dans une ornière spirituelle ou si certains de vos questionnements résistent à toute compréhension, songez à vous tourner vers un prêtre ou une personne de confiance. Ne courez surtout pas le risque de vous ouvrir au premier venu.

Carrière et argent

Vous traversez une période où vous avez le sentiment que votre tête est remplie de poudrerie. Votre énergie cérébrale tourne au ralenti. Et vos idées sont engluées dans une incapacité à trouver des solutions. Êtes-vous tourmenté par l'apparente obscurité qui règne sur votre avenir professionnel ? Afin de donner à votre destin le tour de manivelle dans le sens souhaité, demandez l'aide professionnelle d'un orienteur, d'un professeur, d'un associé, d'un allié au travail ou de toute personne dont le bon jugement est reconnu.

Si vous travaillez dans un contexte de « course contre la montre », une seule consigne prévaut ici : ne vous précipitez pas dans un sprint qui vous ferait escamoter certaines étapes. Accordez-vous du temps, même si les échéanciers égrènent impitoyablement leurs priorités. En faisant vos pas un à un, mille autres pas seront faits vers vous. C'est en privilégiant des actions intelligentes et réfléchies que votre carrière professionnelle se transformera pour le meilleur.

La neige vous prévient que vous vous lancerez en affaires avec une personne que vous connaissez. En fait, cet associé pourrait même entretenir un lien amoureux avec vous. Le cas échéant, vos relations exigeront une grande maturité d'esprit et une éthique personnelle sans faille. Évidemment, vous devrez considérer cette personne comme un partenaire d'affaires à part entière et rédiger un contrat d'association qui protégera les deux parties des situations inéquitables. Chacun a droit à sa juste part des profits.

Sans l'ombre d'un doute, vos activités d'affaires rapporteront d'intéressants bénéfices, mais méfiez-vous des contrôles fiscaux. Afin d'éviter des pertes substantielles, prônez la transparence dans vos livres comptables et résistez à cette idée obsédante de vous enrichir rapidement. L'image de la neige vous renvoie ici au skieur qui veut descendre à toute vitesse une montagne fortement escarpée. Il dérapera probablement et se retrouvera ventre à terre. Dans le domaine des affaires, agissez donc avec prudence et équilibre, et assurez-vous de maîtriser parfaitement vos dossiers, sinon vous risquez la chute. N'hésitez pas à répéter souvent cette phrase comme un *mantra* : « J'ai confiance en moi, en mon jugement et en mes compétences personnelles. »

Vous avez l'impression d'avoir fait le tour du jardin ? Dans ce cas, voici venu le temps de passer à autre chose. Grâce à des alliés précieux, vous pourriez passer une entrevue importante. Il est aussi possible que vous envisagiez un retour aux études ; allez de l'avant. Vos démarches récolteront toutes du succès. Et si vous posez des gestes dans le but d'améliorer votre situation professionnelle, tout fonctionnera selon vos attentes. La neige, qui protège le sol à la manière d'un isolant, verra effectivement à écarter tout risque de vos projets.

Amour et amitié

La séduction et l'érotisme s'accommodent plutôt mal des obligations familiales envahissantes. Si votre rôle de parent occupe perpétuellement l'avant-plan, ne soyez pas étonné que la réaction de votre partenaire soit celle-ci : disette sexuelle ! Afin de raviver la chaleur de vos draps, retrouvez l'amoureux et l'amant en vous, et réappropriezvous la danse du désir. Il importe aussi que vous analysiez vos comportements dans le silence de votre cœur. Sans cet examen de conscience, vous pourriez vous sentir très seul même si vous formez un couple.

Maternez-vous vos amis ? Il faudra vous guérir de cette habitude. Tout comme le comédien, sachez sortir de ce rôle pour redevenir vous-même. Et apprenez à faire confiance aux personnes que vous aimez ; la plupart d'entre elles ont reçu à leur naissance une force intérieure comparable à la vôtre.

Famille

Il semble que vous soyez prisonnier d'un cercle vicieux : plus vous maternez vos enfants, vos parents, vos frères et vos sœurs, plus vos relations avec eux empruntent des directions contraires à vos attentes. Situation plutôt ennuyeuse. Vous devez donc quitter ce rôle parental, quoi qu'il vous en coûte, et réintégrer votre vraie nature. Même si les autres ne possèdent pas nécessairement votre maturité ou votre savoir-faire, ils sauront faire leurs propres expériences sans trop se blesser. Soyez sans crainte, ils y parviendront.

Si vous avez l'impression d'être tenu à l'écart de la famille, ne vous révoltez pas et ne vous sentez pas rejeté. Vous bénéficiez actuellement d'une protection céleste et, bientôt, la situation tournera en votre faveur.

Santé

La neige pénètre votre monde onirique accompagnée d'une posologie bien précise : évitez de prendre froid par les pieds, sinon vous pourriez souffrir d'une infection de la vessie. Sachez aussi que vous êtes un candidat idéal pour les otites, grippes, maux de gorge, sinusites, congestions nasales et *tutti quanti*. Les drogues, et particulièrement la cocaïne, surnommée « neige blanche », sont à éviter.

L'analyse des rêves par la force de la neige

- **Bancs de neige**

Ces amoncellements de neige représentent des murailles érigées contre vous. Avez-vous manqué de tact dernièrement ? En effet, tout indique que certains de vos comportements ont engendré des problèmes relationnels difficilement surmontables. Impatience, mauvaise foi, agressivité verbale, gestes brusques, bouderies, etc., vos agissements ne plaident pas en votre faveur et pourraient même vous discréditer dans une histoire d'injustice. Vous auriez intérêt à revoir votre code de bonne conduite au plus vite. Si vous vivez une sorte de grande désolation intérieure, levez le drapeau blanc et demandez de l'aide pour comprendre ce qui vous arrive.

- **Iceberg**

Il n'y a pas dix options possibles devant un iceberg : quittez le bateau avant qu'il ne soit trop tard. Autrement dit, n'hésitez pas à vous éloigner d'une situation difficile ou incertaine pendant que vous en avez encore la chance. L'iceberg peut aussi symboliser un blocage important. Pour vous sortir de cette impasse, vous devez renouer avec votre élan vital, cette détermination si essentielle qu'on porte au fond de soi et qui peut déplacer des montagnes. Aussi, peut-être est-il temps de faire marche arrière au lieu de vous entêter à rouler sur une voie sans issue.

- **Glisser avec difficulté sur la neige**

On pourrait comparer votre situation à celui qui refuse de s'arrêter pour comprendre une relation difficile, dans quelque domaine que ce soit. Mais si **vous dévaliez la pente avec grâce**, vous saurez vous questionner comme il se doit et redonner son équilibre à cette relation. Tout suggère que vous devrez prochainement effectuer un choix par rapport à un changement d'emploi. Si, dans votre rêve,

vous glissiez sur la neige avec facilité et en toute quiétude, vos démarches professionnelles déboucheront sur d'excellentes perspectives d'avenir. Voici venu le temps d'accepter un nouveau poste. Certains petits problèmes subsisteront, mais une glissade sans résistance assure que vous maîtriserez la situation d'ici peu. Si **vous glissiez sur la neige avec difficulté**, aiguisez votre patience et tentez de contourner les obstacles qui surgiront. Il serait aussi indiqué de suivre une formation en prévision du futur. Être souple, savoir s'ajuster et savoir prévoir représentent les éléments clés pour effectuer une bonne glissade et contourner les dangers. Tous les rêves qui comportent des scènes de glissades entravées ou freinées doivent être analysés avec soin. Qu'est-ce qui bloquait la glissade ? Était-ce un accident ? Quelle décision avez-vous prise pour modifier le cours des choses ? Dans votre rêve, comment avez-vous évité la catastrophe ? Les actions qui ont marqué votre rêve constituent des points de repère importants dans le travail d'analyse.

Réflexion

La neige signifie qu'il faut procéder à une importante remise en question. Elle concerne celui qui doit utiliser des ressources inexploitées pour régler une situation difficile, embarrassante ou délicate. Vous devrez faire preuve d'une grande maturité d'esprit. Comme l'alpiniste qui, armé de son pic, affronte une montagne glacée et escarpée, vous aurez à mesurer l'étendue de vos forces et de vos faiblesses et à vous dépasser. Cette ascension vous permettra de voir clairement ce qui vous distingue des autres. Si vous accomplissez ce tour de force, vous aurez la satisfaction de dire : « J'ai réussi ! »

LE SANG

Le désir de liberté

Le sang qui apparaît en rêve souligne à grands traits le fait que vous manquez d'air. Comme une longue coulée qui se répand, il indique que vous étouffez, que vous avez besoin d'oxygène. Le moment est venu d'admettre qu'il vous faut respirer, retrouver un plus grand espace de liberté et vous soustraire à toutes ces pressions dont l'étau se referme présentement sur votre tête. Si vous éprouvez une gêne respiratoire, n'hésitez pas à consulter un spécialiste.

De par l'urgence qu'il évoque, le sang indique que vous aurez bientôt à faire des choix et à prendre des décisions afin de vous dégager d'une situation difficile. Vous devrez renoncer à quelque chose, retrancher, alléger ce qui vous étouffe. Vous en retirerez un grand bénéfice.

Rouge est le sang, rouge est la passion. Votre caractère enflammé vous pousse parfois à l'emportement et fait grimper le mercure de votre thermomètre interne dans la zone critique. Il semble que vous déployez tout un assortiment d'émotions et de comportements qui n'ont rien de tiède : vaillance, fureur, force intérieure, agacement, irritabilité, coups d'éclat, libido débordante, rébellion. Vous ne pourrez jamais prétendre à une personnalité tamisée et éteinte. Comme l'eau qui se rue sur le barrage, vous êtes animé par une puissante force de la nature. Apprenez à ne pas dépasser certaines limites et à faire respecter les vôtres. Et n'en faites pas seulement qu'à votre tête ! Le rouge vous suggère de prendre soin de vous, de ne pas transgresser un trop grand nombre de feux rouges de la vie et de vous méfier de ce qui pourrait vous consumer. Laissez toujours un petit veilleur de nuit agir en vous pour assurer votre protection.

Sens artistique et spiritualité

L'inspiration fait de votre esprit un parachute grand ouvert. Il n'en tient qu'à vous de vous lancer dans l'aventure et de créer comme jamais auparavant. Dans ce contexte, ne laissez personne critiquer ou mettre en doute vos ambitions artistiques. Il serait dommage que vous ne vous rendiez pas au bout de ce projet créatif qui vous tient tant à cœur. Vous l'avez dans le sang, ce projet ! Prenez l'engagement envers vous-même de ne pas renoncer, de le mener à maturité et, surtout, de le réaliser pour une raison autre que l'obligation. Si vous adoptez cette attitude, vous trouverez du plaisir à voir progresser votre œuvre.

Le sang évoque aussi une énergie d'une forte amplitude mystique. Vivez-vous une forme de dualité spirituelle en ce moment ? Si c'est le cas, rassurez-vous, vous comprendrez ce qui vous arrive dans peu de temps. En attendant, posez-vous ces questions : La spiritualité doit-elle être perçue comme une quête en contradiction avec la matérialité ? Avez-vous de la difficulté à vivre votre spiritualité sans rejeter la matérialité ? Ainsi divisé, vous provoquez en vous une tension tout à fait inutile. Il faut donc que vous prononciez plus souvent la phrase suivante : « Je choisis d'être riche autant spirituellement que matériellement, et je me permets cet équilibre dans ma vie. »

Carrière et argent

Le sang représente un grand désir de sécurité tant sur le plan mental que matériel. Si le sang avait une forte présence dans votre rêve, vous devriez signer d'importants contrats sous peu. Lorsqu'une entente sera scellée, vous souhaiterez vous assurer qu'on respectera la parole donnée. Si une personne devait revenir sur sa parole, vous lui en tiendriez rigueur et des conflits pourraient se déclarer. Il vous faudra alors voir si ces conflits ne résultent pas d'une compétition entre les parties en cause. Peut-être votre ego veut-il à tout prix dominer la situation. Privilégiez la discussion avec les autres pour vider l'abcès et guérir cette plaie qui entrave la bonne marche de vos affaires.

Voilà l'image du sang qui suggère de vider la coupe pour mieux la remplir. Cela signifie que vous ne devez pas craindre d'investir de l'argent pour en gagner encore davantage. En calculant tous les risques possibles, vous saurez résister aux mauvais courants.

En ce moment, votre entreprise est-elle plongée dans un déséquilibre financier ? Redressez la situation en élaborant de nouveaux plans qui auront, de toute nécessité, une vision claire et proposeront des objectifs structurés. Prenez soin de bien organiser vos idées et de les amalgamer correctement, comme les globules rouges qui complètent les globules blancs. Si les idées ne s'imbriquent pas naturellement les unes dans les autres, revoyez alors vos positions et envisagez de repenser l'ensemble du projet ou de passer à autre chose.

Vous sentez-vous contraint de prouver constamment votre valeur au monde entier ? En faites-vous trop ? Vous auriez intérêt à remédier à cette dilapidation d'énergie en établissant vos priorités. Croyez en ce que vous accomplissez et ne prenez qu'une seule direction à la fois. À vouloir emprunter toutes les routes en même temps, vous finirez par tourner en rond ou par vous égarer dans un dédale de complications sans fin. Il serait bon, aussi, que vous tiriez parfois sur les rênes de votre caractère très enflammé et engagé. En agissant ainsi, vous éviterez de perdre certains appuis professionnels.

Amour et amitié

N'essayez pas de mettre en pratique le vieil adage « œil pour œil, dent pour dent », même si on vous a meurtri le cœur. Tout porte à croire qu'une personne n'a pas respecté la parole qu'elle vous avait donnée. Vous voyez donc rouge pour le moment. Sachez contenir cette colère pour empêcher qu'elle se retourne contre vous. Vous éviterez ainsi le retour karmique du balancier. L'image du sang propose ici deux scénarios possibles : d'une part, votre passion amoureuse enflammera votre relation et la consumera ; d'autre part, vous convolerez en justes noces ou vous connaîtrez une union promise à une belle longévité. Si votre énergie sexuelle est actuellement en baisse, rassurez-vous ; cet état est passager. Des exercices respiratoires et les conseils d'un spécialiste pourront y remédier.

Si vous êtes célibataire, vous serez très bientôt courtisé, situation qui a un caractère heureux. Toutefois, ne commettez pas l'erreur d'accorder vos faveurs au premier venu ou de vous transformer en objet de consommation sexuelle. Si vous vous empêtrez dans ce filet de dépendance sexuelle, prospectez à l'intérieur de vous-même et tentez de comprendre votre comportement. Il est très important que vous respectiez et honoriez votre corps. Quoi que vous fassiez, une prochaine rencontre amoureuse pourrait changer votre vie à jamais.

En amitié, il vous faudra trouver la volonté nécessaire pour prendre votre place face à l'autre, sans pour autant nuire à votre désir de réconciliation. Entourez votre fermeté d'un voile de douceur. D'un point de vue symbolique, il se peut que vous soyez prêt à donner tout votre sang pour maintenir une amitié en vie. Mais cette amitié en vaut-elle la peine ? Devez-vous courber l'échine et vous humilier, même un tant soit peu, pour en préserver le cours naturel ? Faites le point avec objectivité et demandez-vous si le prix à payer pour une amitié qui ne mène nulle part n'est pas trop élevé.

Famille

Le sang qui touche la famille est un signe d'une grande puissance. Vous devrez prochainement vous plier à certaines traditions familiales même si vous êtes en désaccord avec celles-ci. Peut-être aurez-vous aussi à vous affranchir de vieilles histoires de famille. Il est temps de passer à l'action, sans essayer de fuir, et de régler tout ce qui traîne. Certains de vos proches vous appuieront dans vos démarches.

Si vous cherchez à revoir un membre de votre famille disparu depuis longtemps, vous atteindrez votre but. Ainsi, si vous avez été adopté ou confié à un orphelinat, et si vous espérez entrer en contact avec vos parents biologiques, le moment est propice. Il se peut également que vous retrouviez la trace de quelqu'un que vous avez perdu de vue depuis des années. En raison de ces retrouvailles, vous connaîtrez une agréable onde de choc et vivrez toute une gamme d'émotions.

Les liens filiaux marqués par le sang confirment que vous vous sentez responsable des vôtres. Bien que cette attitude vous honore, prenez garde, toutefois, de ne pas faire basculer vos relations familiales dans une dépendance démesurée. Une telle attitude risquerait de provoquer des dégâts relationnels irréversibles.

Santé

Sentez-vous dernièrement que votre énergie s'écoule de vous goutte à goutte ? La situation que vous vivez est littéralement exténuante. Vous semblez vous dépenser énormément, tant au travail qu'à la maison et dans votre quotidien. Il faudrait renverser la vapeur. Rien ne vous oblige à prouver tant de choses à votre entourage. Pour votre propre bien-être, n'éparpillez plus votre énergie et orchestrez vos efforts de façon à ne plus vous épuiser. Si votre cœur émet le moindre signe de faiblesse ou d'anomalie, ayez une attitude interventionniste et consultez un médecin sans attendre.

L'analyse des rêves par la force du sang

- **Perdre son sang par une plaie ou en raison d'une maladie, cracher du sang**

Vous serez sous peu atteint d'une maladie bénigne ou vous vivrez une baisse d'énergie importante. Par réaction, vous aurez tendance à manquer de confiance en vous ou à perdre courage devant une situation qui vous apparaîtra comme étant une impasse. Les contrecoups de votre état de santé se traduiront peut-être par une dépression nerveuse mineure. Ne vous laissez pas ronger par l'inquiétude. Vous trouverez le remède approprié et parviendrez à une guérison complète. Mais armez-vous de patience. Il faut laisser le temps faire son œuvre. Tout indique que certains de vos proches dévalisent votre réservoir d'énergie en ce moment. Désintoxiquez-vous d'eux. Vous devez d'abord prendre soin de vous.

- **Lacérations rougies ou saignantes apparues sous forme de stigmates sur votre corps**

Ces marques sont l'empreinte d'un manque de connaissances. C'est le moment idéal pour vous inscrire à des cours, acquérir de nouvelles compétences ou développer un savoir-faire plus technique. Ce rehaussement de vos capacités pourrait transformer votre vie. Vous arrive-t-il parfois d'entretenir des idées noires ? Chassez-les vite du revers de la main et prenez conscience que ce sont vos peurs qui vous paralysent. Si vous vous sentez toujours contraint de plaire à l'un et à l'autre, rayez certains noms de votre carnet d'adresses. Et inscrivez-y en lettres majuscules : « Je choisis de ne plus me sacrifier, je choisis d'aimer. »

- **Lacérations ou morsures rougies et saignantes, qui sont provoquées par une personne ou un animal et accompagnées de douleurs vives**

Ces blessures ne relèvent pas d'une partie de plaisir, alors ouvrez les yeux. Une personne tente peut-être de vous voler ou de vous dérober quelque chose. Il est aussi possible qu'on cherche à vous faire perdre la face dans une situation donnée. Montrez-vous donc prudent au cours des prochains jours. Ces marques sanguinolentes laissent également présager que vous assisterez à la descente aux enfers d'une personne atteinte de dépression. Cette personne rencontre peut-être des difficultés reliées à l'argent, au travail ou à un chagrin d'amour. Malheureusement, vous ne pouvez la secourir comme vous le souhaiteriez. Dirigez-la alors vers un psychologue. En ce moment, subissez-vous une forme de violence verbale de la part d'un collègue de travail, d'un adolescent, de votre conjoint ou d'un ami ? Dans l'affirmative, sachez que cette personne souffre énormément. Plutôt que de vous rebiffer et d'envenimer la situation, suggérez-lui de chercher de l'aide auprès d'une personne-ressource.

- **Saignements abondants**

En faites-vous trop pour les autres ? Ce sang qui coule abondamment révèle que vous vous oubliez souvent, que vous vivez dans les coulisses. Rectifiez la situation. Occupez le devant de la scène, pensez à vous, lisez, informez-vous, regardez des émissions à caractère éducatif ou assistez à des conférences qui traitent de la dépendance affective. Le proverbe qui suit concerne votre situation actuelle : « Ne jetez pas de perles aux pourceaux. » Autrement dit, vous devez garder privés certains renseignements importants. Comme vous êtes dans une période intellectuelle extrêmement féconde, on pourrait vouloir s'approprier vos idées. Préservez les droits de vos créations et n'hésitez pas à tirer profit de cette créativité qui bouillonne en vous. Avez-vous déjà envisagé d'écrire un livre, de mettre sur papier votre savoir-faire ou de lancer les projets qui vous inspirent ? Eh bien, foncez alors ! Vous avez tout pour réussir. Votre succès sera mérité et chaudement applaudi sur la scène publique. Si vous avez besoin d'aide pour atteindre vos objectifs, tournez-vous vers des personnes qui détiennent le pouvoir. Elles vous manifesteront beaucoup d'intérêt et répondront à vos attentes. Dans ce rêve, les saignements laissent aussi transpirer votre soif d'affirmation personnelle et professionnelle. Vous semblez avoir une peur bleue de l'échec et du rejet. Respirez profondément ; ainsi, vous musclerez vos centres émotionnels.

- **Saigner des mains**

Vous avez l'art d'aider les personnes en grande difficulté. Elles se souviendront longtemps de vous. Vous êtes un être très évolué. Continuez de vous fier à votre immense intuition ; elle est aussi riche qu'un diamant pur et s'abreuve à une source intarissable. En raison de vos facultés intellectuelles remarquables, vous devriez bientôt faire parler de vous. Si vous travaillez dans le milieu des communications, un important contrat pourrait vous combler de bonheur et donner une bonne cote à votre nom. Persistez dans vos efforts. Vous êtes sur la voie de la réussite et du succès assuré.

- **Saigner des poignets**

Ce sang est comme un merveilleux « virus » qui a infiltré votre créativité et votre inventivité. Vos idées sont géniales et suscitent l'envie chez vos pairs. Tâchez toutefois de ne pas les disperser aux quatre vents. Quelqu'un pourrait en saisir une au vol et s'en attribuer le crédit. Les poignets représentent symboliquement la capacité de se mouvoir. Comme ils saignent, dans votre rêve, peut-être vous sentez-vous prisonnier d'une situation apparemment sans issue. Mais n'ayez crainte, une porte s'ouvrira bientôt. En attendant, continuez de penser, de créer et d'inventer. Votre inspiration débordante ficelle des idées aussi fantastiques que novatrices et vous enthousiasme.

- **Saigner des pieds**

Vous serez accaparé sous peu par d'importants projets qui vous ouvriront une voie professionnelle différente. Une nouvelle mission de vie se pointera peut-être aussi au cours des prochains mois. À cause de ce sang sur vos pieds, il se peut que certaines personnes cherchent à vous nuire parce qu'elles vous craignent ou envient vos idées parfois trop avant-gardistes. Comme vous êtes prévenu, vous saurez opter pour l'attitude qui s'impose : soyez discret pendant un certain temps et étudiez bien votre entourage avant de pousser la machine. Il serait bon, également, que vous cherchiez un allié qui facilitera votre intégration dans l'équipe ou l'entreprise.

- **Se faire couper un membre, couper une partie d'anatomie à quelqu'un ou voir du sang couler**

Quelqu'un complote pour vous faire injustement porter le chapeau dans une situation donnée. Vous pourriez même recevoir une mise en demeure dans les prochains jours. Défendez-vous avec intégrité et tenez-vous-en aux faits. En usant de vigilance et en sortant stratégiquement quelques munitions de votre manche, vous arriverez à faire pencher la balance en votre faveur. Tout est dans la façon de contourner avec brio les obstacles qui se dresseront sur votre route. Ce rêve laisse aussi prévoir que vous aurez une révélation mystique tellement profonde – et heureuse – que votre système de croyances tout entier basculera. Actuellement, vous pâtissez peut-être de l'étroitesse d'esprit ou de l'égocentrisme des autres. Ne vous laissez pas atteindre par ces attitudes réductrices. Dites-vous plutôt que les personnes qui tendent des bâtons en travers de votre route finiront bien par comprendre certaines choses avec le temps. Tout suggère ici que vous guérirez d'un mal qui vous fait souffrir depuis longtemps. Quel organe a été sectionné dans votre rêve ? C'est cette partie de votre corps qui pourrait être guérie, mais consultez tout de même un spécialiste.

- **Se couper et voir son sang couler**

Ce rêve indique que vous serez bientôt en mesure de prendre votre vie en main. Des coups de chance imprévus vous permettront même d'aller de l'avant. Mais il vous faut aider le sort quelque peu. Sachez profiter des possibilités que le destin vous offre. Et ne vous lancez pas tête la première dans une situation qui manque de clarté ; vous pourriez vous retrouver coincé entre l'arbre et l'écorce.

Réflexion

Le sang parle de cette force vitale qui ne demande qu'à se manifester dans l'univers. Que ce soit dans votre travail, dans un projet important, un imbroglio familial ou un procès, votre réussite ne dépend que de votre habileté à négocier. Si vous savez faire preuve de diplomatie tout en respectant votre vis-à-vis, même s'il s'agit de votre pire ennemi, vous accomplirez de vrais miracles. Vous disposez des ressources nécessaires pour vous sortir de tout guêpier avec doigté et panache.

Chapitre 8

L'INTELLIGENCE DES NOMBRES ET LES CHEMINS SACRÉS

Les nombres sont les enveloppes visibles des êtres.

Saint-Martin

L'intelligence des nombres

J'ai découvert le pouvoir des nombres de façon un peu étrange. Je me promenais dans la forêt, au tout début de ma carrière de parapsychologue. Je me trouvais au nord de Québec, en plein cœur de l'automne. Le paysage était magnifique. Je me souviens très bien de mon état d'esprit d'alors. Je n'arrivais plus à bien canaliser mes perceptions, ni à trouver leur véritable utilité. J'étais en quelque sorte perdue intérieurement. N'existait-il donc pas de maître susceptible de jeter des cailloux blancs sur ma route pour m'indiquer la voie à suivre ?

Envahie par un fort sentiment de tristesse, et aussi seule qu'on peut l'être quand on se perd soi-même, j'empruntai un petit sentier qui serpentait dans la forêt. Au hasard d'une courbe, je découvris un vaste bosquet d'arbres variés qui ondulaient dans un même mouvement. Je m'arrêtai, absolument fascinée. Il devait bien y en avoir plus d'une centaine ! Même si les arbres semblaient se perpétuer jusqu'à l'infini, ils se dressaient dans un ordre parfait, comme si une logique bien calculée régnait sur la nature. Bouleaux, pins, sapins, tous ces arbres majestueux, organisés, structurés, cohabitaient dans une parfaite harmonie, au sein d'un environnement autonome et libre. Comme s'il s'agissait d'une connivence tout naturellement établie depuis le premier éveil de cette forêt. Sans l'ombre d'un doute, la nature était animée par la volonté d'un Grand Esprit. Présence subtile, certes, mais non moins intense !

Je sentis alors une présence, une force. Puis un souffle est monté en moi. Portée par cette certitude qu'il y a une intention de vie plus grande que soi, je compris soudainement que notre élan vital possède sa propre logique, inattaquable, inébranlable, indiscutable. J'en fus positivement transportée. Une fois rentrée à la maison, encore sous l'émotion de cette expérience puissamment vivante, je mis la main sur un livre qu'une amie m'avait prêté la semaine précédente. Il s'agissait du livre de la Kabbale, qui propose des réponses aux questions essentielles touchant l'origine de l'univers, le rôle de l'homme et son devenir dans le monde. En l'ouvrant, je découvris une image qui transforma ma vie à jamais et la rendit incandescente. C'était un arbre, plus précisément l'arbre de la vie intérieure, symboliquement représenté par les 22 chemins que l'âme emprunte pour s'émanciper. Je venais de trouver mon maître. Cet arbre, dont les racines s'abreuvent aux nombres et aux lettres de la vie, allait me servir de guide.

Au cours des dix années qui ont suivi cette découverte, je travaillai le symbolisme des nombres avec un intérêt sans cesse croissant. Le point focal de mes efforts réside dans la création d'une méthode d'interprétation des rêves à partir de l'alphabet sacré. Tout au long de cette période, jamais cette comparaison entre les nombres, les lettres et les arbres ne m'a quittée. Cette fascination que j'ai développée à l'égard des arbres, alchimistes capables de modifier certains gaz toxiques en oxygène respirable, est restée entière. Les arbres sont les poumons de la planète. Ils nous enseignent à quel point la nature est magnifique dans son pouvoir d'organisation et son intelligence.

Dans l'ancienne tradition, on a souvent comparé l'homme à l'arbre. Tout comme lui, il s'enracine dans la terre, il grandit, mûrit et vieillit, en plus de tendre à se rapprocher de Dieu. En ce sens, l'arbre est tout naturellement attiré vers le ciel. Il s'élève, symbolisant la force verticale, donc la quête de vérité, le dépassement et la recherche constante de connaissances.

Nous sommes envahis par les nombres, les chiffres, les mathématiques : « La langue du Nombre est la langue de la connaissance. »[1] La science se fonde d'ailleurs sur un enchaînement de calculs savants qui tendent à prouver, à défier et à démentir toutes choses dans le but de pousser plus loin les connaissances existantes. Les nombres sont fascinants, disait Jung, parce qu'ils « apparaissent comme un lien tangible entre les deux domaines de la matière et de la psyché ».

Comme notre cerveau compte deux hémisphères, nous sommes dotés à la fois d'un potentiel artistique, créatif et intuitif, et de facultés logiques, stratégiques et mathématiques. Nous combinons les deux forces. Ceci étant dit, certaines personnes rêveront davantage en faisant appel à leur génie artistique, tandis que d'autres sèmeront leurs rêves de nombres sacrés.

Comment obtenir des prédictions en se basant sur les 22 chemins sacrés

Marc-André, qui vivait un changement de vie important sur le plan sentimental, me raconta ce rêve numéral :

> *Je me trouvais dans une boutique d'articles divers lorsque, soudainement, j'ai pris conscience dans mon rêve que je rêvais. Je me voyais acheter plein de trucs sans trop savoir ce que c'était. À un moment donné, le propriétaire du commerce m'a remis la facture de mes achats. J'ai tout de suite douté de son calcul et je le lui ai fait savoir, ce qui le contraria*

1. Maela et Patrick Paul, *Le chant sacré des énergies*, Éditions Présence, Paris, 1983.

> *un peu. Je pouvais clairement voir le montant de la facture, laquelle s'élevait à 169 $. Après avoir refait son addition, le propriétaire reconnut son erreur : « C'est vrai, vous ne me devez que 88 $. »*

Toute information numérale qui vous est communiquée par le biais du rêve a sa signification propre. Pour la traduire en prédiction concrète, il vous suffit d'additionner chacun des chiffres qui vous ont été transmis, de façon à obtenir un chemin sacré inclus entre 0 et 22. Ainsi, dans l'exemple ci-dessus, il aurait fallu effectuer cette addition : 1 + 6 + 9 = 16, puis lire l'oracle associé à ce nombre. Comme un deuxième indice numéral a été fourni, il aurait aussi fallu en tenir compte : 8 + 8 = 16. Ce qui est fascinant ici, c'est que la même prédiction s'est répétée, comme pour conférer une plus grande importance au message.

Si vous rêvez à une facture dont le montant s'élève à 199,97 $, appliquez la même méthode arithmétique : 1 + 9 + 9 + 9 + 7 = 35. Comme il n'y a que 22 chemins sacrés, réduisez ensuite ce nombre : 3 + 5 = 8. Consultez alors l'oracle 8. Tous les nombres qui excèdent 22 doivent nécessairement être ramenés à leur plus petite expression.

Beaucoup de rêves nous montrent des nombres sans que nous cherchions à les distinguer. Ainsi, si vous soufflez 58 bougies d'anniversaire dans votre rêve, consultez l'oracle 13. Si on vous lègue une collection de 4 500 timbres rares, référez-vous à l'oracle 9. Si la ferme que vous achetez en rêve compte 40 vaches, 15 moutons, 14 chevaux et 2 oies, lisez l'oracle 8, qui représente la contraction de 71, soit 7 + 1. Si vous tombez dans une crevasse d'une profondeur de 51 mètres, lisez l'oracle 6.

Le zéro offre également des trésors de sens puisqu'il évoque l'infini. Si un employeur vous propose un salaire de 60 000 $, consultez l'oracle 6 ainsi que l'oracle 0, puisque ce nombre contient une prédominance de 0. Vous obtiendrez ainsi deux analyses prémonitoires complémentaires.

0

La voie lactée
Les forces de l'invisible

Le souffle

La présence de zéros dans un nombre rappelle que le destin, le mystère caché ou les forces de l'invisible occupent un rôle prédominant dans la prémonition. Il semble que vous trouverez une solution efficace à un problème complexe et apparemment sans issue. Une épreuve se transformera en bénédiction à l'instant où vous verrez ce qu'il convient de faire. Le négatif cédera la place au positif. Le sentiment de réussite dépend souvent de notre façon de voir les événements qui surviennent. Attendez-vous à vivre des changements personnels importants. Le destin vous entraîne assurément quelque part.

Le zéro laisse sous-entendre que l'ambiance qui règne dans votre milieu de vie ou de travail est alourdie par une forme de pollution. Vous devez tenter d'assainir cette ambiance et vous montrer plus attentif à ce qui vous entoure. Vous devez aussi amorcer une transformation. Vous entrez dans une période où il est propice de donner un sens à votre vie en procédant à une sorte d'examen intérieur. Vous ne pouvez plus accepter que des énergies négatives polluent votre air. Il vous est conseillé de rechercher la profondeur en toutes choses et de privilégier des exercices respiratoires. Ils auront pour effet de favoriser un travail conscient sur votre souffle et de raviver votre force intérieure.

Vous voilà devant un tournant inspirant de votre destin. Soyez prêt à le prendre avec joie et en vous laissant porter par le souffle, cette force de l'invisible qui agit naturellement à chacune de vos respirations.

Sens artistique et spiritualité

Même si votre code génétique n'est pas celui d'une célébrité ou d'un récipiendaire du prix Nobel, vous démontrez tout de même d'excellentes aptitudes dans divers domaines. Sachez accepter que vos talents valent leur pesant d'or et qu'ils justifient toutes ces passions qui vous animent. La tâche qui vous attend se résume à admettre votre potentiel et votre capacité à vivre pleinement ce que vous souhaitez, jour après jour. Très bientôt, vous laisserez émerger votre véritable nature et un talent à la limite du magique en jaillira. Vous ne vous reconnaîtrez plus d'ici quelque temps.

Peut-être traversez-vous un passage à vide sur le plan spirituel. Si vous n'arrivez pas à comprendre où vous conduit le bateau naviguant dans la brume, ne craignez rien. Des événements imprévus vous permettront bientôt d'y voir plus clair. Un phare s'allumera dans votre nuit intérieure et guidera votre trajectoire spirituelle.

Carrière et argent

L'inattendu règne sur ce secteur. Il est ici question d'une solution qui aura un effet bénéfique sur le déroulement d'un projet. Toutefois, cette solution ne pourra se mettre en place sans une initiative de votre part. Vous devez oser, agir et risquer pour que les choses progressent. Vous ne pourrez plus supporter la stagnation encore bien longtemps.

Comme vous vous lancerez bientôt dans l'action, vous allez croître et faire croître tout ce que vous toucherez. L'avenir s'annonce prometteur ; vos biens financiers et matériels vont fructifier. Une promotion et une augmentation de salaire sont dans les choses du possible. Vous attirerez l'abondance sous toutes ses formes. Sachez faire preuve d'habileté et d'un esprit alerte afin de pouvoir en profiter au maximum. L'idée d'acheter des billets de loterie ou de participer à des concours serait à retenir.

Le message contenu dans le zéro est clair. Vous vous découvrirez prochainement une nouvelle vocation, qui risque de changer le cours de votre carrière et de nourrir l'être passionné en vous. Il vous est suggéré de vous inscrire à des cours, d'assister à des séances de formation ou de participer à des ateliers pouvant améliorer vos performances personnelles et ce, à tous les niveaux. Pour vous guider, des personnes apparaîtront sur votre route et, grâce à elles, vous saurez quels points de traverse emprunter.

Le zéro réfère aussi à l'importance de considérer la vie comme étant plus précieuse que le succès, l'argent et le pouvoir. Vous aurez à réfléchir sur ce qu'il convient de faire pour ne pas vous contenter d'une existence qui se vide peu à peu de son sens. La gloire, le dernier chic et les faux-semblants ne sont pas ce que vous devez privilégier ; orientez-vous plutôt vers le monde de la profondeur.

Amour et amitié

Si vous vivez seul, vous pouvez espérer le retour de la personne qui vous tient à cœur ou une rencontre sentimentale signifiante. Ceux qui forment un couple et qui sentent de la fatigue ou un manque de sincérité s'installer dans leur relation seront frappés par un événement surprise, imprévisible, qui leur permettra d'y voir plus clair. L'heure est venue de faire sérieusement le point sur vos amours. En ce sens, l'avenir s'impose.

Un ami vous inquiète peut-être en ce moment. Mais il vous manque trop d'éléments pour connaître la cause réelle du malaise qui l'habite. Faites preuve de flair et effectuez votre petite enquête avec habileté afin d'en apprendre davantage. Ce n'est pas le temps de le laisser tomber.

Famille

Tout suggère qu'on a affaire ici à une situation de création. Peut-être songez-vous à concevoir un enfant ou à remodeler votre vie de famille afin de lui insuffler un nouvel élan au quotidien. Vous prendrez peut-être aussi conscience du rôle déterminant que vos parents ont joué dans votre vie.

Santé

Il est temps de travailler votre respiration et de comprendre combien votre corps a besoin de bien s'oxygéner pour maintenir l'équilibre de votre santé psychique. Cela vous permettra surtout de sortir du grenier toutes ces belles idées qui ne demandent qu'à démontrer leur plein potentiel. Vous gagneriez énormément à vous concentrer sur des techniques respiratoires. Prenez place sur une chaise ou dans un fauteuil confortable, le dos bien droit, et laissez vos épaules tomber, sans trop de lourdeur. Exhalez alors l'air de vos poumons comme si vous souhaitiez les vider complètement tout en vous concentrant sur cette phrase : « J'expire, je lâche prise. » Puis, inspirez en exerçant une légère pression, à l'aide d'un doigt, un centimètre sous votre nombril. Au même moment, ayez cette idée en tête : «Voici la conscience qui me pénètre tout naturellement. » Selon les anciennes écritures, le centre originel de la respiration se situe justement un centimètre en dessous du nombril. Pendant l'exercice, ne cherchez pas à maîtriser votre respiration.

La voie lactée, signe d'élévation de l'âme

Dans les mythologies grecque, égyptienne et celte, on associe parfois la voie lactée à des images de grand serpent blanc, de poutre du ciel, de long fleuve qui traverse le ciel ou de chemin céleste. On la compare également à un arc-en-ciel qui relie le ciel à la terre, l'homme à Dieu et l'âme à l'homme. La mythologie grecque, pour sa part, définit plus précisément la voie lactée – lactée pour lait – comme une bande blanchâtre et une suite de formes floues et irrégulières effectuant le tour complet de la sphère céleste.

Quelle est la raison d'être de la voie lactée ? L'ancienne tradition raconte qu'elle constitue un lieu de passage qui permettrait d'effectuer la transition entre un plan de vie et un autre. Dans ce sens, elle représente la route que l'âme emprunte pour voyager entre les mondes ; c'est une voie royale qui favorise l'ascension de l'âme humaine et de la psyché. Le rêve devient le chemin le plus direct et le moins ardu à fréquenter pour se rendre jusqu'à l'âme. Le souffle – votre respiration ou, si vous préférez, l'infiltration de l'air dans vos poumons – se fait beaucoup plus pénétrant durant votre sommeil. Il s'enfonce dans votre corps pour atteindre des niveaux de conscience tout simplement renversants. Un peu comme ces plongeurs en apnée qui descendent le plus profondément possible dans l'océan. Ils arrivent à maîtriser leur souffle de façon très technique. En fait, tout comme ces plongeurs ne peuvent se perdre dans le « grand bleu », nous ne pouvons nous égarer dans le monde onirique.

La voie pour pénétrer en soi

Amitié, amour et âme... La ressemblance entre ces mots n'est-elle pas étrange ? Ils pourraient d'ailleurs tous s'écrire avec un accent circonflexe. Ainsi seraient-ils imprégnés d'une charge émotive plus profonde et prendraient-ils une intonation ni trop aiguë, ni trop grave. En prêtant une intention d'âme à l'âm-itié et à l'âm-our, il ne peut plus y avoir de jalousie, d'envie, de compétition, de faux-semblants ni de jeux de pouvoir. La personnalité devient musique et ses harmoniques, tout doucement, pénètrent les dédales de l'intellect pour le faire vibrer à un autre niveau d'intensité. Nous obtenons alors le juste équilibre, nous établissons un principe d'attraction plus vrai avec les autres. Mais pour y arriver, il faut pénétrer en soi. Et la clé qui ouvre la porte du soi est le pouvoir du souffle que l'on doit développer de façon consciente et déterminée.

En ce sens-là, le souffle devient une voie lactée qui nourrit l'esprit comme le lait maternel nourrit le corps. Grâce à l'attribut du souffle intérieur, de la respiration profonde, nous pénétrons la conscience avec une étonnante lucidité. Autrement dit, la notion d'habiter son corps et de nourrir son esprit doit être prise au sérieux. Cela est d'autant plus vrai que nous ne possédons qu'un seul et unique corps physique.

Si vous vous sentez perdu, inutile, impuissant, seul, isolé, incapable de la moindre émotion ou sans direction claire à suivre, c'est que vous n'habitez pas vraiment votre sanctuaire intérieur. Votre corps – votre maison – est laissé à lui-même. Il faut que vous redonniez de la valeur à votre présence sur cette terre.

1

L'homme
Planète Mercure ☿

La force intellectuelle

On fait ici référence au géniteur dans son sens le plus large et le plus symbolique. Votre esprit créateur vous rend magicien en vous donnant le pouvoir d'agir sur la matière, mais il exige d'abord que vous découvriez la meilleure façon de vous y prendre. Faites confiance à votre intelligence ! Elle s'inspire de tout ce qui l'entoure, même si vous n'en avez pas toujours conscience. Et comme le prescrit la planète Mercure, il se peut même que vous changiez complètement votre façon d'aborder les problèmes qui se posent. Sachez aussi écouter vos voix intérieures. Elles vous permettront de réussir au-delà de vos espérances. Il semble que vous montriez de l'habileté à manier chiffres, idées, horaires, mots et symboles ; ce don est inspirant, mais ne le laissez pas vous enrichir aux dépens d'autrui.

Dans l'ancien monde, les hommes ont observé qu'une force tranquille émanait du buffle. Ils vénéraient sa puissance naturelle dans l'accomplissement de la tâche, laquelle surpassait largement celle des humains. Il n'en fallait pas plus pour qu'ils le comparent au pouvoir divin. C'est probablement pour cette raison que la première lettre de l'alphabet sacré est représentée par la tête d'un buffle. L'homme, quant à lui, était dépositaire de l'aspect plus primitif de cette force supérieure. Il n'est donc pas étonnant que le rayonnement de la planète Mercure sur la Terre soit associé à la découverte, à la recherche, au savoir en général et à la prise de conscience spirituelle. L'homme serait avant tout détenteur du pouvoir d'apprendre pour mieux comprendre.

Tout indique qu'un voile va bientôt se lever sur une situation cachée, étrange ou surprenante. Mais faites taire vos inquiétudes. Vous saurez faire face à la situation et régler les problèmes, même les plus complexes, avec une aisance qui étonnera. Votre capacité de raisonnement sera aussi grande que votre sagesse. Vous êtes marqué par une indéniable force intellectuelle.

Il est également possible qu'un événement surgisse du passé ou qu'un retour en arrière s'impose pour mieux comprendre le sens à donner à votre vie. Soyez attentif à ce qui ressort ou à ce qu'il faut recommencer. Et n'hésitez pas à vous tourner vers une nouvelle connaissance, laquelle pourrait vous apporter l'aide qu'il vous faut.

Vous faites présentement face à une remise en question. Êtes-vous conscient de votre valeur et des qualités qui foisonnent en vous ? Vous devez les reconnaître, sinon vous empêcherez l'avènement de certaines situations sous prétexte que vous n'en valez pas la peine. Ce serait dommage. Empressez-vous de remettre vos talents et vos forces à l'avant-plan. De cette façon, vous pourrez convaincre les autres de votre pleine valeur. Il vous est conseillé de pratiquer des exercices respiratoires ou tout exercice ressemblant au taï chi dans le but de rétablir le contact avec certains niveaux de conscience.

Sens artistique et spiritualité

Si vous entreprenez de nouvelles choses, vous apprendrez rapidement à bien les accomplir. En ce moment, votre intelligence s'abreuve à la source d'un instinct sûr et de nouveaux savoirs. Votre logique est comme un puits profond. Vous serez très inventif et créateur, surtout si vous êtes relié à la musique et à la poésie. Vous saurez puiser dans la science de votre esprit les idées originales et avant-gardistes qui échappent aux autres. Profitez bien de cette abondance intellectuelle. La reconnaissance sociale est à votre portée.

Sur le plan spirituel, vous devez travailler à dépasser les frontières du connu. Vous démontrez une propension naturelle à jongler avec les subtilités de l'esprit, langage chargé d'images symboliques.

Carrière et argent

Vous semblez traverser des épreuves et des difficultés, mais ne flanchez pas. Vous trouverez le courage et la force nécessaires à la résolution de tous vos problèmes d'inconfort professionnel. Ce qui ne fait aucun doute, c'est que vous ne pouvez plus accepter de n'être que le spectateur de la situation. Vous devez prendre les devants et oser proposer vos idées. Le temps est propice à la naissance d'une création. Vous pouvez penser à écrire la première ligne d'un livre, à élaborer la première ébauche d'un dossier, à mettre sur papier un nouveau projet d'affaires ou à planifier un premier rendez-vous important. Initiez l'action ; c'est la seule manière de rendre possibles les suites attendues.

Votre cheminement professionnel pourrait vous conduire à une ouverture intéressante. Vous devrez faire un choix dans ce sens. Il importe que vous ne laissiez pas vos peurs vous freiner. Les choses vont désormais se mettre en place et on vous donnera les moyens pratiques et matériels de développer un projet. Dans ce contexte, vous devrez trouver l'équilibre. Et si vous êtes appelé à exercer un certain pouvoir, n'en n'abusez pas. Peut-être cherche-t-on à tester votre intégrité et votre rectitude.

Des défis vous seront lancés. Relevez-les sans craindre l'échec. Une promotion ou une augmentation de salaire pourraient suivre. Dans ce cas d'enrichissement évident, tenez tout de même compte d'un conseil : ne réagissez pas de façon explosive si vous vous sentez menacé ; prenez plutôt de grandes respirations.

Amour et amitié

Méfiez-vous des sautes d'humeur ou des mouvements d'impatience qui pourraient saboter votre relation de couple. Le buffle peut être très têtu ! Concernant cet aspect important de votre vie, il vous est recommandé de trouver ou de retrouver l'équilibre. Vous sentirez aussi le besoin de faire la lumière sur les sentiments que vous éprouvez ou n'éprouvez pas. Se peut-il que vous jongliez avec les sentiments d'une personne en ce moment ? Ou, au contraire, est-il possible qu'une personne soupèse les sentiments qu'elle vous porte ? Quel que soit le tourbillon d'émotions qui vous entoure, laissez parler votre cœur, même si vous avez peur de perdre la face. Ce qui compte, c'est qu'on vous donne l'heure juste.

Si vous souhaitez rencontrer quelqu'un, dites-le à votre entourage. Vos amis et vos collègues de travail pourraient devenir des entremetteurs efficaces.

Famille

Vous serez appelé à renouer avec un membre de votre famille que vous n'avez pas vu depuis longtemps. Le moment se prête bien aux retrouvailles. Il est aussi possible qu'un vieux secret de famille soit dévoilé au grand jour. De façon générale, l'atmosphère est fertile en possibilités de réconciliation. Si vous êtes parent, un de vos enfants pourrait décider de faire preuve d'autonomie et d'aller de l'avant pour se faire une vie bien à lui. Croyez en lui. Ce sera une preuve d'amour très stimulante à lui offrir.

Votre ordonnance santé

Le nombre 1 fait référence :

au sang	à la psyché
à la tête	à l'intelligence
au visage	au potentiel créatif
aux oreilles	aux capacités intuitives

aux yeux
au torse
aux bras

Vos meilleurs alliés

les frères et sœurs
l'entourage proche
les hommes, si vous êtes une femme
l'enseignant ou tout formateur spécialisé en stratégie de vie

2

La bouche
Planète Saturne ♄

Le pouvoir de l'échange

Il arrive que certains événements extérieurs nous amènent à prendre conscience de forces que nous ignorions posséder. Vous découvrirez bientôt que la véritable force intérieure d'un individu naît de l'étendue de son savoir. Réservez de l'espace pour emmagasiner de nouvelles connaissances et poursuivez l'approfondissement du savoir déjà acquis. Ménagez-vous aussi des zones de repos et de recueillement afin de retrouver votre équilibre. Vous permettrez ainsi à votre corps physique de s'adapter à la gamme d'émotions diverses auxquelles vous le soumettez. En ce moment, il est possible que vous soyez sujet à des sautes d'humeur frôlant l'agressivité. Dès que vous aurez retrouvé votre calme, vous serez en mesure de rétablir la paix dans vos échanges.

Le nombre 2 illustre les questions de dualité découlant de l'esprit de compétition. Vous ne vous sentez pas à votre place ? Une personne vous bloque le passage et vous oblige à jouer des coudes ? Au travail, vous devez prouver que vous êtes à la hauteur de la situation et que votre réputation n'est pas surfaite ? Le partenaire amoureux occupe tout l'espace vital ? Vos élans d'affirmation marqueront des points en votre faveur. Mais sachez tout de même ne pas trop en dire, ni trop en faire, surtout si vous êtes témoin d'une situation insupportable. Sinon, à l'instar du dragon, vous risquez de cracher une trop grande quantité de votre feu intérieur et d'en manquer. La planète Saturne peut parfois avoir le jugement dur et le verbe tranchant. Soyez prudent et ne laissez sortir de votre bouche rien que vous pourriez regretter par la suite.

Ce nombre sacré représente l'alarme que sonne votre logique pour vous annoncer qu'il y a débordement d'émotions intenses. Faites la paix à la maison, au travail, avec votre famille et avec vos amis. Apprenez aussi à vous faire respecter. Ce qui compte, c'est que vous ne fassiez plus n'importe quoi, avec n'importe qui et n'importe où. Ne vous laissez plus abuser par personne.

Sens artistique et spiritualité

Votre vie sera beaucoup plus complète si vous lui donnez un sens artistique. Écrivez, chantez, dansez ou peignez des toiles. Créez vos propres *mandalas*, ces dessins tibétains que l'on peut faire soi-même ou acheter et qu'il faut simplement colorier. Toutes ces formes d'expression artistique très concrètes vous apporteront une sorte d'ancrage intérieur. Si vous doutez de vos talents de créateur, mettez-vous en mode d'apprentissage. Inscrivez-vous à des cours plus avancés, vous adorerez. Si vous souhaitez enseigner l'art, vous aurez peut-être la surprise de décrocher le poste convoité. Un projet artistique vous intéresse ? Acharnez-vous à démontrer l'aspect magique qu'il présente et à le mettre sur pied ; une grande œuvre suivra.

Vous entrerez bientôt dans une nouvelle phase de spiritualité. On parle ici du germe d'une spiritualité intelligente, forte et juste, qui aura un effet signifiant sur vous. Vous comprendrez que si vous vivez en perpétuelle contradiction avec le monde qui vous entoure, c'est parce que la vie que vous menez manque de sens. Il peut parfois être difficile de jouer la carte de la perfection et d'être le point de mire.

Vous auriez intérêt à repenser votre mode de communication ainsi que la manière dont vous vous exprimez. L'amélioration de votre expression verbale vous sera bénéfique. Pourquoi n'iriez-vous pas jusqu'à vous inscrire à un cours spécialisé ?

Carrière et argent

Au travail, vous serez accaparé sous peu par un projet mobilisant. Il peut s'agir d'une promotion qui nécessitera que vous appreniez un nouveau métier ou de changements dans l'accomplissement de vos tâches. Vous pouvez croire en l'avenir. Une augmentation de salaire pourrait vous être offerte, comme il est possible que vous trouviez une deuxième source de revenus ou qu'une personne s'acquitte d'une dette envers vous. Votre tourmente matérielle tire à sa fin, même si vous doutez de votre capacité à vous en sortir. Étant donné qu'une gratification financière vous attend, n'hésitez pas à vous montrer généreux à votre tour. Donnez pour le seul plaisir de donner, sans attendre quoi que ce soit en retour.

Dans les prochains jours, vous découvrirez que vous êtes un enseignant naturel, mais n'oubliez pas qu'il y a toujours place à l'amélioration. Abandonnez toute ambiguïté dans vos communications. Après tout, se faire comprendre n'est-il pas aussi essentiel que de comprendre ? Vos échanges, commentaires, demandes et conférences doivent s'illustrer par leur clarté.

Un puissant désir de changement vous anime. Vous devez donc transformer votre façon d'effectuer votre travail ou trouver des solutions pour simplifier et optimiser son exécution. Cette situation s'avère très favorable. Des parasites évoluent dans votre milieu de travail ? Vous avez l'impression de tout donner, tandis que les autres témoignent une volonté inégale ? En devenant un témoin impuissant, vous ressentirez une frustration tout à fait justifiée. Pour neutraliser ce sentiment, forgez-vous une petite armure, laquelle empêchera que vous vous laissiez atteindre ou envahir par les autres. Ne flanchez pas par peur de déplaire.

Si vous prévoyez acheter un commerce, une maison, un chalet ou procéder à une quelconque acquisition matérielle importante, le moment est idéal. Les institutions bancaires supporteront votre projet immobilier et financier, sur présentation d'un dossier soigneusement préparé. Si vous êtes en recherche d'emploi, envoyez votre profil professionnel dans des entreprises réputées et établies depuis longtemps.

Amour et amitié

Si votre relation amoureuse subit une certaine dualité en raison de difficultés financières, ne sautez pas à la mer ; attendez que la tempête s'éloigne. Tout rentrera dans l'ordre quand vous aurez compris qu'il existe des solutions intelligentes aux problèmes d'argent. Si vous le souhaitez vraiment, vous allez trouver ! Sinon, peut-être devez-vous calmer vos appétits matériels en y mettant plus de sérieux et de retenue. Se peut-il que la routine ait déposé ses pantoufles sous votre lit ou que vous viviez une forme de solitude à deux, l'autre se disant trop occupé pour vous apprécier ? En attendant des jours meilleurs, laissez la musique et l'art agir sur votre couple comme des ingrédients sensuels et guérisseurs. Autrement dit, prenez le temps de profiter de la vie à deux et revoyez un peu vos habitudes de couple.

Les célibataires qui désirent voir l'amour entrer dans leur vie pour enfin vivre dans un jardin ensoleillé ont intérêt à fréquenter des lieux où règne la connaissance. Les universités, écoles, séminaires, conférences, soirées artistiques et cours de croissance personnelle semblent représenter d'heureux points de rencontre.

Il est possible qu'un de vos amis découvre son homosexualité ou sa bisexualité. Apaisez son trouble en lui offrant une écoute généreuse, sereine et dénuée de tout jugement. Il se peut aussi que vous soyez confronté à un choix amoureux ; vous devrez définitivement trancher. Ne craignez pas d'exprimer ce que vous ressentez vraiment, quoi qu'on en dise, quoi qu'on en pense. La nature véritable de vos sentiments ne doit plus être tue. En ouvrant votre cœur et en suivant votre intuition, vous saurez enfin à quoi vous en tenir.

Tout indique que vous recevrez prochainement une lettre, une nouvelle importante ou un signe de vie provenant d'une personne que vous n'avez pas vue depuis longtemps. Un secret vous sera peut-être révélé. Si tel est le cas, vous serez libéré ou vous libérerez quelqu'un d'un grand poids.

Famille

Avez-vous la possibilité de vous exprimer autant que vous le souhaiteriez au sein de votre famille ? Vos parents, une sœur ou un frère aîné exercent peut-être un grand ascendant sur les autres membres de la famille. Même si vous êtes témoin de cette situation et qu'elle vous contrarie, faites preuve de maturité et ne vous rebellez pas plus que nécessaire. Le plus important consiste à vous assurer une forme de respect sans chercher à imposer votre point de vue à tout prix. La planète Saturne vous oblige au dépassement personnel et à la tolérance face à la fermeture des autres. Cette situation n'est pas facile, mais vous saurez tirer votre épingle du jeu et combler vos besoins, sans devoir vous opposer aux forces de résistance.

Votre ordonnance santé

Le nombre 2 fait référence :

à la gorge
à la voix
aux yeux
aux oreilles
aux reins
aux narines et aux sinus
aux lobes gauche et droit du cerveau
aux poumons

Vos meilleurs alliés

le supérieur au travail
les frères et sœurs
les femmes en général
l'épouse
l'éditeur, le diffuseur
le spécialiste en communication
le facteur et le porteur de nouvelles

3

Le chameau
La Lune ☽

La main qui se tend

Vous apporterez une aide inestimable à tous ceux qui vous entourent. N'hésitez pas à distribuer vos précieux et judicieux conseils, car quelque chose d'apaisant émane de vous. Toutefois, restez conscient que les autres incarnent votre miroir, c'est-à-dire que ce qui vous irrite chez les autres et vous rend critique à leur endroit trouve aussi son écho en vous. En fait, l'oracle vous suggère d'utiliser cet effet miroir afin de mieux vous analyser. Méditez sur l'indulgence.

Peut-être éprouvez-vous des sentiments contradictoires en ce moment. Vous semblez vivre un exil émotionnel volontaire ou une période d'éloignement involontaire en amitié, en amour et avec votre famille. À moins que, tout comme le chameau, vous n'ayez entrepris une traversée du désert intérieure ? Avez-vous l'impression de ne pas avoir répondu aux attentes des autres ? Entretenez-vous des pensées négatives à votre endroit ? Remettez-vous votre vie entière en question ces derniers temps ? Il est tout à fait normal que vous vous sentiez seul et impuissant. Cependant, acceptez de devenir cette main qui se tend et qui prend l'aide qu'on lui offre. En Asie centrale, on associe le chameau à l'orgueil ainsi qu'à celui qui préfère s'arranger seul et qui déteste être redevable. Cela dénote surtout un manque flagrant d'humilité, une incapacité à pouvoir recevoir. Voilà pourquoi il est si important pour vous d'être cette main qui se tend vers les autres. Suivez ce conseil et de petits miracles se produiront dans votre vie. Soyez assuré d'une chose : les autres ne demandent qu'à vous aider. Souvenez-vous que tomber est humain, se relever est divin.

Si vous décidez de vous perfectionner, vous vous forgerez une sécurité intérieure et une base solide sur laquelle vous pourrez vous appuyer sans craindre de vous tromper. Ainsi en va-t-il du chameau, qui peut s'aventurer dans une longue traversée du désert sans redouter la panne sèche. Ce nombre sacré s'avère très puissant en ce qui concerne les nouveaux projets, les études et les nouvelles connaissances. Vous ressentirez de plus en plus fortement ce besoin d'être l'initiateur d'un mouvement. Le destin mettra sur votre route des personnes ayant les compétences nécessaires pour faire avancer votre projet, et des sommes d'argent vous seront prêtées afin que vous les mettiez sur pied.

Sens artistique et spiritualité

Le moment est venu d'acquérir les connaissances et de trouver les informations qui vous manquent pour vous préserver de tout préjudice. En fait, vous pourriez être amené à parler en public ou à donner des conférences, des cours et des séances de formation. Vous allez briller par votre facilité à communiquer et à détourner les interventions stériles qui pourraient vous faire obstacle. D'une manière symbolique, rappelez-vous que, à l'instar du chameau, l'homme porte son eau. Faites donc confiance à votre intuition ; vous pourrez alors avancer dans le désert sans craindre le pire. Autrement dit, vous saurez mettre de la vivacité dans votre discours pour mieux l'animer. Pourquoi ne suivez-vous pas des ateliers de théâtre ? Vous pourriez y apprendre à maîtriser l'émotion qui colore les messages que vous désirez transmettre. Votre charisme est immense. N'en abusez pas trop, juste un peu. Au fait, saviez-vous que vous possédez un indéniable souffle d'écrivain ? Qu'attendez-vous pour le manifester ?

Sur le plan spirituel, vous serez attiré par l'idée d'aller vous ressourcer en faisant une retraite fermée. Vous avez raison de vous accorder ce plaisir. La recherche mystique devrait vous aider à donner un sens plus intense à votre vie intérieure.

Carrière et argent

Vous êtes guidé dans vos décisions professionnelles. Vous pouvez enfin nourrir des idées de performance, de pouvoir et de réussite, sans en ressentir de culpabilité. Vous cherchez à faire bonne impression sur les autres et c'est bien légitime. Cependant, il est possible qu'une personne à la forte personnalité cherche à miner la confiance que vous avez dans vos moyens. On vous critique et on vous blâme pour des peccadilles ? Ne ripostez pas du tac au tac. Cela n'en vaut pas la peine.

Au travail, vous gagnerez beaucoup à vous spécialiser dans un secteur qui vous attire. N'hésitez pas à acquérir les connaissances qui vous permettront de parfaire votre savoir-faire et de renouer avec votre confiance ; vous ne le regretterez pas. Si l'entreprise qui vous emploie vous refuse la formation convoitée – ce qui serait surprenant –, ne perdez pas de temps et inscrivez-vous à des cours privés. Cet investissement intellectuel s'avérera très payant.

Sur le plan pécuniaire, ne vous montrez pas impatient et n'entretenez pas des attentes trop élevées. Voilà un premier pas vers l'abondance. En cessant de crier à l'injustice et en acceptant votre réalité matérielle, vous trouverez des idées originales pour améliorer votre sort. De toute façon, cette condition est temporaire. N'hésitez pas à accepter l'aide financière qu'on vous offre. Apprenez à recevoir avec humilité et sans vous sentir redevable. Vous devriez bientôt recevoir des nouvelles concernant une entrée de fonds. Sinon, un nouveau contrat se signera ou alors on vous offrira du travail. Votre qualité de vie s'en trouvera grandement améliorée. Si l'argent tarde à venir, faites pour le mieux et envisagez d'occuper un second emploi de façon provisoire.

Amour et amitié

En amour, certains souvenirs vous font souffrir. Vous éprouvez un sentiment d'impuissance face à une situation passée ou présente. Ressentez-vous, de surcroît, de la culpabilité ? Vous devez vous délester de ce poids et vous confier à une personne de confiance ou épancher votre douleur dans un journal personnel. En ouvrant votre cœur, vous toucherez le nœud de votre chagrin et vous pourrez alors libérer la peine qui vous étreint. Ne laissez pas votre orgueil rejeter l'aide des autres. Vous vous prendriez à votre propre piège en croyant vous suffire à vous-même.

Le chameau, relié à l'ère du Verseau par son symbole de porteur d'eau, indique que votre soif d'amour s'étanchera à partir de votre source intérieure. Voilà le principal défi : apprendre à se donner plutôt que de seulement donner. Mine de rien, cette évolution vous obligera à recevoir vraiment l'amour de l'autre. Votre vie s'en verra éclairée.

Si la solitude vous pèse, dites-vous qu'il n'y en a plus pour longtemps. Une rencontre sentimentale vient vers vous. Si votre relation de couple connaît un profond tumulte, n'attendez pas que les choses se dégradent davantage et envisagez un détachement qui vous permettrait d'embrasser d'autres horizons. Le renoncement et la rupture semblent ici indiqués pour purger une situation qui traîne. Décidez-vous, passez à l'action et cessez de craindre la perte d'un amour que vous savez mort. En bravant votre insécurité, vous vous rendrez compte que vous aviez tort de craindre le pire. Si l'amour règne au sein de votre couple, rien au monde ne viendra l'ébranler. Il vous suffit d'entretenir cet amour comme on prend un soin méticuleux à faire fleurir son jardin.

Tentez de trouver la façon la plus juste d'exprimer vos sentiments, c'est primordial. On vous sent fébrile et prêt à passer à l'action, mais vos difficultés à communiquer ce que vous ressentez constituent votre plus grand handicap. Prenez-en conscience, cela atténuera votre nervosité. Des aspects de votre vie professionnelle et amoureuse pourraient connaître une forme de renaissance.

Famille

La famille semble générer une sorte de maternage qui peut être étouffant par moment. L'amour maternel se veut peut-être trop envahissant. Sinon, il se peut que vous entreteniez une relation difficile avec votre mère ; l'important est que vous arriviez à trouver un certain équilibre au sein de cette relation. Vous prenez présentement conscience que la famille représente un port d'attache où il fait bon avoir du plaisir, discuter bruyamment et revenir pour recharger ses batteries. Une grossesse serait possible.

Votre ordonnance santé

Conseil : N'hésitez pas à vous accorder du repos psychologique, à consulter au besoin et à partir en vacances.

Le nombre 3 fait référence :

au surmenage
à la fatigue nerveuse
à l'épuisement physique
à la maniacodépression

Vos meilleurs alliés

votre mère
les femmes en général
les enfants
la spécialiste du secteur médical
l'enseignante ou un enseignant

la formatrice ou un formateur
la patronne ou un superviseur immédiat
la personne qui a de l'expérience et est capable de vous aider

4

La porte
Signe du Bélier ♈

L'influence sur la matière

Le signe du Bélier associé au nombre 4 rappelle ces énormes poutres qui, au Moyen-Âge, servaient à enfoncer les portes et à ouvrir des brèches dans les murailles ; on les appelait des « béliers ». Vous réfléchissez apparemment à la mort, à son symbolisme et à son sens intrinsèque. Les questions qui tourbillonnent dans votre tête vous troublent un peu, mais elles sont essentielles. Ne craignez pas d'ouvrir cette porte intérieure. Elle vous permettra d'exercer une certaine influence sur les événements. Cette idée de mort peut être reliée à la peur de perdre votre sécurité matérielle, votre argent, vos talents, vos dons ou l'amour d'une personne. Cette éventualité vous ramène à votre fragilité, à vos incertitudes et à vos inquiétudes. Il n'est pas facile d'admettre que tout a une fin, parce qu'on ignore ce qui se cache au-delà de cette fin.

En fait, si vous n'avez pas d'emprise sur le destin, vous en avez sur la matière. Trouvez donc une activité physique à travers laquelle vous reprendrez contact avec une certaine forme de maîtrise. Cela vous aidera à recouvrer votre équilibre.

L'attitude à adopter dans cette situation consiste à vous investir dans le moment présent et à vivre pleinement les joies et événements qui vous sont réservés ; cessez de craindre demain à cause d'hier. Une certaine paix d'esprit vous gagnera. Cela suggère toutefois que vous devrez, pendant un certain temps encore, vous satisfaire de ce que vous possédez. C'est peut-être une ruse de la vie pour vous contraindre à apprécier ce qui fait votre quotidien ! Si vous repensez votre vision des choses, vous constaterez qu'il n'existe pas de petit destin, seulement de grandes formes de bonheur en devenir.

Si vous doutez de la chance qui s'annonce, songez à la vie que vous avez reçue en cadeau. Avec pareille grâce, vous pouvez presque tout accomplir. Ce n'est pas la chance qui fait défaut ici, mais votre manière d'envisager la vie.

Une porte s'ouvre devant vous. Votre destin devrait pénétrer dans un autre univers professionnel, matériel ou amoureux.

Sens artistique et spiritualité

La conjoncture actuelle s'avère favorable à la signature de contrats prometteurs. Si certains points vous semblent imprécis, n'hésitez pas à demander conseil à des experts. Sur le plan humain, pardonnez et faites la paix. Ainsi, vous pourrez consacrer votre énergie à ce qui importe. Quand on parvient à dépasser les questions d'orgueil, on en sort gagnant et on peut continuer d'avancer.

Carrière et argent

Votre tête bouillonne de projets de toutes sortes. L'attitude qui conviendrait le mieux – la plus sage – consisterait à évaluer lequel d'entre eux mérite de démarrer en premier. Fiez-vous à votre instinct, il représente un allié sûr. Si votre projet concerne un changement d'emploi ou un investissement financier, peut-être entraînera-t-il une baisse de salaire. Mais cette éventualité ne devrait pas vous inquiéter, puisque vous saurez reprendre rapidement du poil de la bête. Votre chance est puissante, sachez en profiter.

Tout indique que vous questionnez votre orientation professionnelle et la solidité de vos bases matérielles : « Ai-je mis la main sur un projet d'affaires qui m'est favorable financièrement ? Mon emploi me convient-il vraiment ? Comment trouver l'affaire qui me donnera satisfaction ? » Vous évoluez de plus en plus sur le chemin des obligations publiques et matérielles. Essayez d'identifier ce qui pourrait constituer un blocage. Des exercices de visualisation sont conseillés.

Les buts professionnels que vous vous êtes fixés doivent reposer sur des fondations solides. En privilégiant la méthode, la rigueur et la volonté d'aller jusqu'au bout, vous vous garantissez cette sécurité tant recherchée. Une porte pourrait s'ouvrir dans ce sens. Prenez le temps de vous interroger quant à l'engagement réel qui supporte ce désir de vous construire une nouvelle vie. Et comment prévoyez-vous l'échafauder, cette nouvelle vie ?

Le nombre 4 vous annonce que vos difficultés tomberont une à une. Les ennuis disparaîtront. Soyez patient encore juste un peu. Vous connaîtrez la réalisation de vos projets en attente, ce qui entraînera d'importantes rentrées d'argent. La signature d'un contrat ou un nouvel emploi sont envisageables. Toutefois, veillez à ne pas vous laisser séduire par tout ce qui brille et qui n'est pas or...

Prochainement, de nombreuses discussions auront lieu concernant des projets à mettre en marche. Songez-vous à mettre sur pied une nouvelle entreprise ou à activer des projets d'affaires ? Vous avez le vent dans les voiles. Vous pouvez tout oser. Frappez aux portes ; elles s'ouvriront comme par enchantement et à votre plus grand étonnement. Un poste de pouvoir pourrait vous être offert.

Amour et amitié

Vos sentiments sont-ils anesthésiés par l'habitude ? Ou encore, faites-vous montre d'un esprit rebelle et indomptable ? Les gens s'y perdent un peu à essayer de vous suivre d'un extrême à l'autre. Vous devez apprendre à doser les élans de votre ego afin d'être mieux compris.

Il est possible qu'une situation amoureuse ou amicale suscite en vous de l'inquiétude. Mais rassurez-vous. Si vous faites l'effort d'évaluer correctement ce qui se passe autour de vous, vous pourrez mettre en lumière une solution harmonieuse. En fait, vous verrez bientôt le bout du tunnel. L'amour qui unit votre couple se refait une beauté.

Si vous souffrez du syndrome du gramophone et ressassez toujours votre passé, débarrassez-vous de cette mauvaise habitude mentale en superposant une pensée positive sur la négative. Il est temps que vous viviez votre vie sentimentale dans chacun de ses moments présents. Une rencontre amoureuse pourrait changer vos perspectives à long terme.

Famille

Avez-vous vécu des difficultés relationnelles avec un des membres de votre famille ? Dans ce cas, il se peut qu'une bonne discussion vous permette de désamorcer le conflit. Sinon, tout va bien. Le nombre 4 indique même que votre famille pourrait connaître l'abondance. Profitez-en bien. Petit conseil : si vous avez décidé de mettre la famille au pas en instaurant des règles strictes, préparez-vous à une mutinerie !

Votre ordonnance santé

Le nombre 4 vous conseille de consulter un spécialiste si vous vous reconnaissez dans les situations suivantes :

problèmes d'embonpoint
problèmes de tension artérielle
problèmes avec la main droite

Vos meilleurs alliés

le père
les personnes en position d'autorité
le supérieur au travail
les hommes ayant du pouvoir et pouvant aider

5

La fenêtre
Planète Mars ♂

Vision versus aveuglement

Le nombre 5 signifie qu'il vous faut discipliner votre esprit pour pouvoir atteindre la maîtrise. Ne vous laissez pas berner par les grands idéaux, les projets démesurés ou les promesses vides de sens que l'on pourrait vous faire. Gardez vos yeux grand ouverts. Vous saurez éviter toute forme d'aveuglement en effectuant des exercices respiratoires et en vous adonnant à la méditation, symbolisée par la fenêtre. De fait, vous vous sentirez moins étouffer, à l'étroit. Vous verrez alors les choses plus clairement, tant dans votre tête que dans votre cœur. En méditant ou, si vous préférez, en faisant des exercices respiratoires, vous ouvrirez une fenêtre en vous. Quelle belle image !

Vous auriez intérêt à surveiller votre débit de paroles parfois excessif ; il pourrait vous nuire. Cela dit, on vous écoute avec attention. Soignez donc votre langage. Et ne tombez pas dans le piège du mensonge en pensant ainsi protéger certaines personnes. Si elles découvraient la vérité, elles vous en tiendraient rigueur.

Vous ressentirez sous peu un puissant désir de liberté, l'envie de prendre le large et de partir à l'aventure. La vie vous appelle à grands cris. Un grand besoin d'acquérir votre indépendance matérielle vous animera aussi.

Avertissement : il est inutile de chercher à lutter contre cette dynamique du nombre 5, vous êtes dans le cyclone du changement ! La routine vous pèse-t-elle ? L'ordinaire manque-t-il d'extravagance et de fantaisie ? Vos temps libres sont-ils occupés comme vous le souhaiteriez ? Osez accomplir ce que vous aimeriez faire. Si vous rêvez de vous inscrire à un cours de chant, de danse ou de plongée sous-marine, allez-y. Accordez-vous donc ce plaisir.

Pour vous permettre d'identifier vos désirs de réussite personnelle, privilégiez la technique du collage si populaire en arts plastiques. Ainsi, découpez des images, des mots ou des phrases marquantes au hasard d'une revue ou d'un journal et collez-les dans un cahier d'expression. Abandonnez-vous à cet exercice sans trop réfléchir, guidé uniquement par la spontanéité du moment. Votre inconscient s'exprimera si bien que votre vie vous apparaîtra sous un jour absolument étonnant.

Il ne peut y avoir de fenêtre sans un châssis solide. Plus symboliquement, cela signifie que vous serez bien encadré, tant sur le plan professionnel, qu'amical ou amoureux. Après tout, la fenêtre n'est-elle pas une ouverture ménagée dans un mur pour laisser pénétrer l'air et la lumière ?

Sens artistique et spiritualité

Vous connaîtrez bientôt un nouvel envol artistique. Il vous faudra toutefois accepter un certain encadrement, à l'image de la fenêtre ici symbolisée par le 5. Sachez écouter les conseils et recherchez la collaboration d'un gérant, d'un mentor, d'un allié ou d'un assistant. Vous devez trouver l'équilibre entre la vision juste de votre plan de carrière et le désir de suivre aveuglément une route qui ne mène nulle part. Renforcez également votre discipline personnelle et commencez à vous défaire de certains travers. Votre nature libertine, nonchalante et influençable n'a plus sa place. Vous tirerez d'énormes bénéfices à polir votre personnalité.

Vous bénéficiez présentement d'une protection spirituelle très forte. De nouvelles expériences donneront un élan vital à votre esprit. Ces expériences, bien que parfois aventureuses, seront excitantes et nourriront votre enthousiasme. Vous devez aussi rechercher le meilleur encadrement dans ce domaine et faire appel à la hauteur de vue d'un conseiller avant d'entreprendre toute nouvelle démarche.

Carrière et argent

L'éveil des besoins matériels est tout aussi puissant que celui de l'esprit. Voici venu le temps de prendre des risques, de tenter votre chance et de vous lancer dans de nouvelles expériences. Sachez toutefois faire taire de possibles désirs de domination ou de pouvoir professionnel qui s'exerceraient aux dépens des autres ; cela pourrait vous faire perdre quelques plumes. En posant un regard objectif et équilibré sur les événements, vous gagnerez l'appui de nombreux alliés.

Vous serez amené à vous déplacer fréquemment durant les jours ou les mois qui viennent. Soyez une fenêtre ouverte sur le monde. Quelque chose vous appelle dans le milieu des communications. N'hésitez pas à embrasser cette voie, car la chance vous y attend. Vous pourriez obtenir un poste influent en marketing ou en journalisme, à moins qu'il ne s'agisse d'une bonne visibilité offerte par l'entremise d'une émission de télévision ou de radio, ou grâce à un projet de développement de hautes technologies ou d'animation d'ateliers. Quelle que soit la nature de vos fonctions, vous communiquerez votre savoir et transmettrez vos connaissances. L'action ne manquera pas dans votre sphère d'activité !

Un projet en cours nécessite que vous poussiez plus loin vos recherches. La tâche sera grande ; il vous faudra tout revoir, du début à la fin. Si vous devez d'abord détruire pour pouvoir ensuite reconstruire sur des bases nouvelles et plus solides, allez-y avec une vision claire et des objectifs à long terme. C'est le défi que vous lance votre créativité. En bout de ligne, des contrats se signeront et les difficultés éventuelles seront maîtrisées de main de maître. Tout contribuera à la réussite matérielle qui vient vers vous.

Si vous cherchez le moyen optimal de faire avancer un projet, montez-le pièce par pièce. Amusez-vous à le peaufiner plutôt que de rêvasser aux acquisitions matérielles que pourrait générer un succès instantané. Ne cultivez pas de trop grandes attentes ; vos objectifs doivent demeurer réalistes.

Amour et amitié

Quelle influence exercez-vous sur les autres ou quelle influence les autres exercent-ils sur vous ? Employez-vous votre liberté à bon escient ? Comment vivez-vous l'amour ? Craignez-vous l'engagement ? Bref, portez-vous un regard éclairé sur ce que vous aimeriez vivre en amour ou, au contraire, vivez-vous une sorte d'aveuglement amoureux ? Vous devez absolument répondre à ces questions afin de mettre en lumière vos intentions véritables. Selon ce que vous déciderez, votre destin figurera parmi les plus exécrables ou les plus remarquables. Il appartient à vous seul de choisir.

En amour comme en amitié, les promesses seront tenues et le climat favorisera les réconciliations. Il serait peut-être temps que vous brisiez cet isolement affectif que vous maintenez depuis trop longtemps déjà. Réfléchissez à l'axe que vous désirez donner à votre vie amoureuse. Une union ou une amitié profonde pourrait faire rayonner votre univers sentimental. Ne craignez pas d'user de provocation pour faire avancer les choses plus vite. L'amour se construira jour après jour, comme les gouttes d'eau forment patiemment la rivière. Un voyage pourrait être remis à plus tard.

Famille

La famille se trouve au cœur de vos préoccupations. Un de vos enfants pourrait recevoir une offre professionnelle qui le préservera de tout souci financier. Cette nouvelle vous délestera d'un lourd fardeau. De façon générale, les gens qui gravitent autour de vous recherchent et apprécient la sagesse de vos conseils autant que la pertinence de vos interventions. C'est tout à votre honneur. Mais sachez ne pas franchir une certaine ligne. Ne vous imposez pas ou n'imposez pas votre vision des choses.

Votre ordonnance santé

Le nombre 5 renvoie à une possibilité de guérison prochaine. Il représente le médecin, le thérapeute ou le remède le plus adéquat.

Le nombre 5 fait référence :

aux dents
à l'ossature et aux articulations
à la peau
aux genoux
aux problèmes nerveux

Vos meilleurs alliés

les personnes âgées
les enseignants
les médecins, les massothérapeutes
les chirurgiens dentistes
les thérapeutes

6

L'hameçon
Signe du Taureau ♉

Être à l'écoute

Le principe même du choix tourne autour du fait qu'on ne peut tout obtenir. Ce qu'indique le nombre 6, symbole de l'hameçon, c'est le désir de capturer de belles prises en tendant bien ses filets. Pour arriver à vos fins, deux scénarios sont envisageables. Vous pourriez avoir l'esprit un peu retors, manipuler et manigancer comme le renard de la fable de La Fontaine ; dans ce cas, les moyens utilisés seraient douteux. Mais vous pourriez aussi ruser comme le pêcheur qui lance habilement ses appâts à l'eau. Cette façon de faire est de loin préférable, car elle s'inspire d'une volonté de survie intelligente et efficace.

Le 6 réfère aux métiers de policier, enquêteur, psychologue, enseignant, journaliste et autre tireur de ficelles, incluant les personnes qui tissent la trame de nos destins dans les coulisses du monde politique. Tout suggère ici que vous dévoilerez des secrets ou que vous ferez des découvertes importantes. Mais pour y parvenir, vous devrez prêter l'oreille et être présent. En ce moment, vous semblez plutôt distrait et peu à l'écoute de votre entourage, ce qui risque d'engendrer des conflits importants. Vous connaissez le vieil adage : « Il n'y a pas plus sourd que celui qui ne veut pas entendre. » Justification parfaite pour n'en faire qu'à votre tête ! Avertissement : ne divulguez aucune information avant d'en avoir reçu l'autorisation.

Vous êtes sur la voie de la transformation intérieure. Vous devrez d'abord travailler sur l'acceptation de vous-même, du monde et des autres tels qu'ils sont. Votre côté analytique s'empresse-t-il de distribuer les reproches ? Seriez-vous enclin à soumettre les autres à des exigences démesurées avant de les admettre dans votre cercle ? Penchez-vous sur ces traits de caractère désagréables. Aussi, observez religieusement votre propre code d'intégrité et faites en sorte que les intentions qui vous motivent soient pures. Ce sera tout à votre honneur. Ce qu'il importe de comprendre ici, c'est qu'il est maladroit et malvenu de vouloir changer les gens. Cela sous-entend que vous ne les considérez pas à la hauteur de vos critères et de vos jugements ; cette attitude plutôt prétentieuse garde donc les autres à distance.

Peut-être souhaiterez-vous retirer cet hameçon qui blesse votre cœur. Il n'existe pas mille solutions : vous devez couper le fil et laisser le temps cicatriser la blessure. Selon l'ancienne tradition, les contradictions de l'homme se résolvent dans la colonne vertébrale. Je vous conseille donc cet exercice : en position assise, les pieds bien à plat sur le sol, inspirez tout en étirant le tronc et en levant les épaules. Ensuite, expirez en arquant le dos comme un chat et en rapprochant votre menton le plus possible de votre thorax. Ne forcez pas votre dos, ni la posture ; vous devez sentir que le mouvement d'étirement reste naturel. Répétez cet exercice deux ou trois fois. L'harmonie devrait réintégrer votre corps assez rapidement, puis toute votre vie par effet d'entraînement. Profitez-en pour revoir vos attentes. Elles sont l'hameçon qui vous empêche de vous sentir libre intérieurement.

Sens artistique et spiritualité

Votre sens artistique est si puissant que vos projets seront reconnus à l'échelle internationale, en plus d'être extrêmement rémunérateurs. Vous êtes dans une phase de fécondité et de procréation. Sachez en tirer parti en poussant vos idées et en faisant valoir votre point de vue. Sollicitez des rendez-vous, vous les obtiendrez. Votre discours séduit par son envergure, à tel point qu'on en redemande. En cette période de changement, la ligne conductrice reste la persévérance, seul chemin vers la réussite. Si vous écoutez votre originalité et votre audace, vos créations vous vaudront probablement un prix, un avantageux prêt-bourse ou la reconnaissance sociale.

Sur le plan de la spiritualité, vous aurez à poser des gestes pour pardonner à ceux qui vous ont blessé. La rancœur est comme un harpon qui vous transperce le cœur, provoquant une blessure d'amertume. Remettez les compteurs à zéro. C'est à cette seule condition que vous pourrez donner de nouvelles bases à vos relations.

Le nombre 6 suggère que deux pôles opposés s'affronteront. Ayez les sens aux aguets, car une épreuve de force spirituelle vous attend. En fait, on vous lance un appât. En faisant preuve de vigilance, vous ne mordrez pas à l'hameçon. Si vous passez ce test, vous pourrez vous tourner vers autre chose et vous délivrer de ce mauvais destin qui s'accroche à vos basques. Vous auriez avantage à vous remettre en question. Souvent, l'univers envoie des épreuves de force uniquement pour vous permettre de savoir où vous en êtes vraiment.

Carrière et argent

On pourrait facilement vous comparer à une antenne parabolique : vous savez capter l'essentiel et le communiquer aux autres. Vous serez brillant si vous vous spécialisez dans le tutorat ou le *coaching* professionnel. Vos talents trouveraient également leur expression maximale dans les coulisses du pouvoir, en politique ou en psychologie. Si le journalisme, la littérature ou l'enseignement exercent un fort pouvoir d'attraction sur vous, succombez. Ces professions vous assureraient un avenir prometteur. N'hésitez pas, non plus, à animer des conférences ou à développer des ateliers d'écriture et de théâtre. Vous êtes dans votre voie. Poussez tous vos projets jusqu'à l'extrême limite et tâchez de leur faire traverser les frontières, ce qui pourrait se révéler payant. Si vous souhaitez vous lancer en affaires, vous avez carte blanche ; le moment est particulièrement propice.

Votre carrière connaîtra probablement un nouvel essor, conséquence heureuse d'une décision prise récemment. Même si vous n'êtes pas tout à fait convaincu du bien-fondé de votre décision, acceptez-en les répercussions et poursuivez vos démarches de réorientation. Vous ne serez pas déçu. Et puis, reconnaissez-le, vous êtes mûr pour ce changement qui s'annonce. Ayez confiance aux débouchés en vue. Il se peut que vos nouvelles tâches professionnelles exigent que vous fassiez certaines concessions, mais ce n'est pas parce qu'on remet en question votre expérience. Apprenez à négocier votre avenir professionnel en définissant clairement les buts que vous désirez atteindre. Soyez également à l'écoute des besoins des autres, qu'il s'agisse de vos pairs, des employés, du patron, de la secrétaire, de votre propriétaire, bref de toutes ces personnes avec qui vous entretenez des liens. Votre oreille sera très appréciée et vous vaudra de nombreux appuis.

Si, prochainement, vous prenez part à une discussion d'ordre salarial, mettez de l'eau dans votre vin, sinon vous boirez du vinaigre. Sachez limiter vos exigences et mesurez vos propos, car vous n'êtes pas en position de force actuellement. Mais ça viendra. Chaque chose en son temps. Si c'est vous qui détenez le pouvoir dans la négociation en raison de votre titre, faites preuve de magnanimité. Un usage trop affirmé de votre pouvoir décisionnel pourrait vous être néfaste.

Un événement permet votre épanouissement à l'intérieur d'un groupe. Vous complétez une course, un cycle ou une évolution qui vous conduit dans une autre direction. Vous bouclez la boucle. Il n'y aura plus d'obstacle qui entravera votre progression, de sorte que vous pourrez viser des fonctions beaucoup plus stimulantes.

Amour et amitié

Avez-vous tendance à idéaliser les autres ? Voilà un bel hameçon pour vous maintenir prisonnier d'une relation truquée. Si vous éprouvez certaines difficultés dans votre vie de couple, restez optimiste ; elles seront bientôt réglées. Certains d'entre vous auront toutefois à faire un choix amoureux.

Qu'y a-t-il de plus gratuit que l'amour ? Si vous tentez de l'acheter, changez l'angle de votre approche : l'amour n'a pas de prix. Le destin se manifestera sous peu dans votre vie, dans laquelle il parachutera une relation peu banale et très excitante. Pour voir ce nouvel amour scintiller comme un diamant, débarrassez-vous de ce crochet qui vous rattache au passé. En vous délivrant des vieux schémas, vous pourrez enfin ressentir l'amour au plus profond de votre cœur.

Vous semblez parfois considérer l'amour comme une partie de pêche : c'est le plaisir du sport qui, avant tout, vous attire. La prise la plus difficile est souvent la plus appréciée mais, la plupart du temps, elle est aussitôt rejetée à l'eau, attitude qui dénote un cruel manque de générosité sur le plan humain. Est-ce vraiment ce genre de relation que vous recherchez ? Si, dernièrement, vous pensez avoir été manipulé, trahi ou blessé par quelqu'un, dites-vous que l'amour n'est pas en cause dans cette histoire. Cette personne ne s'est probablement pas rendu compte du mal qu'elle vous a fait.

Vous entamez une nouvelle relation ? Ne la figez pas dans d'inutiles liens de possessivité, un autre aspect lié à l'hameçon. Vous briseriez le charme des premiers rendez-vous. N'essayez pas, non plus, de tester les réactions de l'autre. Les tests de cette nature induisent souvent en erreur. En amour, on ne juge pas un être humain comme on évalue sa performance dans une course à obstacles. Il faut savoir être à l'écoute de l'autre, sans se presser, avant de porter un jugement.

En amitié, vous aurez peut-être à prendre du recul par rapport à quelqu'un que vous estimez. Un malentendu semble obscurcir vos relations. Afin de traverser cette crise, optez pour le détachement. Seul le temps nourrit la réflexion. Qui de vous deux joue au sourd ?

Famille

Il vous faudra user de diplomatie. Vous devrez choisir de recevoir une seule personne entre les deux qui désirent vous voir. Ce faisant, vous froisserez forcément l'une d'elles, et cette situation vous mettra dans l'embarras. Malgré tout, vous devrez trancher, même si vous ignorez comment vous y prendre. L'oracle vous invite à regarder le fait qu'en vous obligeant à choisir, on cherche peut-être à vous abuser. Des indices cachés çà et là dans votre rêve sauront toutefois éclairer votre choix. Il vous suffira de les analyser soigneusement.

Le nombre 6 appelle la vigilance. Peut-être vous sentez-vous prisonnier de votre quotidien. Votre famille y est-elle pour quelque chose ? La considérez-vous comme un hameçon planté dans votre pied ? Si vous cherchez désespérément la juste solution à un problème filial, vous la trouverez d'ici les dix prochains jours. En attendant, soyez à l'écoute. Vous serez ainsi présent à tout ce qui survient.

Pour l'instant, vous auriez avantage à éviter les retours en arrière, lesquels pourraient entraîner des difficultés importantes. Ne tentez aucune expérience de *rebirth*. Attardez-vous plutôt à favoriser les échanges familiaux. Espérez-vous de la grande visite ? Vous vivrez une surprise dans ce sens.

Votre ordonnance santé

Le nombre 6 fait référence :

à la mauvaise circulation sanguine
aux varices
aux caillots
aux tumeurs, polypes ou fibromes

Vos meilleurs alliés

celui ou celle qu'on aime
l'inconnu rencontré par hasard
les amis

7

La flèche Signe du Gémeaux ♊

L'arc et l'archer

Le signe du Gémeaux est double, comme l'archer et la flèche. Que serait une flèche sans archer et vice versa ? Cela signifie que vous devez attaquer, vous défendre et faire valoir votre point de vue coûte que coûte, mais en usant de doigté et de finesse. Ainsi, vos actions auront un effet décuplé. Mine de rien, l'art du tir à l'arc est très zen. Il est suggéré ici de ne pas simplement chercher à vous débarrasser de l'ennemi pour pouvoir enfin passer à autre chose. Afin de vous défendre habilement dans une situation donnée, prenez le temps de bien évaluer les enjeux. Ce faisant, vous pénétrerez dans le monde de la pure stratégie.

Au niveau de la croissance personnelle, vous auriez intérêt à être moins « dans votre tête » pour habiter un peu plus votre corps. Le nombre 7 nous donne l'image du têtard, dont la tête contient le corps. La transformation n'a pas encore eu lieu. C'est un peu ce qui vous arrive actuellement. Votre logique vacille et vous ne savez plus où vous en êtes, puisque vous ne disposez d'aucune base solide sur laquelle vous appuyer. Vous éprouvez donc de la difficulté à prendre votre place. Pour atteindre un certain équilibre, vous devez développer cette capacité à vous affirmer dans les situations difficiles, sans jamais perdre votre sang-froid. Pour y parvenir, privilégiez un sport ou une activité qui sollicite un certain dépassement physique, vous obligeant à sortir de votre tête pendant un moment. N'oubliez pas de mettre en pratique certains exercices respiratoires ; ils sont à la base de toute activité corporelle.

Dans son livre *Le zen dans l'art chevaleresque du tir à l'arc*, le philosophe allemand M. Herrigel a écrit : « J'appris à m'absorber avec une si parfaite quiétude dans l'acte respiratoire que j'avais parfois la sensation, non pas de respirer moi-même, mais, quelque étrange que cela puisse paraître, d'être respiré. »

Pourquoi vivez-vous ces conflits ? Pourquoi êtes-vous aux prises avec ces dualités intérieures ? Peut-être est-il temps que vous appreniez à vous défendre, à vous faire respecter et à vous tenir debout devant l'adversité. Le nombre 7 suggère de manier l'arc et la flèche avec dextérité, savoir-faire et magnanimité.

Sens artistique et spiritualité

Si vous êtes un artiste, un vent de renouveau soufflera sur votre carrière. Vous pourriez réaliser une œuvre d'une grande créativité ou avoir la chance de vous engager dans un projet sortant des sentiers battus. Êtes-vous las de subir l'influence des autres ? Si vous ne supportez plus de devoir rester dans l'ombre et de faire tapisserie, écoutez votre voix intérieure. Au fond de vous, vous savez ce que vous avez à faire. Très bientôt, vous pourrez revendiquer la place au soleil qui vous revient de droit et briller de tous vos feux sous l'éclat de ce merveilleux projecteur céleste. Mais auparavant, trouvez ce que vous voudriez vraiment accomplir dans la vie. Le nombre 7 est catégorique : la situation s'éclaircira sous peu, parce que votre voie semble déjà tracée.

Si votre partenaire de vie est un artiste, peut-être ira-t-il travailler à l'extérieur du pays ou refera-t-il escale auprès de vous au terme d'un séjour à l'étranger. Il se pourrait aussi que vous ayez à le rejoindre plus tard. Quoi qu'il en soit, un changement majeur est à prévoir dans votre vie de couple, et c'est pour le mieux. Ici aussi, vous vous trouvez dans une zone sensible et vous devez prendre votre place face à l'autre. Toutefois, ne le faites pas dans la dualité ou mû par le besoin de dominer. Optez plutôt pour la formule « être vraiment présent à l'autre », même si cela comporte nombre d'exigences. Vous ne le regretterez pas. Ce faisant, vous apprendrez à mieux gérer votre soif de pouvoir. Un renouveau sentimental pointe à l'horizon.

Sur le plan de la spiritualité, l'heure est à la controverse, aux conflits avec votre entourage et à la confusion. Vous gagneriez à mettre les pendules à l'heure et à trancher net dans une situation délicate. Laissez-vous guider par votre appel intérieur. Vous pourriez être amené à vivre une belle renaissance spirituelle.

Carrière et argent

Planifiez votre travail étape par étape en veillant à ne pas trop vous disperser, sinon vous ne saurez plus très bientôt où donner de la tête. Le symbole de la flèche réfère aux éclairs, à la foudre et aux événements qui surviennent soudainement. Vous n'aurez pas le choix, vous devrez composer avec eux. Votre fort sentiment de stress sera atténué si vous songez à bien vous oxygéner. Respirez lentement et profondément, comme le *sprinter* qui reprend son souffle après avoir fourni un effort extrême. Tout votre potentiel cherche à éclore, donnez-lui donc une chance. À partir d'aujourd'hui, vos mérites professionnels seront reconnus.

Un voyage, sinon un nouveau départ professionnel, s'impose. C'est l'équinoxe dans votre vie professionnelle : quelque chose de neuf se produit. Vous devrez même probablement choisir entre deux offres en or, ce qui ne sera pas facile. Le succès financier vous est assuré. Vous pourriez être confronté à de la rivalité dans votre milieu de travail. Cet obstacle sera renversé si vous maniez votre arc et vos flèches avec le plus grand des respects. Si l'épreuve de force perdure dans votre environnement professionnel, c'est pour vous permettre d'utiliser vos armes et d'en découvrir d'autres que vous ignoriez posséder. Pourquoi ? Pour apprendre à vous affirmer davantage et à vous faire respecter d'une manière plutôt surprenante. Mais pour cela, vous devez communiquer de façon correcte ce que vous voulez dire pour mieux vous vendre. Comment ? En vous efforçant d'être vraiment présent à l'autre. N'essayez pas de prouver, de plaire ou de penser à sa place.

Il arrive malheureusement que notre lieu de travail se transforme en champ de bataille, où les ennemis se divisent en plusieurs clans pour mieux se livrer la guerre. Si c'est le cas, ne vous en mêlez surtout pas. Si on insiste pour que vous preniez parti, refusez. Cette fermeté vous attirera le respect.

Vos aptitudes, vos capacités et vos talents trouveront un employeur digne de vous. Ce pourrait être un client, un acheteur ou un associé. Victoire, réussite et succès sont ici réunis.

Il y a possibilité d'un déménagement. L'entreprise pour laquelle vous travaillez pourrait décider de transporter ses installations ailleurs. Sinon, vous pourriez être muté. Cela risque-t-il de vous amener à vivre à l'étranger ? Bien sûr ! Ou encore, ce pourrait être un projet qui vous fait habiter là-bas durant quelques mois.

Le nombre 7 vous confirme que vous êtes investi du feu sacré ; il vous aidera à mettre de l'avant vos projets les plus fous. Les objectifs visés en seront donc facilités. Mais encore une fois, pour atteindre votre but, l'arc et la flèche doivent pointer dans la bonne direction. Les doutes et les inquiétudes que vous avez rencontrés jusqu'ici prendront une nouvelle tournure, plus positive celle-là. Vos ambitions se concrétiseront enfin dans la matérialité. À cet effet, vous trouverez le bon mentor. Les choses prendront un nouveau départ et bougeront dans le bon sens. Vous serez même favorisé dans les jeux de hasard. Profitez-en bien.

Justice vous sera rendue dans une cause délicate visant à rétablir votre intégrité professionnelle et votre image publique. Dites toute la vérité et rien que la vérité, même si elle semble incriminante. Sachez reconnaître vos erreurs. En adoptant la droiture d'un if, vous prendrez du galon dans l'estime de vos supérieurs. Cultivez la confiance en vous-même et en vos compétences intérieures.

Votre vieille voiture pourrait toussoter ses derniers kilomètres. Envisagez d'en acquérir bientôt une neuve.

Amour et amitié

Rêver au nombre 7 signifie qu'une nouvelle importante vous ira droit au cœur. En ce qui a trait aux amours, Cupidon risque de vous décocher l'une de ses flèches. Si vous cherchez la recette du bonheur, vous la trouverez bientôt. Tenez-vous prêt ! En ce moment, certains d'entre vous vivent peut-être une blessure amoureuse et subissent de la violence verbale, psychologique ou physique. Éloignez-vous de cette situation épineuse, qui n'en vaut pas la souffrance. Expérimentez-vous une sorte de rivalité amoureuse actuellement ? Percevez-vous votre partenaire de vie comme un adversaire ou un compétiteur auquel vous souhaitez arracher la victoire ? Cette définition du succès en amour est étrange. Certaines dualités sentimentales cachent un besoin de domination. Procédez à un petit examen de conscience, et tout devrait rentrer dans l'ordre d'ici peu.

En passant, l'amour a besoin d'eau pour s'épanouir. Exprimez vos émotions, sinon le manque de communication asséchera votre relation amoureuse. Comment manifestez-vous votre amour à l'autre ? Vous savez ce qui arrive à une plante qui manque d'eau : elle se flétrit et perd sa beauté d'origine. Faites l'effort d'un premier mot tendre ou d'un geste sensuel, pour le simple plaisir de donner et d'être présent à l'autre. Ce sera déjà beaucoup.

Si votre conjoint est un artiste, il s'installera peut-être à l'étranger ou bien il en arrive. Il pourrait même être question que vous alliez le rejoindre plus tard. Un changement majeur s'annonce dans votre vie de couple.

En ce qui concerne les amitiés, il vous faudra trancher. Vous ne pourrez plus jouer sur deux tableaux à la fois ou feindre quelque sentiment que ce soit. Les conflits qui persistent dans vos relations amicales demandent à être désamorcés, harmonisés. Si les caractères sont à ce point opposés, n'insistez pas davantage et passez à autre chose. La rivalité entre amis n'est pas recommandée. Dans toute forme de compétition, il doit nécessairement y avoir un perdant et un gagnant. Définir une relation à partir de ces critères n'est pas très sain.

Famille

Quelles sont vos attentes concernant la famille ? Avez-vous maille à partir avec l'un de vos proches ? Dans ce cas, engagez des discussions pour clarifier la situation, mais sans trop insister. Le temps finira par gommer tous les conflits. Acceptez aussi que les autres ne partagent pas votre vision en ce qui concerne la bonne façon d'agir dans une histoire de famille. Quand la bataille fait rage, c'est qu'un des loups désire étendre son territoire. Désirez-vous un enfant ? Vos désirs de conception pourraient être comblés très bientôt. Bref, tout ce qui touche la lignée familiale et la descendance est en relation avec ce chemin de vie puissant.

Si vous avez perdu un objet qui vous tenait à cœur, tel un bijou appartenant à la famille depuis plusieurs générations, vous le retrouverez sous peu. Vous pourriez même en recevoir un en héritage.

Votre ordonnance santé

Le nombre 7 vous assure une excellente santé. Réévaluez toutefois certains traitements en compagnie de votre médecin plutôt que de vouloir décider par vous-même.

Le nombre 7 fait référence :

au stress
au système nerveux
à d'éventuels problèmes d'infertilité
au pied droit
à des problèmes de transpiration

Vos meilleurs alliés

l'amoureux
une nouvelle rencontre importante
les amis
la famille
l'associé
les collègues de travail
la magistrature

8

La clôture
Signe du Cancer ♋

Vivre en son domaine

Ce rêve fait référence aux comportements extrêmes. Êtes-vous extrémiste ou, encore, carrément pessimiste dans votre façon de voir les choses ? Dans ce cas, vous devez être difficile à vivre même si l'on vous aime. Une réflexion s'impose ici : à trop vouloir se protéger et porter une armure, on finit par saboter sa propre existence. Il est essentiel que vous fassiez la différence entre une clôture, protection saine, et une barricade, protection relevant presque de la paranoïa. Que diriez-vous de vivre dans votre domaine, tout en vous y sentant libre et protégé, et non emprisonné ?

La clôture délimite un espace vital que, malheureusement, trop de gens envahissent. Sachez faire respecter vos limites en repoussant les envahisseurs, que ce soit des amis proches ou le clan familial au grand complet. Si vous portez toujours le malheur des autres sur vos épaules, vous finirez par crouler sous ce fardeau trop lourd. N'attendez pas de fondre en larmes sans savoir exactement pourquoi avant de crier « Stop ». Cela serait très néfaste pour vous. N'endurez plus en silence ; honorez votre territoire et accordez-vous la permission de dire : « Non, pas aujourd'hui, peut-être un autre jour. »

Un autre sens donné au mot « clôture » se rapporte à quelque chose qui se termine. Qu'on parle d'un déménagement, d'un nouvel emploi ou d'une façon de vivre différente, vous n'aurez pas d'autre choix, dans les mois suivant ce rêve, que d'occuper un nouveau territoire. Ce sera pour le meilleur, précise l'oracle. Ne craignez pas l'aventure de la vie. Plus vous vous abandonnerez aux événements, plus les transitions s'effectueront en douceur. Ce qui semble vous effrayer, c'est de devoir renoncer à quelque chose en échange. Petit prix à payer, en regard de la liberté que vous en retirerez.

Sens artistique et spiritualité

Le cheminement que vous vous apprêtez à entreprendre sera d'ordre initiatique et supervisé par des forces supérieures. L'inspiration sera puissante et sortira des sentiers explorés jusqu'ici. L'oracle parle d'une maturité d'âme, d'esprit et de cœur qui vous habite. Vos créations la refléteront. Peut-être avez-vous besoin d'être bien entouré dans votre travail artistique. Un agent, un nouvel allié ou un associé pourrait vous aider à mieux atteindre vos objectifs et à vous libérer, par le fait même, de plusieurs responsabilités non désirées.

La reconnaissance publique viendra à vous grâce à un service rendu à la communauté. Mais pour cela, vous devez apprendre à vous exprimer et laisser parler votre art dans toute sa dimension. Se taire, tout garder pour soi et ne rien vouloir partager sont des verbes à proscrire de votre vocabulaire. Ici, la loi du juste retour des choses prévaut ; vous expérimentez l'effet boomerang. Le pouvoir social, sous toutes ses formes, vous tend les bras. Il n'en tient qu'à vous de briller.

Sur le plan spirituel, l'oracle vous demande de cesser de vous sentir redevable. Honorez vos erreurs et vos défauts, ils participent à votre nature humaine. Il est donc question que vous entrepreniez une quête, une recherche profonde.

Cela suppose qu'en échange, vous renonciez à quelque chose et, aussi, que vous vous ouvriez aux autres, que vous parliez, que vous discutiez. L'effort spirituel exigé sera grand, mais ô combien enrichissant sur le plan humain.

Si le monde onirique vous intéresse, vous lui donnerez un sens. Le destin mettra sur votre route des enseignants et des formateurs extraordinaires pour vous permettre d'explorer cette avenue. Il pourrait s'agir d'un livre qui changera votre vie ou l'apprentissage d'une nouvelle technique de méditation. Vivre en son domaine, c'est aussi explorer au meilleur de ses connaissances son univers intérieur.

Carrière et argent

Quelle marge y a-t-il entre votre réalité financière et votre désir de faire beaucoup d'argent ? Réfléchissez bien à cette question, surtout maintenant que vous semblez rencontrer un important blocage financier. La réussite matérielle exige du sérieux ainsi qu'une stratégie intelligente. On dirait que votre carrière traverse actuellement un passage à maturité. Vous ne pouvez plus faire les choses à moitié ou à peu près ; vous devez approfondir, creuser, chercher afin de pousser vos projets de l'avant. Vous donnerez ainsi un nouveau sens à vos fonctions professionnelles, et ça fonctionnera grandement. Étrangement, si votre motivation se résume à vouloir faire des sous, vous pourriez faire chou blanc.

Il se peut que l'argent qu'on vous doit n'arrive pas, qu'il y ait du retard dans le paiement de vos factures ou que surviennent des dépenses imprévues. Cet état de choses vous perturbe vraiment. Le nombre 8 vous conseille d'effectuer un grand tour d'horizon de vos dépenses. C'est à cela que sert un bilan financier, dirait votre comptable. Et, s'il se laissait aller à philosopher, il ajouterait probablement ceci : « La vraie richesse, c'est ce qu'il nous reste quand on a tout perdu. » Facile à dire, penserez-vous. Pourtant, en matière d'argent, il n'appartient qu'à vous de prévoir avec sérieux votre avenir. Quels rapports entretenez-vous avec l'argent ? Croyez-vous que seul l'argent détient tous les *pouvoirs* ? Souffrez-vous de dépendance vis-à-vis l'argent ? Êtes-vous un joueur compulsif ? L'appât du gain serait-il devenu votre maître ? Que pourriez-vous faire pour changer les choses ? Vous seul pouvez répondre à cela. Mais si vous décidez de vous reprendre en main, votre qualité de vie s'en trouverait grandement améliorée.

Si, dans votre milieu de travail, des obstacles vous empêchent de fonctionner comme vous le souhaiteriez, vous saurez trouver des solutions intelligentes pour vous sortir de cette impasse. Si vous désirez passer à quelque chose de plus intéressant dans votre carrière, une chance en or se présentera bientôt. Peut-être devrez-vous entreprendre certaines démarches pour trouver un agent, une agence, un mentor, une banque, un emploi, un associé ou un comptable. Faites-le avec enthousiasme. Votre choix sera excellent.

Ne craignez pas la réussite. Mais sachez que, pour l'atteindre, il vous faudra fournir encore beaucoup d'efforts. Toute action posée entraînera une réaction en chaîne. Croyez en vous.

Le nombre 8 représente aussi la justice sous toutes ses formes. Vous récolterez ce que vous avez semé jusqu'à maintenant. La teneur de votre rêve indiquera, le cas échéant, l'issue du procès. Sinon, on vous rendra justice dans une situation professionnelle difficile. Si vous recherchez l'équité salariale, vous pourriez l'obtenir. Mais soignez votre langage et évitez d'offenser, par maladresse, un magistrat, un patron ou un confrère. Si vous devez signer un contrat important, protégez-vous en le soumettant d'abord à un expert.

En résumé, votre capacité à vous ajuster aux changements professionnels vous servira. Le nombre 8 parle d'une renaissance à la vie, d'un nouveau départ. Si vous êtes un chef-né, un meneur d'hommes expérimenté ou celui qui préside aux destinées d'une entreprise, ne vous découragez pas ; vos efforts seront largement récompensés. Un important client pourrait parapher le contrat que vous espériez, mais protégez votre entreprise en prenant des engagements mesurés.

Amour et amitié

Il y a possibilité de légaliser une union au palais de justice. Sinon, vous ne devez pas taire l'amour que vous portez à l'autre personne. Jouez l'as de cœur plutôt que la carte de l'orgueil. De toute façon, votre partenaire amoureux deviendra peut-être un associé. Ne vous illusionnez pas pour autant, vous pourriez vous sentir envahi et avoir à déterminer vos limites. Et vous aurez raison de clarifier la situation. L'amour et les affaires ne font pas toujours bon ménage, surtout lorsqu'une entente n'est pas entérinée par un contrat bien défini. Rien n'est plus difficile que de devoir faire valoir ses droits matériels quand on aime. Des discussions et des mises au point s'annoncent.

Dans un tout autre ordre d'idées, vous portez sur les autres des jugements bons et magnanimes ou, au contraire, très sévères. Rappelez-vous ce vieil adage selon lequel il importe d'enfiler les souliers des autres avant de pouvoir critiquer leurs actions. La rigidité pousse parfois aux prises de position extrêmes.

Famille

Un héritage viendra peut-être enrichir votre portefeuille et ce, à votre plus grand étonnement. Tout indique que vous aurez à soigner votre langage en présence de votre famille. Rappelez-vous que la manière forte ne récolte rien de bon. Protégez votre territoire au moyen d'une petite clôture mentale et ne vous laissez pas envahir par les problèmes de vos proches. À l'avenir, exprimez ce que vous ressentez vraiment plutôt que de tout garder à l'intérieur. Il ne sert à rien de se taire pour ne pas déplaire.

Votre ordonnance santé

Le nombre 8 vous réfère à cette question : Sabotez-vous inconsciemment les efforts que vous mettez à prendre en main votre santé ?

Le nombre 8 fait référence :

aux poumons
au foie
aux reins
à l'estomac
à d'éventuelles difficultés respiratoires
aux grippes
aux sinusites
aux maux de dos
aux articulations
au stress
aux vagues à l'âme, aux accès de mélancolie et de découragement

Vos meilleurs alliés

les magistrats
les policiers
les décideurs gouvernementaux
les représentants de la loi de l'impôt
les avocats
les notaires
le futur patron

9

Le porteur de lumière
Signe du Lion ♌

Le fruit de l'expérience

Vous êtes comme un arbre en pleine expansion ; lorsqu'il aura atteint sa pleine maturité, il produira un fruit, soit celui de l'expérience. Autrement dit, plus vous chercherez à parfaire vos connaissances et à vous ouvrir à la découverte, plus votre vie intérieure s'enrichira. D'ailleurs, ne contient-elle pas les meilleurs enseignements ? Elle surpasse sans l'ombre d'un doute tout le savoir contenu dans les livres. Vous auriez avantage à vous arrêter et à regarder ce que la vie vous a appris récemment. Qu'en avez-vous retiré ? Un travail de réflexion pourrait vous transfigurer et vous faire prendre conscience que l'esprit est comme une terre fertile. Plus vous l'ensemencez en expériences, plus vous pouvez espérer des récoltes abondantes.

Gaspillez-vous votre énergie avec des gens qui ne vous respectent pas ? Restez-vous accroché à un passé qui n'en vaut plus la peine ? Pratiquer l'art du détachement vous serait bénéfique. Si vous ne retirez pas les mauvaises herbes de votre jardin personnel, le destin pourrait bien s'en charger lui-même en usant de méthodes de sarclage parfois remuantes. Mais peut-être savez-vous déjà de quoi il retourne pour l'avoir vécu dernièrement.

Vous sentez-vous porté par la soif d'idéal ? Vous serez immanquablement déçu. Ignorez-vous encore que le monde parfait n'existe pas ? Appréciez votre vie pour ce qu'elle est ; toutes ses imperfections font grandir. Rien n'illustre mieux le porteur de lumière que le fruit de nos erreurs, lesquelles nous obligent à effectuer un travail en profondeur sur nous-mêmes. Et l'amour parfait, lui ? Il existe peut-être, mais pour le moment, vous entrez dans un état de maturation intérieur qui vous pousse à une réflexion plus profonde.

Le nombre 9 sous-entend qu'une recherche se profile, qu'une enquête débute pour vous permettre de découvrir **la** vérité ou des vérités. Peut-être avez-vous d'abord besoin de comprendre pour ensuite décider du meilleur chemin à emprunter. C'est la grâce qu'on vous souhaite. On parle ici de réussite sociale et d'une réalisation personnelle importante. Mais pour atteindre ces sommets, vous devez réfléchir intensément. En appelant la lumière en vous, vous saurez d'instinct ce que vous souhaitez réellement accomplir. Bref, vous devez trouver un sens à votre vie. N'hésitez pas à privilégier une retraite fermée pour vous retrouver. Fréquentez des personnes qui ont de l'expérience en la matière.

Il est écrit que Dieu se révèle à nous lorsqu'une impulsion nous amène à approfondir notre vision des choses. Il circule alors en nous un courant d'inspiration qui apporte des réponses et suscite des actions conséquentes. C'est ce que vous vivrez. Bientôt, votre intellect verra les choses sous un éclairage nouveau. Vous aurez l'impression qu'une lumière tamisée augmente doucement en intensité et enveloppe votre esprit d'une intelligence jusque-là inconnue. Voilà l'essence du porteur de lumière que nous incarnons tous. Des éclairs de compréhension et de géniales percées intellectuelles vous prendront par surprise. Et ils n'ont rien à voir avec la chance ; ils relèvent d'un divin état de grâce.

Dans l'ancienne tradition, on associe le porteur de lumière au savoir intérieur, tandis que le nombre 9, celui du serpent, évoque la connaissance du monde de la matière. Il se peut que vous ayez sous peu envie de changer de peau, de vous refaire une beauté ou de renouveler votre garde-robe. Permettez-vous cette régénération. Vous voudrez peut-être aussi acquérir de nouvelles connaissances, retourner aux études. Une décision dans ce sens vous serait favorable.

Avec le 9 apparaît l'image de l'homme à la lanterne du tarot, du porteur de lumière, celui qu'on appelle l'ermite. À son instar, vous pourrez générer votre propre lumière, car vous avez enfin acquis cette faculté sensorielle qui permet de sentir la présence divine dans votre esprit. Désormais, vous n'attendez plus qu'elle vienne. Vous saurez tirer profit de votre expérience spirituelle et apporter votre précieux rayonnement partout où vous irez. C'est un arcane de grande protection.

Sens artistique et spiritualité

Si vous développez une nouvelle méthode de travail en faisant appel à la réflexion et à la détermination, vous connaîtrez le succès. Votre sensibilité artistique et vos dons pour la communication vous amèneront aux portes de la réussite. Comme l'indique le nombre 9, vous découvrirez bientôt votre raison d'être en tant qu'artiste. Rien de moins !

Vous sentez-vous perturbé par un sentiment d'impuissance quelconque ? Aimeriez-vous imprégner votre démarche artistique d'un sens nouveau ? Les autres prennent-ils les décisions importantes à votre place ? En fait, la question que vous devez absolument vous poser est la suivante : Êtes-vous conscient de votre vraie valeur artistique, matérielle, spirituelle et personnelle ? Si vous répondez par l'affirmative, vous pouvez vous attendre à un couronnement magistral. Dans le cas contraire, vous devez prendre un temps de réflexion, lequel deviendra un miroir vous permettant de voir toutes vos dimensions. Ce n'est qu'après vous être plié à cet examen que vous récolterez ce que vous avez semé. L'oracle parle même d'une avantageuse popularité dans un proche avenir.

Vous n'êtes pas sans savoir que l'ego spirituel existe. On veut surpasser le commun des mortels et atteindre les sommets de la gloire céleste. Les intentions ne sont pas vilaines, mais certainement biaisées. En ce qui a trait à la spiritualité, on doit surtout se garder de croire que nos connaissances sont supérieures à celles des autres. Immunisez-vous contre les personnes qui chercheraient à vous convaincre du contraire. Les êtres matures savent faire preuve de prudence tout naturellement. Ne laissez donc pas votre esprit entre les mains de n'importe qui.

Carrière et argent

Dans quel domaine pourriez-vous exceller ? Cette question ouvre une large série de tiroirs : recherche, santé, enseignement, sciences, jurisprudence, philosophie, physique, hautes technologies, médecine, métaphysique. Peu importe l'enseigne choisie, vous pourriez réussir dans toutes ces professions. Vous avez envie d'autre chose ? Compte tenu de vos talents, vous pouvez facilement vous permettre d'entreprendre de nouvelles études. Demandez conseil à un orienteur professionnel. L'oracle est clair : la lumière se fera bientôt en vous et vous trouverez votre voie.

Votre réputation n'est pas surfaite ; on sait reconnaître vos mérites. Vous montrez autant de sérieux dans vos affaires d'argent que dans votre planification d'avenir. Il serait préférable que vous travailliez seul pendant quelque temps. De toute façon, peut-être n'aurez-vous pas d'autre choix.

Vouloir atteindre la perfection est une chose, mais l'exiger en retour n'est pas une sinécure pour votre entourage. Il se peut que, par principe, vous soyez attaché à des règles établies, ce qui fausse votre jugement. Une réflexion s'impose. Qu'est-ce qui vous pousse à être aussi pointilleux ? Que se cache-t-il derrière ce besoin de perfection ?

N'attendez pas qu'un tour de magie fasse que les choses bougent d'elles-mêmes. Agissez, osez et croyez en votre petite lumière intérieure. Désormais, l'obscurité n'a plus sa place dans votre vie. Des changements s'annoncent. On parle même d'une fin de cycle professionnel ou d'un passage vers une autre situation. Voici venue l'heure du bilan. Vous pouvez maintenant comptabiliser votre savoir et songer à le rentabiliser différemment. Il est temps de mettre votre expérience en valeur et de recevoir vos lettres de noblesse. D'ici neuf semaines environ, les événements se précipiteront. Un temps nouveau s'amorce, ainsi qu'une ère excitante à la hauteur de vos ambitions.

Vous pourriez être sollicité pour donner des ateliers à un groupe de personnes âgées. Ce serait là une occasion en or pour vous démarquer. Si vous agissez à titre de scientifique, de chercheur ou d'archéologue, vous pourriez faire une découverte qui relancerait votre carrière. Avec le nombre 9, toutes les formes de recherche sont également favorisées.

Comment se porte votre réputation présentement ? Ne faites surtout rien pour perdre la face tant en public qu'en privé. Vous risqueriez de recevoir des coups de griffes plutôt féroces. Visez le mieux plutôt que le pire, à plus forte raison si vous êtes une personnalité connue. Vous travaillez dans le domaine scientifique et vous devez parler en public ? Ce qui importe, c'est de vulgariser votre savoir pour le rendre accessible au plus grand nombre. Cette façon de faire pourrait vous assurer richesse et célébrité.

Il est possible qu'on vous offre un poste de prestige et que vous le refusiez afin de réorienter votre carrière autrement. Il se peut également que vous rencontriez certains retards professionnels ou que vous en provoquiez parce que cela vous convient mieux. Vous comprendrez plus tard que si vous avez reculé, c'était simplement pour sauter plus haut et plus loin. Osez dépasser vos limites. Voyez grand, soyez audacieux. Quand on porte sa propre lumière, on a la maturité comme combustible pour effectuer des choix éclairés.

Amour et amitié

Il y a quelque chose de lassant dans le fait de toujours connaître de nouvelles amours. Jusqu'à présent, vous vous en êtes plutôt bien accommodé, mais vous auriez maintenant intérêt à mieux choisir vos partenaires. L'amour ne se résume pas qu'à un mouvement perpétuel. Si votre couple souffre d'une panne de désir ou si des blocages surgissent pendant les relations sexuelles, n'hésitez pas à vous tourner vers un sexologue. Son aide vous sera précieuse. Il est ici suggéré de ne pas compenser vos insatisfactions grâce à la tricherie et à la tromperie. Vous risquez d'être découvert et de perdre la face. Ne prenez pas cet avertissement à la légère sous prétexte que vous êtes trop rusé pour vous faire attraper. Vous pourriez vous en mordre les doigts...

Si vous êtes célibataire, sortez, allez rencontrer les gens là où ils se trouvent. Ainsi, vous provoquerez le destin, lequel ne vous réserve que d'heureuses surprises. Pour mettre toutes les chances de votre côté, rappelez-vous que l'important n'est pas de chercher l'amour mais simplement de le laisser venir vers soi en son temps et en son heure.

En amitié, évitez aussi toute forme d'infidélité. Si vous trafiquez la vérité afin d'éviter de rendre des comptes, vous recevrez sur le nez ce que vous aurez craché en l'air.

Famille

Avez-vous l'impression de devoir jouer au père ou à la mère avec vos frères et sœurs ? Ce rôle d'ambassadeur de la famille semble un peu ingrat. Ne portez plus votre tribu sur vos épaules. Ainsi, vous vous rendrez service et vous donnerez un coup de pouce à l'estime de vos proches en les croyant capables de se porter eux-mêmes. Vous devez honorer le pouvoir et la grandeur des autres même si vous doutez de l'efficacité de leurs moyens de défense.

Votre ordonnance santé

Le nombre 9 indique que vous vivez peut-être un surmenage professionnel. Si tel est le cas, accordez-vous un temps d'arrêt pour effectuer un bilan de santé.

Le nombre 9 fait référence :

aux os
aux pieds
aux accidents mineurs reliés aux mouvements d'impatience
au surmenage professionnel
aux tensions mentales
au rein droit
aux mauvaises habitudes alimentaires

Vos meilleurs alliés

les autres en général
la foule

10

La main
Signe de la Vierge ♍

Faire tourner la roue

Dès que vous aurez mis la main à la roue pour lui imprimer un mouvement, les événements se succéderont à un rythme effréné. Il est possible que vous déménagiez précipitamment et qu'une aide inespérée se manifeste sous la forme d'un précieux coup de main. Tout ce qui se produira dans votre vie semblera bénéfique. Vous devrez toutefois garder cette réalité en tête : la roue peut tourner dans les deux sens. Cela signifie que vous vous abandonnerez à certains excès, comme, par exemple, manger plus qu'à satiété. Les appétits pourraient même être inversés. C'est-à-dire, tantôt c'est vous qui dévorez, et tantôt c'est vous qui êtes dévoré par une faim insatiable de posséder, de prendre, de monopoliser et de vouloir tout diriger. Méfiez-vous de votre soif d'autorité et d'ascendant sur les autres. Le nombre 10 parle même d'une consommation déraisonnable ou, au contraire, d'une pingrerie sans nom. Devant ces comportements extrêmes, tâchez d'identifier vos blessures intérieures ; l'ordre et le désordre n'alternent pas sans raison.

La roue de la destinée, aussi appelée la mobilité, vous entraînera dans la voie du mouvement. Inutile de faire intervenir le raisonnement. Vous ne serez satisfait que si vous bougez, dansez, changez de direction, réagissez, etc. En fait, le nombre 10 vous forcera à avancer ou à reculer selon ce qui se passe dans votre vie. Si vous êtes foudroyé par une épreuve ou un événement inattendu, prenez le temps d'encaisser. Vous avez la force voulue pour rester debout et trouver rapidement une solution.

Quand on chevauche la vie, il faut se tenir prêt à toute éventualité. Au moment où l'on s'y attend le moins, la roue de la destinée peut effectivement tourner dans l'autre sens en raison de la volonté d'une main invisible. Que croyez-vous ? Que le destin se contente de satisfaire toutes vos attentes ? Il a beaucoup mieux à vous offrir, même si ça peut sembler déroutant et déstabilisant. Pour arriver à supporter les changements de cap que vous réserve la vie, imaginez-vous sur un fil de fer. Il n'y a pas d'autre alternative : vous vous penchez d'un côté puis de l'autre, avancez pas à pas avec précaution et, dans une danse étrange, tâtonnez à la recherche de votre équilibre et le maintenez. Voilà le vrai défi ! Quoi qu'il advienne, vous devez rester en position de stabilité et, pour ce faire, être extrêmement bien ancré dans le moment présent. Faites taire vos inquiétudes. Vous serez inspiré et prendrez les bonnes décisions. Des rêves puissants sont à venir.

Si vous vous sentez étouffé par la routine, cela dénote un manque de passion de votre part. Choisissez de faire une activité qui donnera un coup de fouet dans votre ordinaire. Pratiquer un sport parviendrait certainement à mettre un peu d'action dans votre quotidien. Méditez sur les mots « mobilité » et « équilibre », qui font référence à la main. Observez vos mains intensément. Regardez comme elles sont mobiles et prenez conscience de la prise qu'elles peuvent avoir sur la vie extérieure. Aussi, ressentez leur pouvoir d'équilibre, et la conscience qu'elles génèrent lorsqu'elles décident de s'approprier quelque chose.

Sens artistique et spiritualité

La main vous annonce que vous changerez votre façon de mener votre carrière artistique. Peut-être êtes-vous déjà en plein changement. Si c'est le cas, faites qu'aujourd'hui compte vraiment en osant tourner la roue dans l'autre sens pour le jour qui vient. Faites en sorte que chacune de vos actions provienne d'une intention d'amour. Ainsi, vous vous doterez d'une force intérieure à toute épreuve. Cette force vous permettra d'obtenir une vision claire par rapport à votre vocation artistique. La nature sera ici une grande source d'inspiration. Allez y puiser vos ressources. Le destin est prometteur.

Si vous êtes un artiste, vous recevrez l'estime du public. On respectera énormément votre travail ainsi que vos efforts. Vous pouvez marcher la tête haute.

Les professionnels du sport seront appelés à parapher d'excellentes ententes. Si vous souhaitez gagner les rangs des ligues majeures ou simplement changer d'équipe, vous n'avez qu'à faire valoir votre talent. Voici venu le temps de donner un coup de main à votre carrière.

Les inventeurs sont particulièrement privilégiés. On achète même vos réalisations. Si ce n'est pas le cas, mettez-les en évidence afin que le grand public les admire. Une personne vous tendra sous peu la main pour vous aider dans ce sens.

Vous êtes-vous dévoué à une cause humanitaire importante dernièrement ? Une chance immense récompensera votre engagement et contribuera à la concrétisation d'un projet qui vous tient à cœur.

Carrière et argent

Le nombre 10 fait référence à l'habileté, à la mobilité et à la discipline qui s'unissent afin que vous donniez un meilleur rendement au travail. Voici venu le temps d'agir dans une situation qui stagne depuis déjà trop longtemps. Cette situation appartiendrait-elle à votre passé ? Par exemple, un ancien employeur qui viendrait vous relancer ?

Ou bien le présent contexte vous rappellerait-il un scénario professionnel déjà joué par le passé ? Quoi qu'il en soit, on vous fera une offre que vous ne pourrez pas refuser. C'est le destin qui vous tend la main et qui fait tourner la roue dans le bon sens.

L'oracle vous informe que vous pouvez agir de façon rapide tout en prenant des risques calculés. Vous êtes protégé. S'il le faut, n'hésitez pas à faire machine arrière. Un repli stratégique s'avère-t-il nécessaire ? Dans ce cas, empruntez cette direction ; c'est la bonne. Par contre, reculez-vous parce que vous avez peur ? Voilà une bien mauvaise conseillère. Pour vous libérer de son emprise, empressez-vous de réactiver votre sentiment de confiance en vous. Des personnes-ressources et des alliés sûrs pourraient vous apporter le renforcement positif qui semble vous faire défaut. Allez les consulter.

Tout indique que vous êtes prêt à faire bouger vos investissements. Lancez-vous l'esprit tranquille et osez quelques manœuvres bien pensées. Tous les obstacles majeurs ont été franchis ou le seront très bientôt. La roue de fortune est ici très symbolique et vous confirme que la chance tourne en votre faveur. Une période de déblocage s'amorce. Les situations considérées jusqu'ici inextricables se dénoueront enfin.

Le nombre 10 apporte cette leçon : si vous manifestez la volonté de vouloir vous en sortir, vous verrez toute une différence. Il est important que vous mettiez la main à la roue. On parle ici du sens de la mobilité, du mouvement, lequel vous incite à devenir responsable de votre propre destinée professionnelle afin de l'amener dans une autre direction. Les métiers d'art, la jurisprudence, la médecine, l'archéologie et les professions reliées à la préservation sous toutes ses formes sont privilégiés. L'oracle parle d'abondance et de fonds débloqués. Il parle aussi de l'étranger qui vous appelle et de votre obligation à répondre à une offre émanant d'outre-mer. Les avocats touchés par cet oracle emploieront des ruses juridiques à jeter littéralement par terre. Des contrats se signeront et créeront un climat financier favorable et agréable.

Amour et amitié

Si la roue de votre destinée amoureuse tourne dans le sens négatif en ce moment, reprenez votre souffle au moyen d'exercices respiratoires. Ils vous aideront à canaliser vos forces psychiques et physiques. Vous pourrez alors poser un regard plus clair sur la situation qui vous préoccupe. Tentez aussi de trouver des solutions efficaces pour que votre destin prenne un tournant plus positif.

Quand tout paraît confus et qu'on ne sait plus qui choisir, il faut savoir s'accorder un temps de réflexion. Le nombre 10 vous suggère de vider la coupe pour pouvoir mieux la remplir ensuite. N'oubliez pas, toutes vos décisions doivent être prises avec votre cœur qui pèse dans la balance. Autrement dit, vous ne devez pas gérer vos amours comme vous dirigez vos affaires. Questionnez vos intentions véritables.

L'imprévu règne en roi et maître sur votre vie sentimentale. Si vous êtes célibataire, tout peut arriver, même l'impossible. L'oracle vous demande de bien verbaliser vos souhaits, car ils se verront exaucés sous vos yeux étonnés.

Tout comme vous devez vous garder des excès, tenez-vous loin de l'adultère. Une aventure ne vous suffira jamais et votre gourmandise sexuelle ne sera jamais complètement rassasiée. Vous savez ce qu'il vous reste à faire !

Le destin vous obligera peut-être à couper le cordon ombilical avec certaines amitiés et vous en serez ébranlé. Pendant quelques semaines, vous devrez vous débrouiller seul. Demandez de l'aide ; quelqu'un pourrait vous prêter main-forte en toute amitié.

Famille

Souhaitez-vous avoir un enfant ? L'annonce d'une grossesse pourrait vous surprendre agréablement. Dans un autre ordre d'idées, n'en faites pas trop et n'en dites pas trop. Bien malgré vous, vous pourriez exagérer dans le positif comme dans le négatif. Si vous avez besoin d'aide, tournez-vous vers votre famille. Elle vous apportera son soutien.

Votre ordonnance santé

Si vous êtes sous l'emprise d'une dépendance quelconque – cigarette, médicaments, alcool, drogues, nourriture, sexe, jeu, affective –, vous pourrez vous en affranchir en prenant votre destin bien en main. Faites tourner la roue dans une autre direction, vous le pouvez ! Sinon, demandez qu'on vous aide et allez consulter. Tout ira pour le mieux et les efforts que vous consacrerez à passer à autre chose seront récompensés.

Le nombre 10 fait référence :

au cerveau
aux jambes
aux mains
à la possibilité d'une grossesse
aux tempéraments nerveux, belliqueux et explosifs
à une maladie qui surgit du passé et qu'il importe de guérir définitivement
au rein gauche

Vos meilleurs alliés

les amis
la famille
le conjoint
les nouvelles rencontres

11

La paume de la main
Le Soleil ⊙

La force du lion

Vaincre ses dépressions, ses perversions et ses dépendances exige une grande force intérieure, laquelle est presque toujours soumise à une certaine forme de tentation. Ne pas succomber fait justement en sorte qu'on peut se renforcer ! Le sens symbolique donné à la force associée à la paume de la main souligne que vous exercez une certaine emprise sur la vie et ce, plus que vous ne le croyez. Vous pouvez donc agir si vous le désirez vraiment et faire avancer votre carrière, votre situation matérielle ou vos amours. Et si vous choisissez de changer votre vie pour le meilleur, allez-y ! Peut-être venez-vous de terminer une maîtrise à l'université, ou bien avez-vous perdu énormément de poids ou, encore, avez-vous construit votre maison de vos propres mains. C'est le message que vous envoie le nombre 11 quand il parle d'utiliser la force pour se prouver qu'on a une emprise sur sa vie. Et pendant tout ce temps consacré aux études, à la construction de votre maison et à la reconstruction de votre corps, vous aurez appris à dominer vos propres oppositions en plus de vaincre « vos démons ». Il est possible que vous fassiez la preuve d'un accomplissement que le commun des mortels juge impossible. Vous pourriez être, par exemple, une personne âgée qui décide de traverser le pays à bicyclette dans le but d'amasser des fonds pour une association caritative... Tout est possible lorsqu'on se trouve sous la protection de ce chemin de vie puissant.

Il est clair que vous êtes en mesure de gérer tous les aspects de votre vie. Si des problèmes se présentent, vous saurez très exactement quoi faire pour les régler. Dans le cas contraire, le destin se chargera de vous aider, à sa manière. La force associée à la paume de la main n'est pas nécessairement une force guerrière dans le sens où nous l'entendons habituellement. Il y a aussi la force tranquille qui, tout en douceur, fait subtilement plier le matériau le moins flexible. On parle ici d'une force qui implose mais non dépourvue de puissance. À ce titre, on pourrait vous qualifier de force de la nature.

En fait, tout ce que vous entreprendrez se concrétisera sous vos yeux étonnés. Si vous vous montrez charmant, vous serez presque irrésistible ; vos chances de rencontrer l'amour s'en trouveront quintuplées.

Sens artistique et spiritualité

Vous êtes désormais habité par des forces puissantes qui vous guideront dans vos démarches artistiques. Vous pouvez tout ! L'énergie créatrice qui vous anime en ce moment est primitive, forte et intense ; elle agit à la limite de votre inconscient. À vos yeux, seuls les résultats comptent, et il y en aura. Peut-être n'avez-vous aucune idée de ce que vous êtes en train de créer, mais vous aurez tôt fait de constater que c'est absolument génial. Croyez en votre talent et osez soumettre vos œuvres à l'attention de personnes qui sauront les apprécier et les faire fructifier.

Un nouveau champ d'action s'ouvrira sous peu à vous. Vous pourriez être appelé à donner des cours ou des ateliers de formation. Si vous vous sentez prêt, n'hésitez pas à relever ce défi. La force du nombre 11 vous entraîne au cœur de votre dynamique intérieure pour que vous exploriez votre nature sauvage, rebelle, démesurée, mais combien riche en éléments d'émancipation. Prenez toutefois garde à l'occultisme noir ; tenez-vous loin de ce genre d'enseignement.

Carrière et argent

Soyez assuré que vous possédez les atouts nécessaires pour vous sortir d'embarras. Par contre, vous devrez dompter votre nature sauvage et apprendre à côtoyer les autres. Sachez déléguer ; vous ne pouvez pas tout accomplir seul, même si vous maîtrisez les événements. En fait, vous exercez une certaine emprise sur les éléments qui vous permettront d'accélérer le développement de vos projets. Vous respectez vos échéanciers, ce qui comble vos clients d'aise ! Vous éprouverez un grand sentiment de satisfaction à l'idée d'avoir dépassé vos propres limites.

Il est possible qu'on vous offre une promotion sur un plateau d'argent. Tout au moins vous confiera-t-on de nouvelles responsabilités. Vous inspirez confiance et respect. C'est le moment idéal pour demander l'augmentation de salaire que vous jugez mériter. L'oracle vous y encourage fortement. Vous pourriez mettre de l'avant des projets d'envergure. Ou bien on soumettra à votre attention des projets d'importance qui risquent de changer le cours de votre vie professionnelle.

Prenez des initiatives ! Elles préluderont à de belles transformations. N'hésitez pas à aller de l'avant. Foncez, osez, mais toujours en respectant les autres. Le cosmos vous accorde sa protection, vous pouvez donc agir en toute confiance. Évitez cependant de transgresser la loi. Respectez les normes établies, que ce soit sur les lieux de votre travail, à la maison ou dans vos activités sportives et culturelles. Cultivez les nouveaux contacts.

Amour et amitié

Votre énergie sexuelle, parce que bien ciblée, atteindra des sommets vertigineux. Mais prenez garde aux tentations ! Elles seront nombreuses, assure l'oracle.

Puisque l'amour est un élixir qui appelle l'amour, il est possible que vous fassiez sous peu une rencontre sentimentale importante. Si vous donnez votre parole, honorez-la. Des décisions en vue de partager votre vie avec un partenaire seront enfin prises. Vos peurs étant maîtrisées, rien ni personne ne vous résistera, à condition, bien sûr, que l'autre soit prêt ! Mais rassurez-vous, tous les ingrédients sont rassemblés pour vous permettre de vivre une relation épanouissante.

En amitié, vous pourriez subir la jalousie ou l'envie des autres ; vous en concevrez du chagrin. Pourtant, vous ne vous laisserez pas abattre, déterminé plus que jamais à désamorcer les conflits avec force et courage. Cette attitude sera payante. Cependant, fuyez la démesure. Un projet important pourrait voir le jour grâce à vos amis. Il est même question de mettre sur pied une entreprise ou une équipe sportive.

Famille

Si vous entretenez des rapports de force avec certains membres de votre famille, tâchez de faire la paix. Ne prenez pas tout ce qu'on vous dit au pied de la lettre. Elle est là, la clé du détachement.

Un de vos proches pourrait vivre un événement très difficile. Soyez présent à son désarroi et offrez-lui votre soutien. Et comme sa situation pourrait connaître de nombreux revirements et rebondissements, sachez tenir votre langue. Gardez vos opinions dans votre tiroir à discrétion, car si tout rentre définitivement dans l'ordre, vous pourriez vous retrouver dans l'eau chaude !

Votre ordonnance santé

Le nombre 11 fait référence :

à la circulation sanguine
aux yeux
au mal de dos
au cœur

Vos meilleurs alliés

les enfants
la famille
l'entourage au travail
le patron
le mari ou l'épouse
l'amant
Dieu et les forces intérieures

12

Le soumis
Signe de la Balance ♎

Les bras tendus

On entre ici dans le monde de l'ego. De façon symbolique, cela sous-entend l'« action d'abaisser ou de se faire abaisser », ce qui pourrait tout aussi bien se traduire par « je suis soumis ou je soumets ». L'ego croit qu'il est **la** loi ; il privilégie donc le poids de sa dominance, de son pouvoir, et n'applique que sa propre justice. En fait, la justice des autres le laisse complètement indifférent, jusqu'à ce qu'il connaisse une forme de mort. Une défaite cuisante, par exemple, un échec retentissant ou toute forme d'humiliation qui le ferait fléchir. C'est dans cet état d'abattement intérieur qu'il trouvera la lumière. De cette épreuve, il sortira grandi et plus humain. Ainsi pourra-t-il reprendre sa vraie place et être au service du cœur. La balance, avec ses deux plateaux, offre une belle image symbolique : le poids de l'intellect contrebalancé par le poids du cœur. Autrement dit, vous recevrez dans la mesure où vous aurez donné.

Les paliers de gouvernement, la justice et le Parlement représentent tous des sphères d'activité sociale où se joue le sort des hommes. Le symbole de la justice étant une balance, sachez faire preuve d'équité si vous comptez parmi les décideurs de notre société. Dans ce sens, pesez soigneusement les décisions que vous prenez ou les jugements que vous portez. Dans un tout autre ordre d'idées, éloignez-vous de ceux qui se croient au-dessus de la loi.

Vous expérimenterez l'envers de la médaille dans une situation difficile. Pour le moment, il se peut que certains éléments vous échappent encore. Fouillez, creusez, cherchez, posez des questions. Tant que vous n'aurez pas consciemment choisi de comprendre – ce qui constitue la clé pour vous en sortir –, vous devrez continuer de subir la situation, aussi difficile soit-elle. Choisir de comprendre pourrait se comparer à la volonté de se souvenir de ses rêves. Il faut d'abord le décider intérieurement.

Si vous avez l'impression de régresser ou de tourner en rond plutôt que d'avancer, vous serez bientôt capable de mesurer la complexité de la situation dans laquelle vous étiez plongé. Attendez-vous beaucoup des autres ? Comment réagissez-vous si les choses ne se déroulent pas à votre manière ? L'oracle vous prédit un important déblocage. Vous devez absolument revoir votre esprit de sacrifice.

Dans le livre sacré de la Thora, on parle d'un retour à soi-même qui entraîne inévitablement un retour vers Dieu, ce qu'on appelle *teshuvah* en hébreu. Mais, pour pouvoir accomplir *teshuvah*, il faut d'abord se pardonner ses erreurs, faire ressortir le positif du négatif, séparer le bon grain de l'ivraie. Eh ! oui, nous sommes à ce point créatifs ! Pour ce faire, vous devez vous rendre compte à quel point vos erreurs vous ont grandi. L'expression « crise salutaire » prend ici tout son sens. Pourquoi devons-nous passer par l'épreuve pour grandir ? Qu'est-ce que nous apporte ce travail de transformation intérieure ? Une vision nouvelle ? Si oui, dans quel but ? L'oracle répond par l'exemple suivant : une personne ayant traversé l'épreuve du cancer, qui s'est vue condamnée à mourir et qui s'en est sortie *in extremis*, ne verra plus la vie de la même manière. Cette personne a développé une volonté de vivre dont on ne mesure pas l'étendue. Chaque seconde se transforme alors en une sorte de reviviscence qui confère un autre sens à la vie.

Le pendu, aussi appelé le soumis, illustre bien tout cela. Il a la tête en bas, il est sens dessus dessous parce que complètement retourné sur lui-même. Il souffre, il n'a pas d'autre choix pour s'en tirer que de se transformer. Et il y parvient toujours.

Sens artistique et spiritualité

Le nombre 12 s'avère exceptionnel pour ceux qui travaillent dans le domaine de l'occulte ou du sacré. Des révélations vous seront faites par le biais de vos rêves, de vos recherches et de vos visualisations. Ces révélations pourraient vous amener à prendre un nouveau tournant professionnel ; vous pourriez par exemple développer une nouvelle façon d'exécuter votre travail artistique.

Sur le plan spirituel, vous pourriez acquérir de grandes connaissances grâce à votre univers intérieur. Un changement radical s'opérera dans votre façon de voir votre quotidien et de le vivre. C'est probablement pour cela que le pendu se présente toujours la tête en bas ; tout ce qui arrive le renverse, le transforme, lui fait voir les choses autrement. D'ailleurs, ne sommes-nous pas à l'université de la vie ? Toute épreuve renferme un enseignement supérieur.

Vous êtes à la recherche d'une réalité plus mystique ? Réjouissez-vous, car vous la trouverez ! Mais soyez vigilant ; l'oracle parle d'égarement causé par un certain aveuglement. Votre quête répondrait-elle en réalité à un besoin d'évasion plutôt qu'à une recherche honnête de la vérité ?

Carrière et argent

L'oracle promet un excellent plan de carrière aux policiers, ambulanciers, médecins, psychiatres, thérapeutes, infirmiers, contrôleurs de navigation aérienne, agents de chemins de fer ainsi qu'aux gens qui travaillent en milieu carcéral. Une promotion est à envisager. Sinon, il y aura une augmentation de salaire appréciable. Si vous souhaitez obtenir la sécurité d'emploi ou un emploi à temps plein, vous serez exaucé. Pour tous ceux qui n'appartiennent pas à ces métiers et professions, la possibilité d'occuper un poste dans le secteur gouvernemental ou communautaire se présentera.

Vivez-vous un conflit important au travail ? Essayez de voir les aspects positifs et négatifs de la situation, cela vous permettra d'y voir plus clair. Questionnez vos équipiers pour identifier ce qui cloche. Tournez-vous vers les personnes qui sauraient vous conseiller au mieux. Rencontrez votre patron et demandez-lui où le bât blesse. Dans un même souffle, examinez avec lui ce que vous pourriez modifier ou accomplir pour redresser la situation. Il faut parfois courber l'échine pour mieux se relever. Un renversement de situation est prévisible à votre travail. Soyez prêt à toute éventualité.

Peut-être avez-vous choisi de vous confiner dans une sorte d'immobilité professionnelle. En effet, si vous craignez l'échec, il se peut que vous soyez englué dans l'inaction ou dans une certaine forme de renoncement. Peu importe la raison de votre inertie, l'oracle promet que vous verrez bientôt la sortie du tunnel. La lumière est là, à votre portée. Il suffit que vous tendiez la main pour la toucher.

Il se peut que des difficultés financières imprévues vous contraignent à abandonner vos études. Vous devrez faire preuve de flexibilité et ne pas résister. Soyez comme le roseau qui plie au gré du vent, et non comme l'arbre qui lutte contre la tempête. Si vous êtes acculé à la faillite, sachez que c'est pour vous libérer d'un poids trop lourd à porter. Dans quelque temps, vous finirez par admettre que c'était un mal pour un bien. Sinon, les restrictions financières tirent à leur fin, ce qui vous permettra de mieux respirer.

Si vous effectuez des travaux de recherches scientifiques ou occultes, vous connaîtrez le succès. Toutefois, vous devez garder secret le fruit de vos recherches, car vous pourriez être la victime d'un ego malhonnête. Faites-vous un devoir de rester intègre, quoi qu'il arrive.

Le nombre 12 n'est pas aussi négatif qu'il le laisse croire. Il se veut surtout porteur d'une conscience nouvelle, d'une espèce de mort de l'ego à la suite d'un échec ou d'un arrêt de travail choisi ou subi. Mais comme le phœnix qui renaît toujours de ses cendres, vous renaîtrez très bientôt à la vie. En cas de surmenage professionnel, n'oubliez pas de lever votre petit fanion de détresse et de demander qu'on vous aide.

Amour et amitié

L'oracle ne laisse place à aucune équivoque sur ce point : les autres reflètent ce que vous êtes, même si vous vous plaisez parfois à les juger différents de vous. À écrire cent fois dans votre cahier d'exercices !

Un mirage amoureux entraîne un éloignement, et c'est bien ainsi. De toute façon, le 12 annonce l'arrivée d'un amour véritable. Sinon, prenez le temps de voir si l'autre vous porte toute l'attention que vous méritez. Un autre aspect du soumis évoque des relations dominé/dominant qui vous gardent prisonnier de dépendances affectives et sexuelles.

Dans un tout autre ordre d'idées, vous pourriez vous méprendre quant aux intentions réelles d'un ami. Sortez votre bouclier ; vous pourriez avoir à faire face à une tromperie, une trahison ou, encore, une personne qui se présente sous une fausse identité. Mais vous ne serez pas dupe. Vous percevrez intuitivement la vérité, ce qui vous permettra de démêler le vrai du faux. Vous bénéficiez d'une protection puissante dans ce sens.

Famille

Songez-vous à demander une aide financière à un membre de votre famille ? S'il refuse de vous l'accorder, ne vous découragez pas pour autant. Une personne au grand cœur finira par casser sa tirelire et vous en offrira le contenu. Il est possible que vous ayez besoin qu'on prête une oreille compréhensive et empathique à vos chagrins, et non pas qu'on vous serine des conseils que vous connaissez déjà par cœur. Si tout est au beau fixe dans votre vie, vous serez très dévoué à votre famille et vous vivrez des échanges heureux avec tous ceux qui la composent.

Votre ordonnance santé

Quelle est la qualité de l'air que vous respirez ? Assurez-vous que vous vivez dans un environnement sain, car un air vicié pourrait empêcher votre cerveau et votre corps d'atteindre leurs pleines capacités. Les effets du souffle – de la respiration, si vous préférez – sur le corps physique sont terriblement puissants.

Le nombre 12 fait référence :

aux petits accidents dus à la distraction
à la baisse d'énergie
aux pieds
à la dépression
aux opérations
aux pensées négatives
au cœur
au gros intestin

Vos meilleurs alliés

l'amoureux
l'épouse, l'époux
l'amant, la maîtresse
les amis
la famille
l'entourage
l'autorité
la justice
le médecin
les milieux carcéraux
les psychologues, psychanalystes et psychiatres

13

Les eaux du baptême
Les nœuds lunaires ☊☋

La matrice

Ce nombre sacré pourrait aussi bien s'appeler « l'achèvement » puisqu'il annonce la fin d'un cycle. Symboliquement, on pourrait le relier à l'enfant qui vient au monde. Sa naissance lui permet de recevoir un nom par les eaux sacrées du baptême. En ce qui vous concerne, il s'agit plutôt d'une course contre la montre ! Cet état de fébrilité vous entraîne vers une grande finale : renoncer à une façon de vivre pour renaître à une nouvelle. Dans la même foulée, il est important que vous vous libériez de tout ce qui nuit à votre bien-être. Si une relation sentimentale stagne et s'effiloche, par exemple, songez à y mettre un terme. Si vous ne vous sentez plus à votre place dans votre emploi, envisagez la possibilité de le quitter. En fait, la notion de fin associée à ce puissant arcane est assez radicale et est renforcée dans le tarot par l'image de la mort. Mais ne craignez rien, la finalité dont il est ici question se résume à une mort symbolique. L'oracle se montre formel : vous passerez bientôt à autre chose, et de façon définitive.

La mort évoque aussi une profonde métamorphose. La pensée doit évoluer et s'approfondir. Êtes-vous conscient des transformations qui doivent s'opérer dans votre vie ? Si ce n'est pas le cas, les événements risquent de se précipiter, et quand l'univers s'en mêle, la tempête gronde à l'horizon ! Peut-être préférez-vous la stabilité à l'éphémère. Ne redoutez pas le changement, aussi essentiel à la vie que la naissance et la mort. Il participe à une logique qui dépasse notre entendement.

Sentez-vous que vous traversez une sorte de mort psychologique en ce moment ? Une maladie vous oblige-t-elle à changer vos habitudes de vie de fond en comble ? L'important est que vous acceptiez ces changements avec sérénité, même si cela s'avère difficile. Vous découvrirez, de l'autre côté du mur, des aspects qui vous étaient inconnus et qui vous permettront d'orienter votre vie dans une direction que vous n'auriez jamais songé à emprunter. Mais pour franchir ce passage, vous devrez imposer le silence à vos peurs intérieures.

Pourquoi appelle-t-on ce nombre sacré « l'arcane sans nom » ? Selon la Kabbale, le nom témoigne de la hiérarchie familiale d'une personne. Il raconte l'appartenance à un groupe, à un clan et à une philosophie religieuse bien définie par des traditions ancestrales. Il est écrit dans la Bible que Dieu demanda à Adam de nommer toute la Création. Ainsi, chaque être humain reçoit un nom dès sa naissance, qu'on consacre par les eaux du baptême. Lorsqu'une personne meurt, son nom s'efface de tous les registres terrestres. Elle ne fait plus partie de ce monde. Une histoire merveilleuse rapporte que Dieu redonne à la personne décédée son nom sacré originel. Le nombre 13 enseigne qu'il est inné et légitime de vouloir se faire un nom, de désirer laisser sa marque.

Sens artistique et spiritualité

Votre sensibilité sera mise à profit afin de rendre votre vie meilleure. Mysticisme, voyance, médiumnité, divination, intuition et inspiration seront au rendez-vous et vous prêteront main-forte dans la réalisation de vos projets créatifs. L'incertitude vous angoisse ; tâchez d'apprendre à maîtriser cette émotion négative. Le nombre 13 parle d'une réussite sans précédent, mais qui exigera beaucoup d'efforts de votre part. Peut-être devrez-vous revoir votre façon de créer, d'accomplir et de produire ; cela vous permettrait de profiter de l'expérience et de la compétence d'autres artistes.

La spiritualité prendra bientôt une place d'envergure dans votre vie. Vous expérimenterez d'abord la mort d'un schème de pensée, puis le début d'un temps nouveau, qu'il vous faudra apprivoiser. Peut-on parler d'une naissance spirituelle ? Certainement. L'oracle évoque aussi un lien possible avec l'invisible, l'intangible, le secret. Il vous suggère de réfléchir à l'essence même de l'éphémère, afin de vous aider à accepter ces détachements parfois douloureux mais combien nécessaires.

L'oracle vous conseille de pratiquer une activité physique artistique, par exemple le taï chi, le yoga prana, le Qi Gong – gymnastique chinoise – ou encore les arts martiaux. Si ces disciplines ne vous attirent pas, osez la danse, le chant, la musique. Toutes ces occupations peuvent vous aider à générer une énergie positive, laquelle contribuera à élever votre vibration personnelle et à vous débarrasser de votre peur du changement. En appliquant ces « remèdes », vous vous attirerez les bonnes grâces du destin. Autrement dit, enveloppez-vous d'une chape de positif, seul signe que sait reconnaître le bonheur. Et puis, en mettant ces conseils en pratique, vous ferez d'une pierre deux coups. En effet, non seulement apprendrez-vous à faire confiance à la vie, mais aussi parviendrez-vous à élever votre niveau de créativité.

Carrière et argent

Des portes s'ouvriront bientôt et vous pourrez enfin faire valoir vos nombreux talents. Il est aussi possible que vos démarches professionnelles reçoivent des appuis extérieurs – mentor, mécène, professeur, etc. – qui donneront le coup d'envoi à votre carrière.

Dans le domaine des affaires, ne vous croyez surtout pas indestructible ; cette attitude pourrait engendrer des situations malencontreuses et délicates. Peut-être avez-vous l'impression de revivre, sur le plan professionnel, les mêmes difficultés que par le passé ; ce sentiment de « déjà-vécu » fait grimper votre niveau de stress dans une zone dangereuse. Consolez-vous, vous assisterez sous peu à un revirement de situation qui vous laissera bouche bée ! Des secrets seront révélés, ce qui pourrait jouer fortement en votre faveur.

Si vous êtes en perte de pouvoir dans votre milieu de travail et que vous devez continuellement vous battre pour garder la tête hors de l'eau, ne perdez pas espoir. Une ouverture se présentera bientôt ; vous pourrez ainsi reconstruire votre carrière sur de nouvelles bases. Sachez faire preuve de discernement quand vous exercez votre pouvoir professionnel et tout ira bien. Ce conseil s'applique aussi à vos affaires pécuniaires. Jouez franc jeu ! De la sorte, votre bas de laine pourra se remplir d'écus d'or.

Dans les mois à venir, il se peut que vous gagniez beaucoup d'argent ou, tout au moins, que vous amélioriez grandement votre situation financière. Vous allez vous refaire une nouvelle vie, une santé professionnelle et matérielle. Ceci étant dit, veillez bien, en cours de route, à ne pas perdre votre réputation ou votre nom – autre sens de « l'arcane sans nom » du tarot !

Votre caractère en impose-t-il trop ? Ou, au contraire, refusez-vous d'afficher ces qualités remarquables qui sont les vôtres ? Autrement dit, êtes-vous en train de vous livrer à un *seppuku* professionnel ? Soit vous ne montrez que votre arrogance et votre désir de performance, au détriment de vos qualités humaines ; soit vous jouez en deçà de vos capacités réelles, au risque de ne pas vous faire respecter. Vous passez d'un extrême à l'autre. Il vous faut trouver l'attitude juste et l'adopter. Tentez de définir très précisément ce à quoi vous aspirez et tout rentrera dans l'ordre.

Rêver au 13 peut aussi signifier que vous aurez à travailler dans le domaine de l'occulte ou dans un endroit qui exige la plus grande discrétion, par exemple un pénitencier, un service de psychiatrie ou une clinique de désintoxication. La possibilité de travailler à la maison, loin du brouhaha bureaucratique, est également envisageable. La fin d'un cycle professionnel s'amorce et cette finalité vous donnera la possibilité de réorienter votre avenir. Votre patron pourrait vous faire des confidences ; gardez-les secrètes, sinon vous risquez de voir la situation se retourner contre vous.

Il existe un grand danger à se laisser envahir ou ignorer par les autres sans réagir. L'effacement est un concept symbolique lié à cet arcane de la mort. Même si l'invisibilité résulte de la mort, vous ne devez pas chercher à vous fondre dans le décor au travail ; vos patrons auront tôt fait de ne plus vous voir. Voilà un bon remède psychique pour vous sortir de l'anonymat négatif : la visualisation active. Donnez-vous la permission d'exister en prononçant vos prénom et nom à plusieurs reprises. Vous pourriez dire : « Moi, *yang yin*, je me donne la permission d'exister par droit divin. » Cette affirmation ne se veut pas un truc magique. Elle contribuera à vous ancrer sur le plan psychique ; le reste viendra tout naturellement. En d'autres termes, si vous ne reconnaissez pas le bien-fondé de votre propre existence, qui donc le reconnaîtra ?

Un événement inattendu pourrait faire basculer la situation délicate dans laquelle vous vous trouvez au travail. Vous a-t-on accusé à tort ? Dans l'affirmative, rassurez-vous, le vent tournera et les masques tomberont. Dans le cas contraire, vous apprendrez quelque chose d'important sur les positions de l'entreprise qui vous emploie et vous serez enfin fixé quant à votre avenir.

Amour et amitié

Désirez-vous mettre un terme à une aventure amoureuse qui vous pèse comme un boulet ? Ou bien gardez-vous un secret qui vous est néfaste ? Dans une situation comme dans l'autre, attendez-vous à vivre de grands bouleversements. Plusieurs scénarios sont possibles : un ami vous annonce son départ définitif pour l'étranger, un amant décide de rompre, un enfant décide de se marier ou de quitter la maison familiale, etc.

Des changements concernant votre statut matrimonial sont aussi à prévoir. À ce propos, on ne peut pas vous accuser d'aimer trop ! Votre partenaire tend-il à vous écraser ? Vivez-vous une sorte de solitude à deux, faute de mieux ? N'hésitez pas à mettre un terme à cette mort lente. Effacez le grand tableau noir et repartez à la case départ. Dans ce sens, une rencontre amoureuse pourrait vous aider à vous refaire une nouvelle vie.

Sur le plan de l'amitié, éprouvez-vous de la difficulté à pardonner ce que vous considérez comme un affront ? Ne s'agirait-il pas plutôt de blessures à votre orgueil ou à votre amour-propre ? Si oui, cela risque de vous rendre la vie misérable. Pour vous aider, effectuez vos exercices respiratoires et plongez au plus profond de vous-même à la recherche de ce que cette épreuve peut vous apprendre.

Famille

Votre famille vit une grande transformation, peut-être à la suite du décès d'un être cher ou du départ d'un enfant, ou encore d'un parent qui doit quitter la ville pour aller s'installer ailleurs. Vous devrez renoncer à la famille que vous connaissez et passer à autre chose. Une nouvelle vie vous attend.

Votre ordonnance santé

Un problème de santé vous obligera à revoir votre régime alimentaire et votre façon de vivre. Cette métamorphose s'avère nécessaire. Vous apprendrez beaucoup de cette épreuve.

Le nombre 13 fait référence :

au cœur
au système nerveux
au foie
à la vésicule biliaire
à la respiration
aux os

Vos meilleurs alliés

les autres en général
l'amant, la maîtresse
la famille
les associés au travail
le patron

14

L'ange
Signe du Scorpion ♏

Boiter versus marcher

Ange ou démon ? Le symbolisme du boiteux suscite toujours une grande ambiguïté. Sur quel pied choisirez-vous de danser ? Il n'en tient qu'à vous de choisir le camp auquel vous souhaitez appartenir. Le démon illustre ici une faiblesse de l'âme. Quelle est donc cette faiblesse ? La colère, apparemment, laquelle est un vil défaut dont il faut se débarrasser à tout prix. C'est presque mission impossible, objecterez-vous. Pourtant, si un athlète veut monter sur le podium, il doit d'abord vaincre sa plus grande faiblesse, quelle qu'elle soit. Faites de même. Apprenez à renforcer cette partie faible en vous. Le meilleur moyen d'y parvenir consiste à effectuer des exercices respiratoires. Ceux-ci vous aideront à devenir plus fort que votre colère, à la surpasser, à la transcender. Le souffle contient une force incommensurable ; utilisez-le comme un bouclier contre la colère.

Pourquoi certaines personnes choisissent-elles de s'adonner aux arts martiaux ? Pourquoi les moines tibétains acceptent-ils de s'astreindre à une vie d'ascète ? Pour apprendre à maîtriser leur volonté, pour augmenter leur force et leur puissance spirituelles. Ils travaillent sur l'esprit de la colère pour l'amener à maturation.

Depuis la nuit des temps, la symbolique du Scorpion a toujours intrigué, fasciné et effrayé. Les personnes nées sous ce signe sont capables du pire comme du meilleur ; voilà pourquoi ils ont récolté la plus mauvaise réputation du zodiaque. Dans ce sens, ils illustrent parfaitement l'allégorie de la faiblesse de l'âme dans ses multiples facettes. Dans une perspective plus large, il s'agit de la nature humaine propre à chacun de nous et non pas associée uniquement aux gens coiffés du signe du Scorpion.

Un autre aspect de cet arcane du tarot, aussi appelé la tempérance, est rattaché à sa racine étymologique *tem*, qui signifie « couper », et dont le sens véritable serait la « division dans le temps ». On parle alors des saisons de la vie : l'enfance, l'adolescence, l'âge adulte et l'âge d'or, ce qui nous ramène au terme de la maturation. Mais il peut aussi bien s'agir de coupures dans le temps, soit avec le passé, le présent et même le futur, qui doivent être faites. Vivre dans le passé ne vaut guère mieux que de se projeter continuellement dans l'avenir. Vivons dans le temps présent, nous enseigne la tempérance. Le « ici et maintenant » doit constituer notre seule réalité temporelle. Et afin de goûter pleinement à cette réalité, apprenons à discipliner notre esprit. Cependant, exerçons-nous avec douceur et modération.

Si vous prenez la résolution de vaincre vos faiblesses et de vous renforcer, évitez de vous promener dans le temps. En effet, le passé recèle des émotions reliées à la colère ; les revivre ne peut qu'envenimer le problème. Il en va de même quand on se projette dans le futur ; cela peut provoquer tellement de frustration et de colère qu'on aggrave cette condition plutôt que de la maîtriser. Soyez persévérant, vos efforts seront récompensés au centuple.

Le nombre 14 signifie « passer d'un lieu à un autre ». De nombreux déplacements sont à prévoir, peut-être même un départ précipité, non planifié, mais qui sera agréable malgré tout. Êtes-vous en train de planifier un voyage à destination de l'Asie ou de l'Europe ? Dans ce cas, réjouissez-vous car, tel Ulysse, vous effectuerez un très beau voyage.

Sens artistique et spiritualité

Ce rêve indique qu'un talent artistique sommeille en vous et qu'il ne demande qu'à naître au grand jour. L'art se fait présent tout autour de vous, ce qui vous permettra de créer par-delà les horizons déjà explorés. Une découverte influencera votre créativité, vous poussant dans d'autres voies. Toutefois, prenez garde au laisser-aller et à l'indolence ; les personnes dotées d'un talent naturel y sont souvent sujettes...

Vous saurez vendre avec brio vos dons artistiques à l'étranger. N'hésitez pas à passer une entrevue pour un emploi, une audition pour un rôle ou quoi que ce soit qui corresponde à vos aspirations ; grâce à cela, votre carrière pourrait bien avancer d'un pas de géant. D'excellentes nouvelles sont à venir.

D'un point de vue occulte, la tempérance représente l'alchimie. À quoi l'alchimie est-elle censée servir ? À transformer le mercure (la pensée dite grossière) en or (la pensée plus subtile). Le rôle de l'art ne consiste-t-il pas à raffiner l'esprit ? Tous vos talents psychiques émanent d'une nature artistique. La preuve en est que les artistes se nourrissent d'inspiration et travaillent souvent à partir de l'inconscient.

L'oracle vous livre aussi un message plus spirituel ; il vous encourage à mettre en place votre propre « ère du Verseau », à lire sur les choses de l'esprit. L'étude des religions, de la philosophie ou des sciences pourrait vous inspirer grandement. De nouveaux états de conscience élèveront votre âme.

Carrière et argent

La radio, la télévision, le cinéma et le journalisme seront porteurs de surprises agréables. Il se peut même que vous receviez une offre fort alléchante de l'un de ces milieux. Utilisez les médias pour vous faire connaître. Ou alors, faites savoir que vous existez par le biais de la publicité. Donnez des conférences ! On a besoin de vos connaissances.

À l'instar de la tempérance qui transvase l'eau d'une urne dans l'autre, vos pulsions répondront à la fois à la rationalité et à l'émotivité. Peut-on parler de génie artistique, d'intelligence inspirée ou de grandes percées intellectuelles ? Absolument ! C'est pourquoi vous devez mettre vos projets de l'avant ; une occasion en or vous attend. Vous récolterez bientôt le fruit de vos efforts.

Le nombre 14 parle de la communication sous toutes ses formes. Il nous apprend que savoir communiquer permet de manifester son esprit avec art. Si vous éprouvez de la difficulté à faire entendre vos messages, n'hésitez pas à recourir à des exercices respiratoires. Ensuite, fermez les yeux et imaginez que vous prenez la parole en public. Dans votre esprit, les gens se montrent très réceptifs à ce que vous dites ou tentez de dire. Notez leurs suggestions. Ces personnages sortis tout droit d'une projection mentale vous aideront à comprendre ce qui bloque votre énergie verbale. Vous pouvez aussi demander à des gens en qui vous avez confiance de vous dire ce qui cloche.

Le 14 évoque un train qui roule sur deux rails. Dans ce sens, vous pourriez être « assis entre deux chaises », c'est-à-dire porter deux chapeaux professionnels différents. Situation inconfortable au demeurant... Mais ne désespérez surtout pas ! Votre statut social connaîtra bientôt une nette amélioration. Des changements au sein de l'entreprise où vous travaillez pourraient vous offrir un bel avenir et la situation tourner à votre avantage.

L'ange de la science veille sur vous. Si vous êtes un savant et que vous faites de la recherche – scientifique, universitaire, policière ou autre –, une découverte pourrait bien vous valoir la célébrité. Il se peut même que vous gagniez un prix ou receviez la reconnaissance de vos pairs à ce sujet. Votre quotidien bénéficie d'une protection angélique. Sentez-vous sa présence ? Aussi subtile soit-elle, elle est bien là !

Tout ce qui touche aux relations publiques vous permettra de regarnir votre portefeuille. Vous avez la vente dans le sang ? Dans ce cas, vous pourriez gagner gros, tant financièrement que professionnellement. Les travailleurs autonomes, les acteurs, chanteurs et artistes de tout acabit se verront très bientôt offrir des contrats lucratifs. Pour tous les autres, ne désespérez pas, la chance viendra au rendez-vous. Des surprises vous attendent dans votre vie professionnelle. Il est même possible qu'on vous demande d'enseigner votre savoir. N'hésitez pas, foncez !

Amour et amitié

La passion pourrait déclencher des événements importants et entraîner des changements dans votre façon de vivre votre sexualité. Une rencontre sentimentale est à prévoir. Bien que tout ira rapidement, ce lien sera sincère et durable. Toutefois, il s'agit ici aussi de savoir choisir son camp. Et choisir signifie nécessairement que vous devrez renoncer à quelqu'un d'autre ; cela risque d'être difficile. Mais vos amours se trouvent sous le signe de la chance pure. Profitez-en. Il est même question d'une demande en mariage...

Si vous vivez déjà en couple, tâchez d'entretenir une relation saine et équilibrée. Privilégiez un bon dialogue, où chacun des partenaires a son mot à dire sans pour autant blesser l'autre ou le confronter. Sachez éviter la colère et toutes ses manifestations : agressivité, violence verbale, violence physique, agression passive – le silence, les non-dits. Ce genre d'abus de pouvoir est inconscient, mais non moins porté par une volonté de maîtriser l'autre. Si ces cas de figure ne touchent pas votre relation, celle-ci prendra du mieux. L'oracle annonce un renouveau sentimental important. Peut-être la personne aimée cherchera-t-elle à revenir à vos côtés après une longue absence.

Savez-vous distinguer le contenu du contenant ? En amitié, apprenez à ne pas juger sur la première impression. Une erreur de jugement pourrait vous pousser à commettre un impair.

Famille

L'un de vos enfants pourrait s'aventurer dans une voie artistique. Faites-lui confiance et donnez-lui entièrement votre appui. Sachez aussi lui inculquer une certaine discipline, laquelle lui servira plus tard à atteindre les buts qu'il se sera fixés. En ce moment, la vie de famille semble vous inspirer des sentiments contradictoires. En fait, vous désirez vous installer dans une certaine routine familiale et, simultanément, vous refusez de subir les contraintes qu'une telle réalité entraînerait. Il se peut que vous ne soyez tout simplement pas prêt à vous engager dans un contexte familial que vous jugez étouffant. En ce sens-là, une réflexion s'impose. Seul le temps vous permettra d'y voir plus clair.

Votre ordonnance santé

Le nombre 14 fait référence :

aux dents
aux genoux
aux os
à la peau
aux jambes
au système nerveux
au petit intestin

Vos meilleurs alliés

le public
la télé
la radio
les autres
la clientèle
le patron

15

Le serpent
Signe du Sagittaire ♐

La ruse intellectuelle

Ruser et jeter de la poudre aux yeux dans le but de vous rallier les esprits rebelles pour mieux les dominer par la suite – diviser pour régner –, voilà de quoi est capable le serpent. D'ailleurs, nous en sommes tous capables. Ce qui ne signifie pas pour autant que nous abusions de ce petit côté venimeux. L'intellect fascine et, de tous les attributs de l'homme, il est le plus reconnu dans notre société moderne. À tel point qu'on intellectualise tout.

Si vous vous demandez quelle influence vous exercez sur les autres, sachez qu'elle est grande, voire dominante. N'hésitez pas à analyser vos intentions réelles, à fouiller vos motivations profondes. Que recherchez-vous ? Le pouvoir sans condition ? Avoir un ascendant illimité sur les autres ? Être l'unique tireur de ficelles ? Il appartient à vous seul de répondre à ces questions.

Cette dynamique de la ruse intellectuelle peut aussi concerner un conjoint manipulateur, un patron toujours insatisfait, un collègue qui carbure à la performance et à la compétition ou une autorité familiale castrante. Au plus fort de ces guerres psychiques, la notion d'amour se révèle sans défense. Dans ce cas, l'oracle vous conseille d'user de stratégie pour vous sortir de cette situation délicate.

Il est aussi possible que ce rêve évoque un duel que vous vous livrez à vous-même. Tâchez de remporter cette bataille contre l'illusion de la perfection, car un seul être humain ne peut détenir tous les pouvoirs intellectuels, les capacités physiques, les connaissances, la créativité, etc. Si, dans votre entourage, certaines personnes prétendent le contraire, ne les écoutez pas ; elles ne cherchent qu'à vous déstabiliser. Chassez de votre esprit l'idée que les autres sont meilleurs que vous et plus forts intellectuellement. Ils ont du talent, soit, un don, très certainement, mais vous n'avez rien à leur envier. Creusez un peu, et vous trouverez en vous l'écho de ce que vous admirez en eux.

Quand le serpent entre en action, la frustration n'est jamais bien loin. Il peut s'agir de votre propre frustration ou de celle de quelqu'un d'autre que vous aurez à subir. Cessez de tenir l'autre responsable de tous vos malheurs, ou résistez à celui qui vous rend responsable de toutes ses misères. Apprenez à vous immuniser contre ce genre de cercle vicieux – comme le serpent qui forme une roue en se mordant la queue. Le temps est venu de vous responsabiliser et d'assumer vos choix ; guérissez-vous de ce syndrome de l'enfant roi. Tout est question d'attitude avec le serpent. Si vous laissez vos humeurs vous mener par le bout du nez, votre entourage risque de se rebeller tant au travail que dans votre vie personnelle.

Le serpent règne sans conteste sur le monde de la matière. Gagner d'importantes sommes d'argent, dénicher un emploi extrêmement payant, recevoir des honneurs, se voir décerner le premier prix dans un concours, tous ces événements, et plus encore, peuvent se produire sous les auspices de ce puissant nombre sacré. Même si vous devez travailler très fort à modifier vos intentions réelles, la chance ne vous fera pas faux bond !

Sens artistique et spiritualité

Vous rayonnez d'un sens artistique considérable. Votre créativité est hors du commun. Profitez-en au maximum. Si un projet créatif d'envergure vous intéresse, allez-y, vous réussirez haut la main. Qu'il s'agisse d'une invention, de mettre en scène une pièce de théâtre célèbre, d'amasser des fonds pour tourner un film, vous récolterez le succès. Toutes les productions cinématographiques ou télévisuelles à grand déploiement, et même les B.D., recevront un accueil favorable du public. Une rentrée d'argent importante pourrait vous aider à promouvoir votre talent.

L'énergie du serpent sollicite fortement l'ego spirituel. Ne vous laissez pas entraîner sur ce terrain. En consacrant votre énergie à évoluer sur le plan de la connaissance intérieure, vous serez en mesure de séparer le bon grain de l'ivraie. Suite à cela, l'intellect devient plus alerte, émancipé, raffiné et, par conséquent, infiniment désireux d'approfondir des connaissances très complexes. Et ne vous surprenez pas d'y arriver !

Il serait indiqué de bien réfléchir avant de suivre un gourou ou d'adhérer à un groupe de revendicateurs ou à une association quelconque, surtout si cela vous oblige à vivre loin de vos proches, dans l'isolement. Méfiez-vous de ces fourbes spirituels qui sont à l'affût des êtres en manque d'amour et qui, sous le couvert d'intentions nobles et altruistes, les asservissent et les détruisent. Tenez-vous loin de ces faussaires d'amour inconditionnel.

Carrière et argent

Au travail, un revirement de situation pourrait survenir. Saisissez au vol les occasions qui se présentent. Il se peut aussi que vous deviez faire des choix professionnels en raison de circonstances qui ne dépendent pas de votre volonté. Prenez le temps de bien réfléchir, et puis osez. Vous ne le regretterez pas. Des rentrées d'argent substantielles sont à prévoir. Procurez-vous des billets de loterie et participez à des tirages parce que le diable, autre symbole du serpent, régit la matérialité. Toutefois, utilisez Dame chance à bon escient !

Les relations que vous entretenez avec vos collègues de travail semblent à la fois vous nuire et vous servir. Êtes-vous prêt à tout pour atteindre vos buts, au risque d'écraser quelques orteils au passage ? Ou, au contraire, vous sentez-vous utilisé par les autres ? Si tel est le cas, tâchez de trouver le plus rapidement possible de quelle façon mettre un terme à cette situation. Ou bien encore, vous sentez-vous en pleine possession de vos moyens seulement si l'on vous complimente ? Guérissez-vous de cette dépendance au plus tôt ; elle vous piège dans la toile de nombreux prédateurs.

On pourrait vous offrir un poste de hautes responsabilités dans les jours suivant ce rêve. Veillez cependant à ne pas vous perdre dans cette euphorie de pouvoir et d'argent. Si vous gravitez dans le domaine des affaires, ne signez rien avant d'avoir soumis le contrat à l'œil avisé d'un expert. Sinon, vous risquez de devoir défendre votre réputation en justice. Ne vendez pas votre âme au diable pour une simple question d'argent ou de pouvoir ! Cultivez plutôt l'intégrité.

Vous vous porterez bientôt acquéreur d'un fonds de commerce, d'un appartement, d'une résidence, d'une maison à revenus, d'une voiture luxueuse ou de vêtements griffés, ces possessions devenant la preuve de votre prestige tout neuf. Même si, en ce moment, vous évoluez sur une pente professionnelle ascendante, restez vigilant. Utilisez intelligemment votre pouvoir et évitez de vous faire utiliser par lui...

Amour et amitié

Apprenez à juguler votre énergie sexuelle afin de ne plus en être l'esclave. En d'autres mots, servez-vous de l'énergie sexuelle pour donner et recevoir, plutôt que de vous laisser dominer par elle. Peut-être confondez-vous amour et complicité sexuelle. Si c'est le cas, vos relations amoureuses ne peuvent pas durer. Il se peut aussi que vous ne sachiez plus où donner de la tête si vous courez plusieurs lièvres à la fois. Faites du ménage dans votre vie sentimentale.

En amitié, il appartient à vous seul de décider ce qui vous convient ou pas. Ne laissez personne vous dicter votre conduite. La manipulation émotionnelle existe en amitié comme en amour. Faites preuve de vigilance. Si on essaie de vous envahir, de s'abreuver à la source même de votre énergie ou d'abuser de vous de quelque manière que ce soit, retirez-vous tel le reflux de la mer. Si vous n'êtes concerné par aucun de ces cas de figure, réjouissez-vous, de nombreuses soirées entre amis sont à venir. Vous pourriez même rencontrer quelqu'un de très intéressant à l'occasion de ces réunions joyeuses.

Famille

Un des aspects les plus pervers du diable consiste à charmer pour mieux soumettre et régner. Il est ici question de manipulation et de tyrannie affectives au sein de la famille. Subissez-vous ce genre de manipulation actuellement ? Si oui, en souffrez-vous ? Un de vos proches pourrait vous en faire voir de toutes les couleurs. Vous allez devoir tirer les choses au clair, mais rassurez-vous, vous y arriverez. Le nombre 15 annonce que, à plus ou moins brève échéance, vous réglerez certains conflits qui empoisonnent votre vie de famille. Peut-être ne le savez-vous pas, mais vos parents vous témoignent une grande confiance. À leurs yeux, vous faites figure de poteau de vieillesse.

Votre ordonnance santé

Le serpent reste le maître incontesté de l'illusion. Les dépendances de toutes sortes, drogues, médicaments, cigarette, alcool, jeu, anorexie, boulimie, quête de la perfection, *workaholisme,* sont à bannir de votre univers sur-le-champ.

Vous devez vous délivrer de ces chimères avant de pouvoir retrouver votre essence. N'hésitez pas à consulter un spécialiste s'il le faut, mais prenez-vous en main.

Le nombre 15 fait référence :

à la dépression
aux dépendances de toutes sortes
aux MTS
à la main droite

Vos meilleurs alliés

le huissier
l'avocat
le journaliste
l'homme de pouvoir
le juge
les jurés

16

La tour
Signe du Capricorne ♑

L'accomplissement matériel

Depuis des temps immémoriaux, une même soif d'élévation, de réussite, d'accomplissement matériel nous habite. Mais que cherchons-nous à atteindre ? Le bonheur, pour ensuite jouir de ses retombées. L'oracle vous annonce donc que le vent du succès soufflera bientôt dans votre direction.

Vous êtes de votre époque. Vous vous montrez friand d'intellectualité. Vous prônez l'avant-gardisme dans vos idées même si, paradoxalement, les anciens concepts vous inspirent. Vous débattez aisément de sujets aussi diversifiés que dérangeants. Vous avez des opinions et vous les défendez. Votre instinct guerrier est fort, dominant. Peut-être un peu trop. Vous ne faites pas de cadeau à vos ennemis ; par contre, vous ne cherchez jamais à les détruire impunément. Votre talon d'Achille ? La peur du ridicule, qu'on rie de vous et qu'on vous manque de respect. Certains de vos adversaires le savent et se servent de cette arme contre vous. Peut-être venez-vous de subir un affront. Dans ce cas, gardez votre calme, la situation rentrera dans l'ordre sous peu. Continuez de pratiquer l'argumentation intelligente, d'échanger des idées et de débattre de tout ce qui stimule vos neurones.

On pourrait vous offrir une position de tête. Sinon, vous grimperez dans l'échelle sociale, ce qui changera probablement votre vie. Il est même possible que vous ayez à choisir entre plusieurs offres alléchantes. De nos jours, il est rare de rencontrer quelqu'un doté d'un véritable sens du *leadership*. En ce qui vous concerne, pas de doute possible, vous l'avez !

De façon plus symbolique, la tour représente l'élévation intérieure. Tôt ou tard, vous vous heurterez au manque d'évolution de vos congénères. En réalité, ils ne vous comprennent pas, et vous en concevez une grande frustration. Si vous vivez une situation semblable en ce moment, rassurez-vous, car un changement s'opère dans les mentalités, même si c'est trop lentement selon vous. Tentez d'ajuster votre discours en conséquence.

Gardez toujours à l'esprit que votre santé ne doit pas être négligée. Soyez prudent tant au volant de votre voiture qu'en pratiquant un sport extrême. Sous l'influence d'Uranus, qui est la planète rattachée au nombre 16, les accidents surviennent très vite. Dans un tout autre ordre d'idées, l'appât du gain pourrait vous inciter à tout détruire pour tout reconstruire différemment. Marquez une pause et réfléchissez bien à l'action à prendre avant de passer aux actes.

Sens artistique et spiritualité

Votre sens artistique est appelé à se transformer. Vous trouverez sous peu votre voie de création. Mais d'abord, expérimentez ; suivez des cours de théâtre, de cinéma, de danse, ou inscrivez-vous à des ateliers d'écriture. Ce qui importe, c'est que vous agissiez dans le domaine créatif qui vous inspirera le plus. Beaucoup de perspectives pourraient naître de ces démarches, par exemple une nouvelle carrière.

Si le téléphone reste muet, si les contrats ne pleuvent pas, faites bouger les choses. Fouillez, furetez, demandez à passer des entrevues et tenez-vous prêt ! Toute action régie par Uranus se transforme en boomerang, lequel reviendra vers vous à une vitesse surprenante. Si vous ne surveillez pas le retour du destin, vous pourriez être frappé derrière la tête. N'oubliez pas que le hasard n'existe pas...

Un autre aspect de la tour à ne pas négliger, c'est qu'elle nous pousse au dépassement personnel, à aller vers autre chose. Ce qui n'est pas toujours une sinécure, admettons-le. Si les membres de votre entourage ne vous comprennent pas, en dépit du fait que vous parlez la même langue, vous devez changer votre discours ! C'est à vous de vous ajuster à eux, et non l'inverse. Favorisez tout ce qui touche à l'enseignement, à la quête de réponses, aux échanges en groupe.

Carrière et argent

Nous l'avons dit plus haut : n'attendez pas des gens qu'ils s'ajustent, c'est à vous de le faire. Vous devez parler le même langage que vos opposants. Pour ce faire, cherchez à comprendre leurs motivations et leurs besoins exacts, puis dressez un bilan de ces constats. À la lumière de ce que vous aurez appris, optez ensuite pour un dialogue franc et inspiré par des compromis intelligents. On vous félicitera pour votre performance et votre grande lucidité. Avant une rencontre importante, répétez les phrases suivantes : « Je ne veux ni convaincre, ni imposer mes idées. Je respecte ces gens, je fais confiance à leur bon jugement. » Vos intentions étant pures, ça ne peut que donner de bons résultats ! De toute façon, vous vous dirigez vers un accomplissement matériel de taille. La réussite vous attend.

Le nombre 16 vous annonce une onde de choc dans un avenir rapproché. Ce pourrait être un travail commencé depuis des lustres que vous devez reprendre depuis la case départ. Tout ce qui ne servira pas le projet finira aux oubliettes. Si vous avez l'impression de vous battre contre des moulins à vent, pourquoi ne pas lire ou relire l'histoire de Don Quichotte de la Manche ? Il se peut aussi qu'un événement inattendu vous permette de vous refaire une santé professionnelle. Il est également question que vous accédiez à une fonction sociale plus excitante. Le destin vous offre une seconde chance, saisissez-la.

Vous réussirez au-delà de vos espérances. Courage et persévérance vous accompagnent dans ce sens. Uranus évoque des événements inusités, dérangeants, excitants, qui surviendront de façon complètement inattendue. Préparez-vous à l'imprévu, l'essence même de ce nombre puissant.

La tour appelle bien souvent des rentrées d'argent substantielles. Méfiez-vous des placements hasardeux et ne jouez pas votre argent à l'aveuglette. Uranus pourrait tout faire basculer si vous ne faites pas preuve de présence d'esprit. Voici la règle d'art d'Uranus : si vous entretenez des doutes, ne bougez surtout pas ; par contre, si vous savez très exactement ce que vous faites, allez-y, mais en maintenant un degré de concentration maximale, comme si votre esprit était sur un pied d'alerte.

Amour et amitié

Vous rencontrerez bientôt l'amour, le vrai, ce qui risque de faire basculer votre vie dans une autre direction. Et pourquoi pas, si c'est ce que vous souhaitez ! Tenez-vous prêt à toute éventualité.

À votre grand soulagement, vous et votre partenaire reconstruisez votre santé financière. Il est ici question d'un accomplissement matériel, pour votre plus grand bien à tous les deux. Vous aurez enfin les moyens de vous construire un nid.

Un désaccord conjugal ou amical se réglera d'ici trois semaines. En attendant, ne restez pas les bras croisés et tentez de désamorcer ce conflit de façon originale. Si vous avez rêvé au nombre 16, vous devez avoir perçu, en prime, certains indices dans ce sens. Sinon, discutez-en avec quelqu'un de confiance, et creusez-vous un peu la cervelle. Surtout, évitez de bousculer l'autre pour que les choses s'arrangent à votre manière.

Famille

Des changements au sein de votre famille sont à prévoir. Vous ne devez plus ruminer toutes ces vieilles histoires. Laissez tomber vos frustrations. Il est temps de passer à quelque chose de plus constructif. Mettez-y un peu de bonne volonté, et vous y parviendrez. Du moins, apprendrez-vous à vous faire entendre avec intelligence et originalité. Rappelez-vous que Rome ne s'est pas bâtie en un jour. Armez-vous donc de patience ! Si vous avez l'impression qu'on ne vous comprend pas, changez votre discours. Sinon, l'oracle prévoit que la famille entrera dans une ère de bienfaits matériels.

Votre ordonnance santé

Il se peut que vous viviez une sorte de crise professionnelle actuellement. Pour vous en sortir, consultez un orienteur, par exemple.

Le nombre 16 fait référence :

aux os
au cœur
aux jambes
aux organes génitaux
à la dépression
à la main gauche

Vos meilleurs alliés

le partenaire amoureux
les enfants
les médecins, généralistes ou spécialistes
l'orienteur

17

L'étoile du matin
Planète Vénus ♀

L'intarissable source d'inspiration

Vous connaissez la croyance populaire selon laquelle des gens naissent sous une bonne étoile ? Réjouissez-vous car cet oracle vous annonce qu'une telle grâce vous a été accordée.

Vous sentez-vous étranger sur cette planète ? Se peut-il que vous n'arriviez pas à trouver votre place en ce monde ? Ne vous découragez pas. Tentez plutôt de laisser voir le jour au tempérament créatif qui sommeille en vous. Cet état ne se résume pas qu'à savoir chanter, danser, brûler les planches ou jouer d'un instrument de musique. En effet, certains mécaniciens sont plus doués que bien des grands noms reconnus. De simples bouts de métal peuvent se transformer en chefs-d'œuvre entre leurs mains. Et que dire de ces couturières aux doigts de fée qui produisent des merveilles ? Ou encore de ces ébénistes qui créent des meubles d'une beauté si inspirante ? Que dire de tous ces artistes méconnus sinon qu'ils ont la grâce de pouvoir se nourrir à une intarissable source d'inspiration ?

Le destin guidera vos pas. Il vous enverra des signes qui vous aideront à voir plus clair, par exemple par l'entremise d'une lecture marquante, d'une petite phrase entendue au hasard, d'un film touchant, ou à la suite d'une conversation mystique. Cela ouvrira de nouvelles avenues à tous vos plans de conscience. Une force vous soutient, mais il vous revient de la développer en pratiquant les exercices respiratoires appropriés.

Un gain inattendu pourrait vous contraindre à revoir vos projets immédiats ou à les faire avancer plus vite. Sinon, il est possible que la chance se manifeste d'une bien étrange manière sur le plan matériel.

Planifiez-vous un voyage présentement ? Dans le cas contraire, il se peut que vous ayez à vous déplacer à l'improviste. Ne craignez rien, allez-y. Laissez-vous porter par le destin. Faites confiance à la vie. Mais restez toujours à l'écoute de votre petite voix intérieure ; elle seule peut vous indiquer si les événements vous sont favorables.

L'étoile du matin se retrouve aux deux extrêmes de l'univers, brillant à la fois dans le firmament et plongeant dans les profondeurs de l'océan. À son instar, l'homme vit dans les deux pôles de son propre univers émotionnel. Même si son intellect s'efforce par tous les moyens de décoder le discours mystique et de suivre les méandres du cœur, c'est peine perdue.

Dans ses contrastes, ses griffures et ses dualités, l'amour vous pousse à expérimenter des émotions troublantes d'intensité où ne saurait intervenir le raisonnement. Le nombre 17 vous apprend qu'il est impossible de réglementer l'amour, de le fuir ou de chercher à le posséder. Et tout comme l'a si bien chanté Céline Dion : « Mais qui commande nos amours ? » Vous vous retrouvez ici devant un pan de mystère que Vénus ne dévoilera jamais !

Sens artistique et spiritualité

Peut-être avez-vous l'impression que l'on ne vous reconnaît pas en tant qu'artiste et vous en souffrez. L'oracle vous dit que vous diffusez vos talents de manière inadéquate.

Que pourriez-vous faire pour être reconnu ? Des personnes en position de pouvoir pourraient vous suggérer des changements à apporter à votre œuvre. Il vous suffit pour cela de demander à les rencontrer. Cela étant dit, assurez-vous d'être prêt à accepter la critique. Dites-vous que c'est pour le bien de l'œuvre. Si vous ne vous sentez pas prêt, accordez-vous un temps de réflexion profonde. Soyez confiant, car l'étoile du matin appelle la réussite et le succès, en dépit des problèmes rencontrés sur votre route. Vous reculez pour sauter plus haut et plus loin.

Il se peut qu'une rencontre importante change le cours de votre carrière. Des démarches pourraient vous amener à rencontrer des personnes-clés qui vous propulseront vers votre destinée artistique.

Les artisans, sculpteurs, peintres, chanteurs, musiciens, gens de théâtre et écrivains bénéficient de la protection de l'étoile, l'intarissable source d'inspiration. Cette grande inspiratrice de l'œuvre d'une vie se met à votre service. Voici venu le temps de matérialiser votre plus grand rêve. S'adonner avec passion à une activité artistique au quotidien est intimement relié au 17.

Sur le plan matériel, la providence veille au grain ; elle vous assure des revenus fort intéressants. Vous pourriez acquérir un terrain, une maison ou tout autre bien de grande valeur. Un nouveau tournant de vie s'amorce. Votre quotidien s'en trouvera transformé.

À un niveau plus spirituel, ce nombre sacré vous annonce que vous prendrez conscience d'être le détenteur d'un don qui se développera à l'intérieur des huit prochains mois. Un projet vous tient particulièrement à cœur ? N'hésitez pas, vous serez inspiré comme jamais ! Surtout s'il s'agit d'un projet qui aiderait au développement spirituel des gens. N'oubliez pas que sous l'influence de l'étoile, les rêves peuvent devenir réalité.

Carrière et argent

Une occasion unique vous sera donnée de briller. L'oracle parle de la possibilité de recevoir une décoration – pensons, par exemple, à la médaille de bravoure – ou un prix honorifique. Sachez savourer ces moments précieux.

Quel trait de votre personnalité mettez-vous habituellement en valeur ? Est-ce la sérénité, la joie, le calme, la force guerrière, le désir de briller plus que tout, le mensonge, la vanité, l'envie ? Analysez froidement vos intentions, vous aurez votre réponse. Vous sentez qu'on ne vous reconnaît pas dans votre milieu de travail et vous en souffrez. Peut-être ignorez-vous simplement de quelle façon exploiter vos talents professionnels. Dans ce cas, pourquoi ne pas vous tourner vers un « maître d'œuvre » ? Informez-vous auprès de quelqu'un qui s'y connaît ; il peut s'agir d'un éditeur, d'un chef d'équipe ou d'un metteur en scène d'expérience. Celui-ci pourrait faire toute la différence en ce qui a trait à votre vie professionnelle. Ne vous laissez pas arrêter par une question d'argent ; vous ne regretterez pas cet investissement. La réussite et le succès vous attendent.

Dans le domaine des affaires, vous récolterez ce que vous avez semé. Le destin vous donnera l'occasion de boucler avec succès l'une de vos réalisations. Une étoile rayonne au-dessus de votre tête, sachez profiter de ses bienfaits. Mais protégez vos idées, car on pourrait vouloir vous les subtiliser, et méfiez-vous des beaux parleurs. De plus, ne signez rien à la légère ; soumettez à l'examen d'un expert tout contrat qu'on vous proposera.

N'hésitez pas à entreprendre les démarches nécessaires pour dénicher l'emploi de vos rêves, même si elles exigent de vous des efforts incommensurables. Osez l'impossible ! Pour parvenir à s'accomplir et à se réaliser, il faut avoir la foi, croire que tout est possible. Des ouvertures se dessineront sur le plan professionnel et vous entraîneront dans une progression sociale notable. L'oracle assure que les temps difficiles sont terminés. Si vous faites face à des problèmes avec la loi qui traînent depuis longtemps, sachez qu'ils se régleront enfin.

Amour et amitié

Passez un coup d'éponge sur vos souvenirs amoureux. Certains d'entre eux hantent encore votre esprit et vous empêchent de vous ouvrir à un autre amour. Un ou des événements vous permettront sous peu de tâter le pouls des sentiments qu'on prétend vous porter. Tous les voiles tomberont, mettant fin aux jeux de cache-cache dans le couple. Si vous ne savez pas encore ce que vous attendez de l'amour, le destin décidera à votre place.

L'étoile évoque la rencontre du vrai, du grand amour. Votre vie prendra bientôt un tournant sentimental important. Il est même possible que vous receviez une demande en mariage. Êtes-vous prêt à y répondre ?

Famille

Une grossesse est à prévoir. Peut-on dire que le couple est « enceinte » ? Bien sûr, car un enfant ne peut être conçu sans l'autre. Des liens familiaux se resserreront. L'oracle parle de rapprochements entre frères et sœurs. Un projet d'affaires familial pourrait même être mis en branle.

Votre ordonnance santé

Le nombre 17 fait référence :

aux excès de toutes sortes
à la beauté
au visage
au corps physique en général
au désir d'être bien dans sa peau pour mieux rayonner
à la bouche et à la langue

Vos meilleurs alliés

l'amoureux, l'amoureuse
l'entourage
la famille
les amis

18

Le toit
Signe du Verseau ♒

L'évolution versus l'involution

Les extrêmes se croisent de nouveau ici. Mais cette fois-ci, la dualité règne sous notre propre toit. L'instigatrice de ce branle-bas est nulle autre que la jeunesse, porteuse du germe d'une nouvelle mentalité. Comment s'opposer au changement sans risquer de régresser ? Vous devrez vous adapter, vous transformer et évoluer, sinon l'involution vous guette.

Le signe du Verseau symbolise le futur, l'avenir, l'ère nouvelle qui apporte des changements de société auxquels on ne peut échapper, que ça nous plaise ou non. Pourtant, le nombre 18 se montre clair : si l'un doit avancer – évolution –, l'autre s'est enlisé, a ralenti sa progression, fatigué qu'il était de se battre – involution ; cela entraîne des conflits entre générations qui se reproduisent sans fin.

Si vous vous êtes retrouvé dernièrement au cœur de pareil dilemme et que vous en souffrez, la situation se dénouera bientôt. Ces manifestations « vieille mentalité » peuvent emprunter plusieurs formes : un patron qui exige que vous exécutiez vos tâches tout en vous imposant une méthode de travail et des outils complètement dépassés, qui datent presque de l'âge de pierre ; des parents qui n'arrivent plus à vous suivre ou à vous comprendre ; une sœur aînée, ou même votre benjamine, qui accuse une mentalité remontant à Mathusalem ! Tâchez de ne pas vous emporter outre mesure. Tentez de les comprendre, plutôt que de vous obstiner à vouloir les changer. Ce n'est pas la bonne stratégie à adopter. L'oracle vous dit que pour vous attirer le respect des autres, vous devez d'abord les respecter.

Le nombre 18 vous prédit que, de toute façon, vous trouverez ce que vous cherchez. Il vous rappelle aussi à quel point vous êtes intuitif, inspiré, voire clairvoyant, en ce moment. Vos facultés supranormales pourraient vous ouvrir les portes d'une nouvelle carrière, soit en astrologie, en tarologie, en numérologie, etc. À vous de choisir le moyen d'expression qui vous convient le mieux. Prenez garde à l'indolence, mère de l'involution...

Sens artistique et spiritualité

Vous ferez preuve d'une originalité surprenante dans vos créations artistiques. Le public vous aime et vous respecte. L'oracle vous prédit le succès dans la réalisation de vos projets si vous ne consacrez pas toute votre énergie au but à atteindre. Soyez patient ; apprenez à apprécier les étapes qu'il faut franchir avant de toucher au fil d'arrivée.

Vous êtes prisonnier du monde des émotions. De ce fait, vous pourrez bien exprimer vos aspirations artistiques d'une manière sensible et touchante. Mais pour cela, vous devrez changer radicalement de méthode de travail. Si vous refusez ou craignez d'être à l'avant-garde, vous risquez d'être dépassé. Vous méritez mieux que cela.

Vos rêves auront un contenu de plus en plus mystique, voire prémonitoire. Votre quête spirituelle sortira des sentiers battus. Prenez garde toutefois aux faux maîtres, aux sectes ou aux confréries occultes. Renseignez-vous auprès des organismes concernés avant d'adhérer à quelque mouvement ou philosophie que ce soit.

Carrière et argent

La réussite arrive par les autres : le public, une clientèle plus étendue ou des horizons nouveaux qui s'ouvrent sur le monde entier. Un franc succès social vous attend. Vos talents seront reconnus et encensés. Méfiez-vous tout de même des idées de grandeur et gardez les pieds bien ancrés dans la terre.

L'eau, l'électricité, les technologies de pointe, le milieu des bars et des boîtes de nuit, bref tout travail touchant le liquide sous toutes ses formes pourrait devenir une deuxième source de revenus et, pourquoi pas, vous entraîner sur un nouveau terrain professionnel. Il se peut aussi que le monde de l'occulte vous ouvre des portes sur l'avenir. En effet, une carrière en numérologie, en astrologie, en cartomancie, en oniromancie, en graphologie ou en tarologie pourrait changer votre vie à jamais.

Vous voilà fin prêt à vous lancer dans le monde des affaires ! Des événements échappant à votre volonté vous pousseront dans cette voie si vous hésitez. Ne vous laissez pas arrêter par le doute, lequel conduit directement à l'involution. Armez-vous de courage et de détermination, puis foncez droit devant. N'oubliez pas que la destination importe peu ; ce sont les moyens utilisés et le temps qu'on se donne pour y arriver qui comptent. Veillez toutefois à ce que vos attentes professionnelles soient réalistes. Si vous mettez la barre trop haut, vous sera-t-il possible de sauter sans la faire tomber ? Autrement dit, si vos attentes sont démesurées, vous accepterez difficilement que les choses se passent différemment et vous ressentirez une vive déception.

L'oracle parle ici de deux mentalités qui s'opposent : litiges professionnels, délibérations difficiles entre patron et syndiqués, etc. Vous êtes la victime d'un système désuet, et vous n'avez pas d'autre choix que de subir. En fait, vous devez suivre le courant même si cela vous contrarie.

Cultivez le respect des lois établies même si vous les jugez archaïques. Vous en retirerez de grands bénéfices. Vous verrez, la situation tournera en votre faveur. Faites confiance à votre grande intuition.

Si vous supportez mal le climat qui règne sur votre lieu de travail, vous pourriez envisager de quitter votre emploi. Ceci étant dit, planifiez soigneusement votre départ. Évitez les coups de tête. Et, surtout, ne prenez pas les choses trop à cœur. Un détachement s'impose.

Amour et amitié

Si de fortes tensions émotionnelles ébranlent votre couple, si vous sentez que votre partenaire ne se trouve pas au même diapason que vous intellectuellement, spirituellement ou sexuellement, vous devrez régler cette dualité dans le plus grand respect. N'imposez pas votre volonté à l'autre, cherchez plutôt à créer un climat de compréhension. En vous ajustant à votre compagnon de vie, vous lui démontrez le respect qu'il vous inspire. Imaginez que vous êtes au volant d'un bolide extrêmement puissant ; l'énergie que l'autre devra déployer pour pouvoir vous suivre devient insoutenable ! Voilà pourquoi il vous faut trouver un juste milieu. Si rien n'y fait, si l'autre personne choisit de rester dans son involution, vous aurez à prendre une grande décision. Mais, encore une fois, faites-le avec respect. Si vous êtes célibataire et désireux de faire une rencontre, vous serez bientôt exaucé.

Évitez d'absorber des philtres érotiques ou des pilules stimulant votre sensualité (ecstasy, viagra, etc.), vous risquez le surdosage. Tenez-vous loin de la magie noire ou du vaudou. Vos expériences pourraient se retourner contre vous. L'oracle est formel à ce sujet.

Sur le plan de l'amitié, votre sensibilité est à fleur de peau en ce moment. Vous avez ce que l'ancienne tradition appelle le « don des larmes ». Votre capacité à vous émouvoir est grande. Et, contrairement à ce que d'aucuns en pensent, se sentir touché par l'émotion n'a rien de négatif. Cela pourrait même vous rapprocher davantage de vos amis. Vous approfondirez vos liens amicaux dans les jours suivant ce rêve.

Famille

Votre foyer pourrait nécessiter un nouvel aménagement et, en cela, occasionner des dépenses imprévues. Aussi, peut-être déciderez-vous de rénover et de « faire du neuf avec du vieux ». Attention aux dégâts d'eau...

Un différend vous ayant récemment opposé à votre mère, à une sœur ou à une cousine se réglera dans les jours suivant ce rêve.

Si vous désirez un enfant, le moment est venu de passer aux actes. Dans le cas contraire, restez sur vos gardes car le destin pourrait bien vous jouer un tour.

Votre ordonnance santé

Le nombre 18 annonce une grossesse, une paternité désirée ou non. Dame cigogne vous a à l'œil !

Le nombre 18 fait référence :

au pied droit
au stress

Vos meilleurs alliés

le patron
l'autorité
l'époux, l'épouse

19

Le feu du dragon, le soleil
Signe du Poissons ♓

Enterrer la hache de guerre

Dans l'ancienne tradition, le soleil est souvent représenté sous les traits d'un dragon qui crache le feu. Il peut être chaleureux ou destructeur, mais sa lumière est sans contredit une manifestation de l'énergie feu sur terre. D'un point de vue plus symbolique, cela signifie que vous travaillerez très fort, même si rien n'y paraît !

Dans les prochains jours, vous occuperez le devant de la scène, à l'instar du soleil qui forme le cœur de notre univers. Soyez prêt, car vous brillerez et vous vous démarquerez. Le nombre 19 étant relié au rayonnement de la personnalité, vous vous sentirez énergique, déterminé, autonome, extraverti, exigeant et scrutateur. Mine de rien, vous observez le monde qui vous entoure et rien n'échappe à votre analyse. Vous éprouvez un grand besoin d'accomplissement personnel, matériel et professionnel.

Le désir d'être utile à la société vous anime-t-il ? L'aspect communautaire prendra sous peu beaucoup d'importance dans votre vie. N'hésitez pas à emprunter cette voie ; vous trouverez l'énergie pour faire passer vos idées et vos opinions. Toutefois, gardez-vous de brûler les étapes.

Sur le plan du travail, vous mettrez de l'avant vos projets. Le succès vous attend, n'en doutez pas. Sachez en profiter au maximum. Cependant, vous devez enterrer la hache de guerre. Reléguez les vieilles querelles entre collègues et associés aux oubliettes. Voici venu le temps de faire preuve d'habileté professionnelle et de stratégie. Tout ce qui se rattache à la volonté de se tailler une place en ce monde se trouve sous le thème du soleil, le feu du dragon. Vous n'avez qu'à avancer d'un tout petit pas, et le destin en fera mille vers vous.

Vous n'aurez jamais manifesté autant de vitalité, de force morale et d'énergie intellectuelle qu'en ces temps bénis. Sachez les mettre à profit. Mais ne cherchez pas à épater la galerie et à prendre toute la place, sinon vous risquez de déclencher des conflits importants. De grâce, n'en rajoutez pas ! Vous obtiendrez l'effet contraire à celui recherché : plutôt que de rayonner, vous aveuglerez. Laissez aux autres le soin de vous découvrir. Ne figurez pas parmi ces personnes qui en mettent plein la vue ; l'extravagance est un piège, au même titre que l'exhibitionnisme.

Pensez au Roi Soleil, considéré comme le personnage le plus flamboyant et le plus excentrique de son époque. Le 19 évoque aussi le représentant d'une autre forme éclatante du génie solaire : Salvador Dali, créateur d'images oniriques surréalistes. Sous ses dehors enflammés, ses pitreries et son brin de folie, Dali dissimulait un regard aiguisé. Tandis qu'il jetait de la poudre aux yeux de ses interlocuteurs, il pouvait, à loisir, les toiser, les scruter, les analyser et capter, au-delà des mots, des gestes et du corps, leur moi profond. Ce maître du grotesque savait comment briser les résistances ! Considérez que vous en êtes également capable, puisque vous avez rêvé de ce nombre puissant.

Sens artistique et spiritualité

Dans le domaine de la créativité, toutes les difficultés fondent comme neige au soleil. Vos talents seront enfin reconnus par une autorité ou un pouvoir en place. Ne repoussez pas cette aide inattendue, car vous aurez besoin d'appuis importants pour mettre en branle les projets qui vous tiennent à cœur, par exemple une grande production artistique.

Trouvez les fonds nécessaires pour monter votre spectacle, et votre univers professionnel se métamorphosera. Votre réussite sera très lucrative, à bien des niveaux. C'est le moment idéal pour vous associer à la personne-clé qui lancera votre carrière : agent, mentor, etc. N'hésitez pas à demander conseil à un expert avant de négocier et de signer un contrat.

Il se peut qu'on vous propose d'animer une émission à la télévision, de jouer dans un film ou dans une pièce de théâtre, ou encore de collaborer à un spectacle d'envergure. Tout est possible ! Même si vous avez le sens du groupe, de la communauté et de la fraternité créatrice, et même si vous savez qu'on a besoin les uns des autres pour accroître ce rayonnement, vous préférez demeurer autonome. Audacieuse liberté de création qui vous est extrêmement précieuse...

Votre spiritualité atteindra des sommets inégalés ! Votre jardin intérieur fleurit et ne cesse de s'épanouir. Les événements se précipitent ; vous vivrez très bientôt un passage initiatique important. On pourrait ici parler de théâtre sacré, puisque votre spiritualité est très artistique.

Carrière et argent

Vous recevrez d'excellentes nouvelles concernant votre avenir professionnel. Vos attentes seront comblées et vos désirs pourront enfin se réaliser. Une promotion est à prévoir dans les trois prochaines semaines. Notez que toute forme d'association augmentera vos chances de succès.

Les autres vous seconderont dans votre réussite. En effet, des gens vous offriront leur aide sans demander quoi que ce soit en retour. Sachez apprécier cette corne d'abondance qui déverse sur vous or et bienfaits. Il est possible que vous gagniez de l'argent facilement. Favorisez les jeux de hasard, mais gardez à l'esprit que tout excès nuit à l'équilibre du feu. Une période faste s'amorce.

Peut-être aurez-vous à vous adapter à un nouveau style de vie. Votre statut social pourrait changer assez rapidement. On vous propose une situation en vue, ce qui entraîne un rayonnement public assez important. Osez vous lancer en affaires, faites le grand saut. Vous connaîtrez aussi une belle croissance économique. Toutefois, si vous sentez que les choses tournent mal, que les rentrées d'argent ne correspondent pas à vos prévisions, passez à autre chose. Avez-vous de vieilles haches de guerre à enterrer avec des partenaires en affaires, des associés ou des coéquipiers ? Dans l'affirmative, faites-le dans les plus brefs délais.

Si la politique et les affaires publiques vous intéressent, la victoire vous est acquise. Les hautes sphères du pouvoir vous ouvrent leurs portes. Si l'on vous offre un poste important au sein d'un parti politique, à la mairie ou au gouvernement et que vous désirez vous lancer dans l'aventure, foncez. De précieux alliés, fidèles et dévoués, serviront votre cause dans les coulisses.

Amour et amitié

Un grand amour se profile dans votre ciel amoureux. L'oracle vous annonce que cette rencontre sentimentale ne sera pas banale. Il est même possible que vous receviez une demande en mariage qui ne manquera pas d'originalité. Le bonheur s'impatiente devant votre porte, laissez-le donc entrer et cessez de croire que l'amour vous veut du mal.

Les choses deviendront bientôt plus claires dans votre vie sentimentale. Mais pour cela, vous devez enterrer la hache de guerre et pardonner. Ainsi, vous pourrez enfin passer à autre chose. Nourrir de la rancœur ne sert à rien. Toute guerre de pouvoir au sein du couple ne peut que générer du négatif. Évitez d'entretenir un esprit de compétition dans votre relation. Vous êtes un amoureux hors pair, un passionné. Cela dit, l'oracle vous met en garde : à trop désirer quelqu'un, vous risquez de vous brûler les ailes.

Vous vous montrerez très intense dans vos amitiés, très présent aussi. Il fait bon être en votre compagnie et on vous le dit, ce qui n'est pas pour vous déplaire... Tâchez de faire la paix avec un ami, et reconstruisez cette amitié sur de nouvelles bases. Mettez-y tout votre cœur.

Famille

Si vous désirez avoir un enfant, vous serez peut-être exaucé. En effet, la cigogne pourrait bien vous rendre visite cette année. En toute circonstance, la famille est au centre de vos préoccupations. Mais veillez à ne pas trop vous imposer, votre rayonnement personnel en met déjà plein la vue. Ici aussi, vous auriez intérêt à enterrer la hache de guerre, à faire la paix avec le passé.

Votre ordonnance santé

Sur le plan de la santé, vous pourriez voir la guérison d'une infection. Sinon, on vous offrira le bon traitement ou la bonne médication pour que les choses évoluent dans ce sens. Il est aussi possible qu'un éclairage neuf vous soit donné concernant votre corps. Vous devrez prendre conscience de l'importance à accorder à votre santé.

Le nombre 19 fait référence :

au corps en général
aux brûlures
au pied gauche

Vos meilleurs alliés

l'autorité
le patron
les employés
les coéquipiers, les associés
le public
l'amoureux, l'amoureuse
les enfants

20

La tête
Planète Mercure conjointe au Soleil

Le retour de la mémoire

Le jugement, vingtième arcane du tarot, symbolise le réveil des morts, la trompette de l'ange qui sonne l'heure de la résurrection. Mais de quelle résurrection s'agit-il ? Dans ce cas précis, l'oracle parle d'une vieille blessure qui s'ouvre de nouveau. Le rôle de la mémoire ne se résume pas à emmagasiner nos souvenirs ; il peut aussi réactiver le vécu émotionnel contenu dans l'événement douloureux. En fait, ces émotions qui remontent à la surface vous entraînent dans une zone interdite, à la limite du supportable. Si vous souhaitez rouvrir de vieilles blessures, usez de prudence. Et n'hésitez pas à consulter un professionnel ; il saura vous guider dans votre cheminement.

Le nombre 20 évoque des situations qui se reproduisent, qui donnent l'impression d'un « déjà-vécu ». Si tel est le cas, et si vous vous demandez pourquoi il y a récurrence, cette résurrection d'émotions servira à vous en délivrer à tout jamais. La fermeté dont vous saurez faire preuve pour régler vos problèmes personnels sera phénoménale. Et, pour reprendre la symbolique de ce nombre sacré, vous saurez vous servir de votre tête !

Un autre aspect du réveil réside dans la prise de conscience d'une vérité qui saute aux yeux ; on ne peut plus tricher, les autres non plus. Même si vous vous en passeriez volontiers, ces émotions fortes sont fondamentalement nécessaires. Et si, par la suite, vous décidez de fermer les yeux sur certaines difficultés, assurez-vous de le faire en toute connaissance de cause...

Résurrection signifie aussi renaître à une nouvelle vie. Mais avant de pouvoir vous établir sur de nouvelles bases, vous devrez puiser en vous la force d'oublier les préjudices que certaines personnes vous ont causés par le passé. Vous faire justice ou exiger une réparation légitime ne ferait qu'alimenter des sentiments négatifs. De toute façon, cette attitude ne vous rendra pas votre vie d'antan. Et puis, y tenez-vous vraiment ? Vous méritez beaucoup mieux. Apprenez à vous faire respecter. Pratiquez l'art de dire non ; vous en retirerez de grandes satisfactions.

De grands voyages, ou plusieurs petits déplacements, sont à prévoir. Il se peut que divers coups de théâtre vous prennent par surprise au fil des arrivées et des départs. Sinon, des événements insolites pourraient entraîner des voyages imprévus. Il est même possible qu'une rencontre amoureuse se retrouve au cœur de certains déplacements. D'une manière ou d'une autre, vous êtes appelé à bouger beaucoup.

Sens artistique et spiritualité

Vous pourriez utiliser les métaux et les pierres dans la création d'une œuvre artistique très inspirée. N'hésitez pas à consulter les nombreux ouvrages traitant de ces sujets. En tant qu'artiste, vous auriez tout intérêt à faire appel à l'ancienne connaissance et aux vieux grimoires ; vous y trouverez votre inspiration. Vous êtes brillant, voire génial. Le pouvoir de votre esprit ne connaît pas de limites. Vous comprendrez votre propre créativité au-delà des mots. Ainsi, vous vous exprimerez comme jamais, artistiquement parlant ! Vos projets feront parler d'eux, soyez-en assuré.

Le nombre 20 fait référence à une montée de la spiritualité attribuable à une prise de conscience qui jaillira du plus profond de votre cœur. Cet éveil pourrait aussi survenir à la suite de recherches effectuées pour le simple plaisir de découvrir l'invisible et l'occulte. Vous développerez sous peu des liens avec des gens qui répandent la bonne parole.

Carrière et argent

Veillez à ne pas porter de jugement trop sévère sur le travail de vos collègues, surtout si le résultat ne correspond pas à ce que vous souhaitiez. De vieilles rancœurs remonteront peut-être à la surface. Ou alors, des événements récents contribueront à réactiver d'anciennes blessures sur le plan professionnel. Faites la paix avec ce passé douloureux. Et essayez de ne plus vous laisser entraîner dans ce gouffre de pensées destructrices.

Vous accomplirez les tâches les plus difficiles avec une énergie et une ardeur impressionnantes. On reconnaîtra aussi votre persévérance et votre maturité, ce qui fera de vous une sorte d'éclaireur dans votre milieu de travail. Une personne qui tire les ficelles pourrait vous approcher et vous entretenir d'un projet qui vous emballera. Ces nouvelles responsabilités nécessiteront de nombreux déplacements de votre part. Dans ce cadre professionnel renouvelé, vos compétences et votre potentiel seront enfin exploités intelligemment.

Les relations de travail nouées durant cette période évolueront de manière bénéfique. Ces amitiés pourraient même vous faire décrocher un contrat alléchant ; d'importantes rentrées d'argent suivront. Cette porte grande ouverte vous permettra de mettre fin à vos soucis financiers. Peut-être l'abondance prendra-t-elle enfin place dans votre vie. Le mot-clé associé au jugement est « contact ». En d'autres mots, il faut que vous contactiez les autres afin d'être contacté à votre tour.

Vous traiterez les affaires pécuniaires avec doigté, rigueur et discipline, attitude qui répond chez vous à un besoin de bien accomplir les choses. Vous en avez le pouvoir, alors ne vous privez pas. Le nombre 20 règne en maître incontesté sur les projets qu'il faut mener à terme, même s'ils sont difficiles à gérer. Et comme vous ne rechignez pas à la tâche, et que vous êtes un fin stratège, vous obtiendrez les résultats espérés.

Au travail, des décisions au sommet annoncent la fin d'une vision des choses et promettent le début d'un temps nouveau. La clé du succès se trouve dans les nouvelles technologies, dans une stratégie plus dynamique ou dans une image mieux adaptée et, pourquoi pas, plus moderne.

Amour et amitié

Il est possible que vous viviez une ambiguïté par rapport à votre identité sexuelle. Si cette quête ne vous concerne pas, vous vous trouvez plongé au cœur d'une dynamique émotionnelle puissante, déchiré par des sentiments contradictoires. Rassurez-vous, vous y verrez bientôt plus clair.

Si vous êtes en couple, peut-être éprouvez-vous de la difficulté à vous entendre avec votre partenaire. Il se peut que vous vous livriez à une guerre de pouvoir. Qui de vous deux finira par plier ? Probablement le plus mature. Par contre, si votre relation est au beau fixe et que l'amour y règne en roi et maître, un peu de folie, de rire et de sensualité ajouteraient de l'ambréine à vos nuits.

Si vous êtes célibataire, une rencontre sentimentale est à prévoir. Le 20 parle aussi de nombreuses conquêtes affectives possibles. Si vous menez une double vie, méfiez-vous, car le chat sortira bientôt du sac ! Vous en serez le premier surpris, prévient l'oracle. Un coup de foudre amoureux pourrait entraîner des déplacements fréquents. L'amour vous fera beaucoup voyager.

L'énergie dite des retrouvailles est reliée au nombre 20. En ce sens, vous pourriez revoir une personne que vous aviez perdue de vue depuis des lustres.

Famille

Un messager, une lettre, un appel ou un courriel vous apporteront une bonne nouvelle. Peut-être des membres de la famille éloignée vous annoncent-ils leur arrivée prochaine. Dans ce cas, préparez soigneusement leur venue.

Il est possible que vous ayez à prendre soin de personnes âgées : parents, beaux-parents, tante, etc. Vous vous retrouverez donc face à une mentalité différente, à une façon de penser et de vivre qui n'est pas la vôtre. Ne vous inquiétez pas, vous serez à la hauteur de la situation. Il vous suffit d'opter pour le compromis et chacun y trouvera satisfaction.

Si vous éprouvez des difficultés financières et que vos proches offrent de vous venir en aide, ne péchez pas par orgueil et acceptez.

Votre ordonnance santé

Peut-être les médecines douces et les nouvelles méthodes thérapeutiques vous attireront-elles, si ce n'est déjà fait. Toutefois, l'oracle vous prévient d'une dualité possible, d'un choix difficile à faire entre la médecine traditionnelle et la médecine non traditionnelle.

Le nombre 20 fait référence :

à la nourriture
au système digestif
au pancréas

Vos meilleurs alliés

le médecin
l'amoureux
le patron, l'autorité
les enfants
l'agent de voyages et les douaniers

21

La cosmogonie
L'alpha et l'oméga

L'étincelle qui fait jaillir la lumière

Ce nombre sacré évoque la manifestation de l'âme. Et pour cela, il faut trouver sa voie, ce qui n'est pas chose facile en ce monde. Mais selon l'oracle, il s'agit d'une quête d'autant plus importante et fondamentale qu'elle est personnelle.

L'étincelle fait ici référence à l'élan vital, à la capacité de se réjouir d'être simplement vivant. Peu de gens y arrivent, car pour pouvoir apprécier la vie au maximum, il faut avoir atteint une certaine maturité. Rêver de ce nombre indique que vous avez acquis cette capacité. Sinon, vous devez l'acquérir le plus rapidement possible, car c'est probablement pour cette raison que votre vie semble n'aller nulle part.

Ne vous contentez plus d'observer les autres et d'attendre. Le temps est venu de vous lancer à la conquête du monde, rien de moins. Si vous osez prendre un chemin autre que celui emprunté jusqu'ici, l'oracle vous prédit un franc succès ainsi qu'un bel épanouissement personnel et professionnel. Vous devez foncer, prendre des risques. L'expression « mordre dans la vie » convient d'ailleurs très bien à ce nombre sacré, illustré par la dent dans l'ancienne tradition. Il ne fait pas de doute que vous allez vivre un grand accomplissement personnel dans les mois suivant ce rêve.

Dans un autre ordre d'idées, le 21 souligne que vous vivez peut-être votre sexualité en lui opposant une morale contraignante ou infantile. Vous devez absolument mûrir votre comportement amoureux et sexuel. Peut-être vivez-vous une peine d'amour qui vous y contraint actuellement. Sinon, une série d'événements marquants pourrait vous obliger à acquérir de l'expérience. D'autres ressentent un manque, un vide intérieur qui suscite une soif de bonheur qu'ils n'arrivent pas à satisfaire. Votre interprétation du bonheur est-elle trop surréaliste ? Vous devez revenir à des principes de vie plus simples.

Assumez votre belle sensibilité sans avoir peur de passer pour faible. Au contraire, votre force intérieure est puissante. Peut-être accordez-vous trop d'importance à la critique. Vous devez apprendre à faire la part des choses et vous retrouverez le goût du défi.

Sens artistique et spiritualité

La maturité artistique vous apportera la reconnaissance sociale. Vous atteindrez vos objectifs à court et à long terme. Mais ne mordez pas la main qui vous nourrit – le mentor, le gérant ou toute personne qui s'occupe de vos finances pendant que vous créez.

Marcher, danser et glisser constituent des exercices qui poussent la réflexion à un niveau plus profond. S'asseoir sur un banc de parc, sous les arbres, s'installer sur une couverture pour pique-niquer et ressentir la proximité de la terre, de la vie, ce sont là des moyens physiques de se connecter à notre monde intérieur.

Les forces de la nature inspireront votre créativité. Cette lumière intérieure sera sans équivoque. Peut-être entendrez-vous un appel venant du tréfonds de votre âme qui vous poussera sur la voie de votre vocation. Il se pourrait même que celle-ci vous amène à parcourir le monde et vous parachute dans un pays sous-développé qui en appelle à l'aide humanitaire.

Carrière et argent

Tentez de définir très précisément ce que vous voulez vraiment faire de votre vie. Cela dit, vous aurez peut-être à reculer pour mieux sauter avant de vous accomplir. Peu importe où vous en êtes actuellement dans votre carrière, vous découvrirez bientôt quel but doit être atteint, pourquoi, comment et avec qui. Quel beau coup de pouce du destin !

Vos rapports avec les autres seront marqués par de beaux échanges, empreints de franchise. Alors, si vous travaillez dans le domaine des relations publiques et des communications, les gens n'auront que de bons mots à votre endroit. L'oracle vous prédit un prix, un titre honorifique ou une belle promotion. Sur le plan du travail, vos réalisations, tant personnelles que professionnelles, seront de grande envergure. Des idées inspirées jailliront de votre esprit. Vous vous sentez prêt à les mettre de l'avant. Osez en parler et faites ce qui se doit pour qu'on les accepte. Ne craignez pas le jugement des autres.

Si vous entretenez des relations à l'étranger, dans l'import-export, elles pourraient jouer un rôle important dans l'élaboration des plans d'expansion de votre entreprise. Des affaires d'or vous attendent dans un avenir proche. Il se peut que des personnes en position de pouvoir vous aident dans vos démarches. N'hésitez pas à accepter leur offre.

Si vous dirigez une entreprise, méfiez-vous des gens de mauvaise foi qui pourraient se servir de la réputation de votre entreprise pour faire de la fausse représentation. Soyez très vigilant dans ce sens. Posez des questions avant de donner votre aval à quoi que ce soit.

Faites tous les efforts nécessaires pour trouver l'emploi qui vous conviendra le mieux. Usez de stratégie dans vos démarches. Vous êtes vaillant – c'est votre plus belle qualité – et digne de confiance. Faites valoir vos talents, même si vous êtes de nature plutôt timide. Une oreille attentive finira bien par vous entendre. Votre ténacité et votre résistance vous serviront avantageusement, quelles que soient les circonstances.

Amour et amitié

Le noir devient blanc, le négatif se transforme en positif et la solitude évolue en une rencontre amoureuse. Les temps difficiles sont derrière vous ! Votre vie s'anime grâce à une nouvelle relation. Il est possible que cette union déclenche une série d'événements plus excitants les uns que les autres. Vous pourriez même sentir un regain d'énergie qui vous fera mordre dans la vie à pleines dents. Rêver au 21 est un signe du destin qu'il vous faut considérer avec plaisir.

Sur le plan de l'amitié, de nouvelles personnes se joindront à votre cercle fermé. Vous cultivez des relations sûres et ouvertes sur le monde.

L'oracle vous annonce aussi que vous renouerez avec une personne que vous désiriez revoir depuis longtemps.

Famille

Tenez-vous loin de tout ce qui est faux, mensonger ou qui relève de la supercherie. Restez vrai, peu importe la situation dans laquelle vous vous trouvez. Honorez le bien que l'on vous a fait et ne jugez pas trop sévèrement. Malgré quelques contretemps, l'ambiance familiale semble bonne et remplie de joie de vivre. Des membres de la famille éloignée pourraient annoncer leur visite prochaine.

Votre ordonnance santé

Si vous vous sentez en manque d'énergie psychique, faites des exercices de visualisation afin de réactiver cette force en vous. Il est très important que vous viviez cette expérience sur le plan émotionnel et non pas au niveau de la raison.

Le nombre 21 fait référence :

à un retour à la santé
aux vaccinations
aux malaises soudains et à la guérison subite

Vos meilleurs alliés

le monde en général
les gens de pouvoir
le patron

22

L'esprit libre, le mât
Les quatre points cardinaux

L'instinct d'aventure

Le mât, vingt-deuxième arcane du tarot, évoque un esprit libre doté d'une forte personnalité qui cherche à s'ouvrir sur le monde, représenté ici par les quatre points cardinaux. Vous n'hésiterez pas à prendre des décisions casse-gueule même si elles mettent en péril votre avenir. En réalité, vous ne craignez pas le futur tout simplement parce que vous lui faites confiance. Donc, si vous décidez de vous tailler une place au soleil, vous y parviendrez ! Mais, auparavant, vous devrez vous aventurer sur le chemin le moins fréquenté et découvrir le monde avec vos propres yeux.

Peut-être terminerez-vous bientôt vos études sans être certain de votre choix de carrière. Dans ce cas, l'idée d'une année sabbatique pourrait vous séduire, histoire de faire le point. Votre entourage jugera durement votre geste, considérant qu'il est fou de perdre une année d'études. Qu'à cela ne tienne, vous vous laisserez porter par votre instinct aventurier. Si vous êtes un travailleur qui vient de compléter un mandat, vous pourriez choisir une autre direction professionnelle, en dépit des risques qu'un tel changement comporte. Le mât porte en lui ce brin de folie de tout vouloir transformer. Il ne connaît pas la logique puisqu'il est porté par l'instinct d'aventure. Si vous arrivez à ce point tournant de votre destinée, suivez votre chemin même s'il semble s'éloigner de ce que nous appellerons la normalité des choses. En réalité, le mât vous oblige à chercher votre véritable identité professionnelle. Vous devrez vous armer de patience et ne pas avoir peur d'expérimenter même si cela vous semble une perte de temps. Le destin vous réserve des surprises. L'inattendu règne, sachez rester réceptif.

Vous ne craignez ni les paradoxes ni la controverse, et l'oracle vous en félicite. Toutefois, évitez de n'en faire qu'à votre tête. Cela risque de vous entraîner dans des détours regrettables et inutiles. Sachez résister aux coups de tête et aux changements de direction drastiques et tous azimuts. Le chemin de l'aventure n'est pas dangereux en soi ; c'est votre manière de le prendre qui peut l'être.

Respectez vos choix même s'ils ne remportent pas l'unanimité. Si, dans votre cœur, vous vous sentez prêt à assumer les conséquences inhérentes à vos décisions, allez de l'avant. Cela vous permettra de découvrir ce qui vous distingue des autres et le pouvoir qui dort en vous. Peut-être est-ce là, finalement, le but du parcours.

Sens artistique et spiritualité

L'oracle parle de l'artiste désireux de laisser sa marque, mais non pas par orgueil. Ce qui d'ordinaire effraie les autres vous stimule. Vous êtes un artiste de génie, un exalté, un solitaire, un marginal, un penseur indépendant mais toujours si actuel. Vous êtes mû par un puissant et créatif instinct de liberté. En ce qui a trait à votre carrière artistique, des portes se ferment et d'autres s'ouvrent. Ne baissez pas les bras, la réussite vous attend au bout de la route.

Vous connaîtrez sous peu un puissant appel spirituel qui pourrait vous entraîner dans un long pèlerinage quelque part sur la planète. Faites-le en toute connaissance de cause et non pas sur un coup de tête. Vous devez préparer ce voyage avec minutie. Pour cela, il vous faudra peut-être demander conseil à quelqu'un qui a déjà vécu l'expérience.

Carrière et argent

Endossez-vous un rôle social qui ne vous convient pas ? Si oui, tâchez de remédier à la situation le plus rapidement possible. Ainsi, vous retrouverez une qualité de vie professionnelle faite sur mesure pour vous et vous vous libérerez d'un poids important. Réjouissez-vous, vos responsabilités s'allègent. Vous pourrez donc consacrer plus de temps à ce que vous aimez vraiment faire. Il est même possible que le destin vous permette de vivre un changement de carrière imprévu et absolument génial. Ce qui n'est pas pour vous déplaire. Si vous êtes un travailleur autonome, vous pourriez sans aucun problème porter plusieurs chapeaux à la fois et vous refaire une santé matérielle. Il est possible de combiner liberté et argent, mélange étrange, mais non moins réalisable quand on a la chance de tomber sur ce nombre sacré ! Que demander de plus ? Des sommes d'argent inattendues arrivent au bon moment. C'est à croire que votre instinct de liberté est sous la protection des anges...

Amour et amitié

Vous semblez pris au piège dans un cul-de-sac amoureux. Vous jouez à colin-maillard avec votre partenaire et cette situation vous désespère. Rassurez-vous car vous y verrez bientôt plus clair. En attendant, évitez de faire des promesses que vous ne sauriez tenir.

Vous pourriez rencontrer un amour sortant de l'ordinaire. Sinon, l'oracle vous prévient qu'en raison de votre propension au libertinage, vous risquez de vous retrouver plongé dans l'eau bouillante. Ne craignez rien, les choses tourneront en votre faveur, mais vous devrez dévoiler vos sentiments réels. Êtes-vous victime d'une désillusion amoureuse ? Vivez-vous une peine d'amour ? Avez-vous choisi de prendre vos distances à cause de problématiques amoureuses ? Éloignez-vous pendant un certain temps. Retirez-vous dans un chalet près d'un lac ou d'une rivière, ou bien offrez-vous un voyage au bord de la mer. L'important, c'est que vous laissiez votre instinct de liberté vous guider.

Aimez-vous les sensations fortes dans le domaine de la sexualité ? Si vous comptez parmi ces gens qui pratiquent le sexe à risque pour le simple plaisir de défier la mort, votre attitude relève de la folie, mais elle est typique d'un mât négatif ! On ne défie pas la mort, c'est se leurrer que de croire le contraire. Elle vient nous chercher, ou elle ne vient pas, c'est tout ! Le désir de posséder l'autre sera terriblement fort, voire puissant. Et en dépit des risques que vous courez, vous vous accrocherez. Le destin mettra sur votre route une personne qui vous aidera à vous en sortir. Mais c'est d'abord à vous de choisir d'ancrer votre bateau à bon port au lieu de vouloir poursuivre cette folle aventure.

En amitié, fuyez les mauvaises influences.

Famille

Il se peut que vous vous retrouviez au centre d'une controverse familiale. Heureusement, les choses tourneront en votre faveur, mais seulement si vous jouez cartes sur table. Voici venu le temps de régler vos différends. Si la tension monte et que vous n'arrivez pas à vous expliquer franchement et calmement, retirez-vous. Surtout, n'insistez pas. Si ce cas de figure ne vous concerne pas, vous serez libre d'aller et venir à votre guise. En fait, vous vivez sous le toit familial sans avoir à subir de contraintes.

Votre ordonnance santé

La guérison physique sous toutes ses formes – psychologique ou spirituelle – se trouve maintenant à votre portée. Utilisez les ressources médicales et professionnelles mises à votre disposition pour vous en sortir.

Le nombre 22 fait référence :

aux petits accidents physiques

Vos meilleurs alliés

le partenaire
la famille
les amis
le thérapeute
le psychologue
le psychanalyste
le médecin

Bibliographie

BEE, Helen L., et Sandra K. MITCHELL. *Le développement humain*, Éditions du renouveau pédagogique inc., Canada, 1986.

BERG, S. Philip. *Les Secteurs du Temps : Comment maîtriser les forces qui orientent notre vie*, Centre de recherche de la Kabbale, France, 1991.

BERGER, Bruce. *Esoteric Anatomy: The body as consciousness*, North Atlantic Books, Californie, 1998.

CARADEAU, Jean-Luc. *La numérologie : clefs historiques et occultes*, Éditions Dangles, France, 1991.

CARILLON, R. *Anatomie et physiologie à l'usage des infirmières*, Doin éditeurs, Paris, 1989.

CHEVALIER, Jean, et Alain GHEERBRANT. *Dictionnaire des symboles : Mythes, rêves, coutumes, gestes, formes, figures, couleurs, nombres*, Robert Laffont/Jupiter, France, 1982.

CHRIQUI, Mordékhaï. *Rabbi Moché Hayim Luzzatto, Le flambeau de la Cabale 1707-1746*, Éditions Ramhal, Montréal, 1990.

CIRCLOT, J.E. *A Dictionary of Symbols*, Routledge & Kegan Paul Ltd, London, 1996.

DEMETRA, George, et Douglas BLOCH. *Asteroid Goddesses: The Mythology, Psychology and Astrology of the Reemerging Feminine*, ACS Publications, San Diego, 1986.

DENNING, Melita, et Osborne PHILLIPS. *Introduction à la Kabbale magique*, Éditions Sand, Paris, 1994.

DE SOUZENELLE, Annick. *Le symbolisme du corps humain*, Éditions Albin Michel S.A., Paris, 1991.

DOBIN, Joel C. *Kabbalistic Astrology: The Sacred Tradition of the Hebrew Sages*, Inner Traditions International, Vermont, 1999.

FAUBERT, André. *Initiation à l'acupuncture traditionnelle*, Pierre Belfond, Paris, 1974.

FRANK, Philippe. *Einstein : Sa vie, son temps*, Flammarion, France, 1991.

FREUD, Sigmund. *L'interprétation des rêves*, Presses Universitaires de France, France, 1967.

FUNKENSTEIN, Amos. *Maïmonide : Nature, histoire et messianisme, La nuit surveillée*, Les éditions du Cerf, Paris, 1988.

GLAZERSON, Matityaou Rav. *Le génie de la langue sacrée*, Yeshuah ben David Salem éditeur, Jérusalem, 1982.

GUIRAND, Félix, et Joël SCHMIDT. *Mythes Mythologie : Histoire et dictionnaire*, Larousse-Bordas, Paris, 1996.

HARRIS, Monford. *Studies in Jewish dream interpretation*, Jason Aronson Inc., London, 1994.

HERRIGEL, E. (Bungaku Hakushi). *Le zen dans l'art chevaleresque du tir à l'arc*, Éditions Dervy, France, 1970-1998.

HUXLEY, Francis. *The way of the sacred*, Bloomsbury Books, London, 1989.

INFELD, Henri. *La Thora et les sciences : ou mille années de controverses*, Éditions Maor Yossef, Israël, 1991.

ISRAEL REGARDIE. *The Golden Dawn: The original account of the teachings, rites and ceremonies of the Hermetic Order of The Golden Dawn*, Llewellyn Publications, États-Unis, 1993.

JULIEN, Nadia. *Dictionnaire des Mythes*, Marabout, Belgique, 1992.

JUNG, Carl Gustav. *Dreams*, Princeton University Press, New Jersey, 1974.

KITOV, Eliyahu. *The Book of Our Heritage, tome I Thishrey Shevat, tome II Adar Nisan, tome III Iyar Elul*, Philipp Feldheim Inc., New York (réimpression 1988).

KUNDERA, Milan. *La Plaisanterie*, Gallimard, Paris, 1985.

KUREISHI, Hanif. *Intimacy*, Faber and Faber, London-Boston, 1998. Trad. française : *Intimité*. Trad. de Brice Matthieussent, Christian Bourgois éditeur.

LABOWITZ, Shoni Rabbi. *Miraculous Living: A guided journey in Kabbalah through the ten gates of the tree of life*, Simon & Schuster, New York, 1996.

LEBEAU, Richard. *Une histoire des Hébreux : de Moïse à Jésus*, éditions Tallandier, Paris, 1998.

L'Être du divin, *discours sur la foi (Mitsvath Amanath Elokouth), Texte du Tsémah Tsédek*, Éditeur Gary Chalom Cohen, France.

PAPUS, 1865-1916. *Gerard Encausse, The Qabalah: secret tradition of the west*, Samuel Weiser Inc., York Beach, Maine, 1977.

PAUL, Maela & Patrick. *Le chant sacré des énergies : Musique, Acupuncture, Tradition*, Éditions Présence – Henri Viaud, France, 1983.

ROOB, Alexander. *Alchimie & Mystique : Le musée hermétique*, Benedikt Tashen Verlag GmbH, Allemagne, 1997.

SABATINI, Sandra. *Breath – the essence of yoga: a guide to inner stillness*, Thorsons, London, 2000.

SANDIFER, Jon. *Feng Shui astrology: Using 9 Star Ki to Achieve Harmony & Happiness in Your Life*, First American Edition, New York, 1997.

SCHLUMBERGER, Jean-Philippe. *Yi King : Principes, pratique et interprétation*, Éditions Dangles, France, 1987.

SPILLER, Jan. *Astrology for the Soul*, Bantam Books, États-Unis, 1997.

SUTTON, Komilla. *The Lunar Nodes : Crisis & Redemption*, The Wessex Astrologer Ltd, England, 2001.

UNIVERSITÉ d'OXFORD, sous la direction de Richard L. GREGORY. *Le Cerveau un inconnu : Dictionnaire encyclopédique*, Robert Laffont, France, 1993.

VÉZINA, Jean-François. *Les hasards nécessaires : La synchronicité dans les rencontres qui nous transforment*, Les Éditions de l'Homme, Canada, 2001.

VIRYA, Vedhyas. *Kabbale et destinée : Les cartes initiatiques*, Éditions Présence – Henri Viaud, France, 1986.

WILFART, Serge. *Le Chant de l'Être : Analyser, construire, harmoniser par la voix*, Éditions Albin Michel, Paris, 1994.

transcontinental
IMPRESSION
IMPRIMERIE GAGNÉ
IMPRIMÉ AU CANADA